《基础教育课改探索与实践》

编 委 会

基础教育课改
探索与实践

主 编◎王建国

暨南大学出版社
JINAN UNIVERSITY PRESS

中国·广州

图书在版编目（CIP）数据

基础教育课改探索与实践/王建国主编. —广州：暨南大学出版社，2016.12
ISBN 978 - 7 - 5668 - 2023 - 5

I. ①基…　II. ①王…　III. ①基础教育—教育改革—研究—中国　IV. ①G639.21

中国版本图书馆 CIP 数据核字（2016）第 294422 号

基础教育课改探索与实践
JICHU JIAOYU KEGAI TANSUO YU SHIJIAN
主　编：王建国

出 版 人：徐义雄
策划编辑：沈凤玲
责任编辑：王莎莎　　张学颖
责任校对：邓丽藤　　周海燕　　黄志波
责任印制：汤慧君　　周一丹

出版发行：暨南大学出版社（510630）
电　　话：总编室（8620）85221601
　　　　　营销部（8620）85225284　85228291　85228292（邮购）
传　　真：（8620）85221583（办公室）　85223774（营销部）
网　　址：http://www.jnupress.com　http://press.jnu.edu.cn
排　　版：广州良弓广告有限公司
印　　刷：佛山市浩文彩色印刷有限公司
开　　本：787mm×960mm　1/16
印　　张：18.75
字　　数：350 千
版　　次：2016 年 12 月第 1 版
印　　次：2016 年 12 月第 1 次
定　　价：48.00 元

培育学生成长、教师幸福的好课堂（代序）

■ 岳维鹏

俗话说"乾坤万有基"。教育的"基"在学校，学校的"基"在课堂。对于课堂，我有三点粗浅的认识：

第一，课堂是从事教学的专门场所，没有课堂就没有专业的教学。我们需要理性地认识课堂在学校工作中的地位。课堂是什么呢？课堂绝不是教育工作中的一件小事情。课堂是学校教育工作中最大的事情，也可以这样说，是天大的事情。教育唯一重要的事情就是课堂，学校唯一重要的地方也是课堂。其他任何一项工作都必须服从而且服务于课堂。原因很简单，课堂是教学的主阵地，是育人的主战场。没有好课堂就没有好教育，没有好课堂就没有好教学。

第二，课堂教学是有境界之分的。所谓的好老师，就是追求好课堂的老师。所谓的好学校，就是课堂教学质量高的学校。课堂，肯定存在着无效的课堂和有效的课堂；存在着低效的课堂和高效的课堂。学生的学习，也存在着主动学习与被动学习，浅层学习与深度学习。一个平庸的教师注定拥有着平庸的课堂。而一个优秀教师的毕生事业，可以说就是打造好课堂、培养好学生。

第三，好课堂是靠管理抓出来的，好课堂是靠教学科研磨出来的，好课堂也是靠走课改的路子创出来的。提高质量最主要的方式，就是课堂教学状态的良性变革。课堂教学模式是否科学决定我们的培养模式是否科学。课堂不发生变化，教学就不会变化。

明代大哲学家王阳明说过，"破山中贼易，破心中贼难"。教学的发展如果说有瓶颈，瓶颈主要还是对课堂规律的认识不深、对课改的动力不足。课程改革是学校改革的核心，是教育发展之路上的一块硬骨头，也可以说是最难啃的硬骨头。课改，说到底是追求两条：一是去掉不适合时代的教育，二是增加符合教学规律的教育。通过理念重组，使课堂教学更有利于人才培养。

可喜的是，实施新一轮的高中课改以来，中卫中学领导班子不畏难途，带领全校教职员工以教育的良知和责任，发扬敢为人先的中卫精神，以推进疑探教学、打造高效课堂为抓手，通过学习模仿、反思借鉴、本土化改造，在不断探索与尝试中创造性地将疑探教学与中卫本土化教育有机结合，探索出了"疑探式五步教学法"课堂教学模式，实现了具有 85 年校史的自治区一级示范高中的课改转身，走出了一条适合课改、适合校情区情的特色化教改之路，近年来取得了一本二本升学率逐年攀升、清华北大录取率连续突破的高考佳绩。

中卫中学的课堂教学改革给予我们很多的启示。其一，教师积极参与、攻坚克难、勇于创新、善于反思的精神与行动是课堂教学改革的根本。课程实施和课堂教学的主力军是教师，课程改革如果没有教师的理解和支持，没有教师积极而有创造性的工作，就不可能取得预期的效果，更不可能在真正意义上获得成功。其二，校长的领导意识和领导能力是一所学校课改成功的关键。校长作为学校的领头人，需要全面把握课程改革发展脉搏，带领学校勇立课程改革的潮头。同时，课程改革需要学生学习方式、教师教学方式和学校管理方式发生适应性系统变化，这个系统工程需要由各个子系统之间协调配合和共同进行，其高效运转也考量着一个校长的智慧。其三，聚焦课堂教学改革是当前高中学校推进学校特色建设、内涵发展、打造优质教育的重中之重。西峡一高、兖州一中、衡水中学等名校，都在课堂教学改革方面进行了有益探索。这些学校倡导并通过实践"自主合作探究""三疑三探"等课堂教学模式，找到了教与学的有效结合点，切实转变了教与学的方式，提高了教育教学质量。

四书之一《大学》里有句名言："苟日新，日日新，又日新。"路途遥远，重担在肩，有志之士，上下求索。希望中卫中学对疑探教学法的探索，能结出硕果，继续在全区课改中起好引领和示范作用。

用王阳明先生的一句话共勉，"攻我短者是我师"。

欣逢《基础教育课改探索与实践》一书出版之际，谨以此为序。

（作者系宁夏教育厅教学研究室主任、宁夏大学硕士研究生导师、宁夏师范学院客座教授）

目　录

课改指导篇

课改研修篇

课改实践篇

课改反思篇

案例成果篇

课改提高篇

德育探索篇

课改指导篇

中卫中学课堂教学模式改革实施方案

■ 中卫中学课改领导小组

为全面实施素质教育，加快我校教育教学改革步伐，进一步转变教育观念，提高我校教师实施课堂教学的能力和水平，大幅度提高教育教学质量，深入进行课堂教学模式改革，探索一道符合新课程理念和学生认知规律的科学程序，强力推动"三疑三探"教学模式的学习和运用，特制订中卫中学课堂教学模式改革实施方案。

一、改革的必要性

1. 注重教师的"教"，轻视学生的"学"

主要表现为教师独霸课堂，以"灌输"为主，不能放手让学生自主学习、探究学习与合作学习；教师以教定学，学生围着教师转，顺着教师的思路、教师的设计被动学习，教师思考最多的是讲什么，很少指导学生应该怎样学。长此以往，学生习惯于被动学习，主体性逐渐丧失，学生分析问题和解决问题的能力不能得到有效的提高。

2. 注重知识传授，忽视情感激发

教师的教学目标没有体现三维性，即知识与技能、过程与方法、情感态度与价值观。课堂教学重点仅定位在知识与技能上，忽视了过程与方法的探究，学生独立思考的能力没有得到有效提高，对学生的学习积极性、学习兴趣、学习习惯和学习过程考虑很少，教师只注重课本知识内容的传授，忽视了教学的生成性和学生的差异性，只关注"书"而不关注"人"，普遍缺乏对学生的情感激发。

3. 注重习题训练，忽视能力培养

教学重点没有放在揭示知识形成的规律上，没有让学生主动去发现真理，掌握规律，而是简单地使用题海战术，把学生训练成答题机器，忽视了学生思维能力和思维品质的培养。

4. 教学研究活动和集体备课流于形式

即使教研活动搞得比较好的教研组，所研究的也仍然是浅层次的教什么，

而没有深入思考怎么教和为什么要这样教的问题。更有甚者，某些备课组只是简单交换教案和课件。

二、指导思想

全面贯彻党和国家的教育方针，以学生的发展为本，利用课堂教学这个主渠道和课堂这块主阵地，借鉴外地课改的先进经验，立足我校实际，大力推进课堂教学模式改革，致力于教学方式和学习方式的转变，积极探索新的课堂教学模式，构建高效富有活力的课堂教学新体系，促进学生主体地位的回归和学习能力的提高，关注师生共同成长与发展。打破"教师为中心、课本为中心"的传统教学模式，探究富有活力、促进学生全面而有个性发展的课堂教学新模式，切实提高课堂教学效率，全面提高我校教育教学的质量和水平，为培养和造就大批高素质的创新人才奠定坚实基础。

三、基本原则

以素质教育课堂教学所倡导的教师为主导、学生为主体、训练为主线的"三为主"原则为课堂教学改革的基本原则。

四、改革目标

（1）全面落实素质教育，面向全体学生，使每一个学生都能得到全面和谐的发展。

（2）提高课堂教学的有效性，逐步实现高效课堂教学，真正实现学生乐学、教师乐教的目标。

（3）探索一套符合素质教育课堂教学理念、适合我校实际的课堂教学新模式。

五、改革目的

1. 解放教师，体现三位一体的课程理念

改变以往过于注重知识传授和死记硬背的倾向，强调培养学生主动乐学的学习态度；在获得基础知识与基本技能的同时形成正确的情感态度和价值观。

2. 解放学生，培养学生主动学习、积极学习、自主学习的能力

变革学习方式，改变课程实施过程中过于强调接受学习、死记硬背、机械训练的现状，培养学生主动参与、乐于探究、勤于动手的能力。

3. 打造高效课堂，提高学生学习成绩

注意启发诱导，设情激趣，充分调动学生的积极性和主动性；在教学内容上大胆整合与提炼，关注学生的终身发展，全面提高课堂教学效果。

4. 促使学生实现自我管理、自我学习、自我发展的目标

教师要把科学的教育方法融入学生的生命成长，让学生永远保持健康向上的蓬勃朝气，具有奋发进取的顽强意志和勇于探索的学习风格。

六、基本思路

1. 学习借鉴，形成特色

以河南南阳西峡一高的"三疑三探"课堂教学模式为蓝本，结合自己的课堂教学实践，灵活运用，探求适合我校教学实际的课堂教学新模式。（"三疑三探"教学模式分为设疑自探、解疑合探、质疑再探、运用拓展四个环节）

2. 以点带面，逐步推开

学校高度重视、大力宣传，要求人人尝试，但不急于求成，不搞一刀切。组织部分教师学习课改理论，到课改名校考察学习，先安排部分班级、部分学科、部分实验教师进行尝试，做示范课、研究课，以点带面，逐步推开。

3. 宣传交流，引领发展

创办《中卫中学教研》，搭建全体教师展示、交流、分享的平台，及时总结课堂教学改革的经验，有效诊断课堂教学改革中出现的问题，对课改理论、课改体会、课改案例等进行宣传，引领课堂教学改革健康有序发展。

七、课改组织机构

（一）领导小组

组　　长：王建国

副组长：吴庭文　施彦恒　沈红菊

成　　员：杨正宏　张进福　房继农　刘志军　龚天宝

（二）实施小组

1. 文科组

组　长：沈红菊

副组长：张进福

成　员：房继农　龚天宝　张国庆　张天江　方　萍　冯玉霞　李　琴
　　　　田建军　张习芳　张贵萍　李正芳　李学兰　李守福　蔡玉鹤
　　　　宋　华

2. 理科组

组　长：施彦恒

副组长：杨正宏

成　员：刘志军　常安平　汪国斌　张　宁　焦成云　高新明　黄振江
　　　　鲍荣山　拓万平　张文华　焦艳琼　申明柱　秦发学　李　正

（三）研究课实验教师

语　文：张贵萍　张习芳　马生珍

数　学：杨玉环　刘志军

英　语：李旭晨　陈丽萍　龚天宝　李正芳

物　理：汪国斌　吴彦琴　张德军

化　学：张　宁　王　燕　冯淑华

生　物：张桂英　李卓亚　王海雯

政　治：马荣霞　李　琴

历　史：陈　立　陈红梅　董明霞

地　理：李维杰　吕淑苍　冯玉霞

八、基本要求

全体教师要充分认识到课堂教学改革在全面提高课堂教学质量、促进教师发展、推进课程改革工作中的作用和意义，明确课堂教学改革的目标、任务和实施要求，处理好各项任务间的关系，要结合自己的实际情况，创造性地实施。

1. 对领导小组的要求

领导小组要加强对课堂教学改革的指导和管理，全面协调各教研组、教师间的工作，关注薄弱学科的发展，制订切实可行的实施规划，扎扎实实抓好课堂教学改革的实施工作。

（1）校长是课堂教学改革的研究者和带头人，致力于创设团结合作、积极向上、认真好学的学校文化环境，为学校形成宽松、和谐的研究气氛做出卓有成效的努力，使教师成为学习的共同体。

（2）领导小组成员要树立教育质量意识和服务意识，积极推动学校课堂教学改革，切实提高课堂教学质量，为广大学生提供优质教育服务。

（3）以点带面，及时总结、推广经验。各教研组长，要选择本组优秀教师作为教学改革的典型，发挥特长，树立榜样。

（4）要求真务实，克服形式主义，评价组成员要深入课堂，多听课、多指导，要与教师进行平等交流，帮助教师把主要精力投身于课堂教学改革的实践中。

2. 对教研室的要求

教研室是实施课堂教学改革的领导者和组织者，教师是实施课堂教学改革的主体。

（1）教研室要制定出切合实际的课堂教学改革实施方案和阶段工作计划。

（2）要加强校级间的合作与交流，共同开展教学研究，共同提高课堂教学水平，做到学校所有课堂向所有教师开放。

（3）要加强与家长的联系，让家长进入学校、课堂了解学校教育教学情况，理解、支持课程改革和课堂教学改革，促进学校提高教育质量。

（4）在评选学科带头人时要向在课改中做出突出贡献的实验教师倾斜。

（5）教研室要对学校课堂教学改革的实施进行指导评价，定期写出课堂教学改革的阶段评估报告。

3. 对教研组的要求

实施课堂教学改革是学校教学改革的重点。要提高教研工作水平，就必须加强学科之间的沟通与整合，改变过于强调学科本位的倾向，进一步做好课堂教学改革的组织和指导工作，充分发挥教学研究、指导和服务职能。

（1）要改变教研活动方式和转变教研工作作风，尊重教师，加强对教师教学和教研工作的指导，为教师间交流创造条件，对教研工作进行指导，形成激励机制，推动校本教研制度的建立，为学校提高教学质量服务。

（2）要发挥自身优势，制订本组实施课堂教学改革方案，对教师进行具体指导，进行调查研究，善于发现实施中存在的问题并提出解决问题的对策，为学校教育教学决策提出合理建议，保证课堂教学改革的顺利实施。

（3）学科组长、备课组长要与教师建立合作伙伴关系，一起开展教学研究，共同总结典型经验，形成成果；要积极探索，不断创新；要把握教育改革发展趋势，学习、掌握最新教育理论与学术成果；要深入课堂，走上讲台，多做示范课、观摩课。要与教师建立平等合作的伙伴关系，与教师一起进行教学研究，探索教学实践中的问题，与教师共同发展。

4. 对教师的要求

（1）每个教师必须主动适应课堂教学改革和发展的需要，理解掌握课堂教学质量基本标准和教师专业发展标准，明确自我发展方向，主动学习，积极进取，终身发展。

（2）教师间要加强平等交流，促进相互理解与沟通，相互帮助，开展教学反思、问题研究、实践探索活动，改进教学方式，共同提高课堂教学质量，为学生提供优质服务。

（3）骨干教师、学科带头人要充分发挥作用，带头做研讨课、示范课，真正成为教师学习共同体的核心。

九、课改的实施阶段

第一阶段：学习与研究阶段

（1）总结获自治区级一等奖教师课的特点，研究新课程课堂教学的基本原则，探究课堂教学改革的基本模式。

（2）召开组长会议，学习研究南阳西峡一高的"三疑三探"课堂教学模式和新课程倡导的课堂教学基本原则。

（3）成立中卫中学课堂教学改革领导小组，制定课改实施方案和有关课改管理制度。

（4）组织广大教师深入学习课堂教学改革方案，明确课改方案中提出的目标、任务、要求和各自的职责。

（5）学校在对本校教师现状及教师专业发展现状分析研究的基础上，确定课堂教学改革示范教师名单。

（6）召开新课程改革理论与课堂教学实践专题研讨交流会。

（7）带领部分教师到河南西峡一高学习交流。

（8）召开组长与示范课教师研讨会，研究讨论课改理论实践与模式，并由示范教师上示范课。

第二阶段：示范引领阶段

（1）学校课堂教学改革实施小组对课堂教学改革方案的学习、研究及实施情况进行检查、评估和指导，开展课堂教学专题研究，发现、研究、解决课堂教学中的突出问题。

（2）部分教师做示范课，并进一步吸收更多教师做示范课，切实提高课堂教学质量。

（3）对教师的示范课进行再研究，并安排部分教师到江苏洋思中学参观学习。

（4）召开实验课研讨会，把本校实验课和洋思课改模式结合起来，寻找突破点。

（5）加强对各教研组实施课堂教学改革的指导力度，制订帮助薄弱学科改进工作的帮扶计划，组织各学科优秀教师开展课堂教学交流活动。

（6）区、市级骨干教师上示范课，学校组织全体教师观摩，壮大示范课教师队伍。

（7）开展课堂教学改革阶段性评估和优秀教师的评定工作。

第三阶段：全面启动阶段

（1）召开主题明确、针对性强、旨在解决问题的课堂教学改革教学现场交流观摩研讨会。

（2）研究课改理论与实践的结合。

（3）组织部分教师到山东杜郎口中学考察学习。

（4）召开课改研讨会，把本校的课改和杜郎口中学的经验结合起来，寻找突破点。

（5）组织中卫中学课改教师第一次教学评优活动。

第四阶段：深入实施阶段

（1）总结改进课堂教学改革实施工作，明确新阶段课堂教学研究的重点工作和主要任务，组织开展观摩、研究、学习、交流等活动。

（2）组织开展第二批示范课教师教学评优工作。

（3）召开全校教师课堂教学改革工作交流研讨会。

第五阶段：成果展示阶段

（1）深化研究，实现教研创新，展示成果。

（2）开展教师课堂教学改革优秀录像课及专题研究成果评选活动。

第六阶段：总结表彰阶段

（1）完成课堂教学改革总结工作，评定出我校课堂教学改革先进教研组或备课组、先进个人和优秀成果并进行表彰。

（2）召开全校课堂教学改革实施工作总结、表彰大会。

（3）编辑出版《中卫中学课堂教学改革经验和成果专辑》。

（4）制订实施课堂教学改革新阶段工作方案。

改造我们的课堂

■ 王建国

我国现行的课堂教学模式是沿用20世纪50年代苏联凯洛夫的班级课堂授课制，六十多年来，中国基础教育在结合苏联教育的基础上有了长足的发展。然而，回想中国当代基础教育发展之路，我们对中国教育的认识研究和对欧美各国教育的认识研究都还很肤浅，照猫画虎的多，改革创新的少。现行的高中课堂教学，老师滔滔不绝地讲，学生昏昏沉沉地睡的现象很普遍，特别是钱学森的"三问"对我们是很大的刺痛，也是很大的鞭策，揭示了基础教育存在的问题。从2004年开始，中国实施新课程改革，全国部分教师参加国培、省培，对新课改思想有了一定的了解，但还不够深入。

历史是一面镜子，教育发展需要以史为鉴，改革创新。在一百多年的近代史上，中华民族优秀人物奋斗牺牲，前仆后继，到英、法、德、日、俄去学习，探索救国救民的真理，那是可歌可泣的，有林则徐提出的"师夷长技以制夷"的新思潮，有曾国藩等开展的洋务运动，有康有为倡导的维新变法，有孙中山领导的辛亥革命，但是直到第一次世界大战后期，俄国十月革命一声炮响，给我们送来了马克思列宁主义这个真理，作为解放我们这个民族最好的武器，而中国共产党则是拿起这个武器的倡导者、宣传者、组织者和实践者。马克思列宁主义与中国实际相结合，就使中国革命的面貌焕然一新。

新课改实施以来，钱梦龙先生提出的"教师为主导，学生为主体，训练为主线"的课堂教学三原则，宣告了教师课堂教学"满堂灌"的"讲堂"的结束，以学生为主体的"学堂"的开始，具有划时代意义。而我国的各教育先贤们也争先恐后地拿起这个武器，投身到这场没有硝烟的战争中，涌现出了一些当代教育家，研究出了一些具有先进理念的教学模式，如卢仲衡的"中学数学自学辅导教学模式"、魏书生的"六段教学法"、邱学华的"尝试教学法"、育才中学段力佩的"茶馆式教学"、洋思中学蔡林森的"先学后教，当堂训练"模式、杜郎口中学崔其升的"三三六"自主学习模式、西峡一高杨文普的"三疑三探"模式等。这些学校的成功经验和崛起告诫着我们每一个教育人，一定要研究我们的课堂教学，研究中国和外国的科技，研究中国和外国的文化差异，研究中国和外国的教育史。随着课堂教学改革大潮的不断涌入，我校的课堂教学改革也在进一步深入，两年多来，老师们的课堂教学理念有了较大转变，课堂教学模式逐步形成，课堂教学成绩有了很大的提高，而且有些老师在参加全国、全区各级教学评优中获得一等奖，提高了学校声誉，增强了我们课堂教学改革的信心，这些都是好现象。

然而，在课堂教学改革中我们还存在着很多问题，有的还很严重。一是只注重教师的"教"，轻视学生的"学"。主要表现为教师独霸课堂，以"灌输"为主，不能放手让学生自主学习、探究学习与合作学习；教师以教定学，学生围着教师转，顺着教师的思路、教师的设计被动学习，教师思考最多的是讲什么，很少指导学生应该怎样学。长此以往，学生习惯于被动学习，主体性逐渐丧失，学生分析问题和解决问题的能力不能得到有效的提高。二是注重知识传授，忽视情感激发。教师的教学目标没有体现三维性，即知识与技能、过程与方法、情感态度与价值观。课堂教学重点仅定位在知识与技能上，忽视了过程与方法的探究，学生独立思考的能力没有得到有效提高，对学生的学习积极性、学习兴趣、学习习惯和学习过程考虑很少，教师只注重课本知识内容的传授，忽视了教学的生成性和学生的差异性，只关注"书"而不关注"人"，普遍缺乏对学生的情感激发。三是注重习题训练，忽视能力培养。教学重点没有放在揭示知识形成的规律上，没有让学生主动去发现真理，掌握规律，而是简单使用题海战术，把学生训练成答题的机器，忽视学生思维能力和思维品质的培养。四是教学研究活动和集体备课流于形式。即使教研活动搞得比较好的教研组，所研究的也仍然是浅层次的教什么，而没有深入思考怎么教和为什么要这样教的问题。更有甚者，某些备课组只是简单地交换教案和课件。

如果不尽快解决这些问题，新课程理念和课改的原则就成为纸上谈兵，就无法使我们的教学改革工作更进一步，就不能将名校课改经验和学校实际情况相结合，就无法推动学校发展。当前，课堂教学改革的目标是全面落实素质教育，面向全体学生，使每一个学生都能得到全面和谐的发展；提高课堂教学的有效性，逐步实现高效课堂教学，真正实现学生乐学、教师乐教的目标；促使学生在挑战自我、战胜自我中实现自我管理、自我学习、自我发展的目标。教师要把科学的教育方法融入学生的生命成长，让学生永远保持健康向上的朝气，具有奋发进取的顽强意志和勇于探索的学习精神。

中卫中学是自治区首批重点中学，自治区普通高中一级示范学校，现有近300名教师，5 000名学生，84个教学班。当前，虽对课堂教学改革有一定的研究，但不够深入，对我们课堂教学当前的现状研究不够，对全自治区普通高中课堂教学研究不够，特别是对全国课改名校如洋思中学、杜郎口中学、即墨二十八中、沙坪坝中学、衡水中学、西峡一高等名校的发展与课堂教学改革研究不够，对外国的基础教育研究不够，更可悲的是对自己的课堂教学行为和课堂教学效果的反思研究也很少。新课改十多年来，我们大多数教师穿新鞋走老路，教研意识不强，凭着老经验，夸夸其谈，排斥课改，自以为是，夜郎自大；有的领导也不重视，满足于对新课改的一知半解，没有把很好的课改经验吸收到自己的课堂教学和教学管理中，一副骄傲者的姿态，很可悲，这种不知己又不知彼的工作思想不符合马克思主义哲学思想，在工作中肯定是要吃败仗的。

中华民族的教育有几千年的历史，从孔夫子到陶行知都要研究。虽然我们的教师在自己的教学中不断总结经验教训，也提出了一些教育思想，但都没有大刀阔斧地对课堂教学进行改革，对于古代、近代、现代的中国教育史，我们很多老师还是一知半解，或只知有孔子、孟子、荀子、韩愈、陶行知等几个教育家而已，对于外国的教育知之更少，甚至也只知苏格拉底、柏拉图、亚里士多德、凯洛夫、苏霍姆林斯基等人物，对他们的教育思想知之甚少，对中外教育的对比研究则几乎为零。不重视中国教育史和外国教育史的研究，要想使教育大发展是很难的。

中国革命的胜利就是马列主义与中国革命实践结合的产物，课堂教学的改革也是一样，也要把国内外的有益经验和我们的课堂教学实践、中国社会发展的实际结合起来，走出一条适合我校实际的课堂教学改革发展之路。有些老师读了一些课改的书，也到过名校考察学习，但理解得不深、不透，只是摘抄章句，没有把课改精神融在课堂教学中，没能经课堂教学的实践检验，得出的结论也就不可能正确了，特别是我们个别"老名师"和个别领导干部的思想落后，产生的危害则更大。

因此，我们广大教师一定要与时俱进，解放思想，研究课堂教学的现状，研究中外教育史，研究名校名师的发展史，研究新时期课堂教学改革的基本原则，研究课堂教学的方式方法。这样，才能真正地解放教师，解放学生，提高学生的综合能力，培养出祖国未来的建设者和接班人，推动学校的快速发展。

在我们的现实工作中，有许多同志没有起到模范带头作用，对国内外和学校课改情况不清楚，也不愿思考，特别是各级学科骨干教师，这种情况是很普遍的。对学校的课堂教学改革了解得少，参与得少，不以为耻，反以为荣。特别是对中国的教育史，真正懂得的很少，总是以年龄大或老了为由，这都是借口，值得大家深思。

有些老师从外面学习回来，没有吸收好东西，尽找人家缺点来宣传。这哪里是去粗取精，简直是去精取粗嘛！出去学习交流，重在取人之长，补己之短，扬长而避短。有的老师生搬硬套，不懂变通，豪气变成丧气。这些现象值得每一位教育管理者深入研究。

我们的课堂教学改革要运用马克思列宁主义理论，把课改思想和教学实践结合起来，既不能死搬教条，也不能放弃课改原则，要多学习，多听课，特别是听不同学科教师的课，把他人的优势吸收到自己的课堂教学中，既研究理论，又进行实践，不断总结，不断进步。而那些不研究现状，不研究课堂，不研究学生，不研究习题的教师，就会误人子弟，影响祖国和民族的未来发展。

当前，对于课改，有以下三种态度和问题：

第一种是课改派，他们运用马克思列宁主义方法，把课改的理论和课堂教学实践结合起来，研究课堂现状，研究改变现状的方法，研究现在改革的大环境，研究课堂教学高效的出路在哪。工作中不光有激情，还能把课改思想与课堂教学的实践结合起来，继承传统教学的优势，吸收新课改的特点，去粗取精，由表及里地深入下去。不仅学习中国教育史，还学习外国教育史；不但把握好今天的课堂，还把握好明天的课堂。只有这样，我们才能坚定立场，捍卫原则，维护观点，寻找方法，这也才是有的放矢。我们要从国内外、省内外的课堂教学实际出发，从中引出固有的而不是臆造的规律，找出课堂教学的要点和内部联系，作为我们课改行动的指南。这种态度是一种积极的态度，也是一个优秀教师应有的态度，这些教师代表着课改前进的方向，而且队伍在不断壮大。

第二种是中间派，不反对课改，对传统教学认为有很多不足之处，对新课改思想肯定，但行动迟缓，不思进取，不愿意在课堂教学改革中实践，随大流。

第三种是保守派，对课堂教学不研究，对新课改不思考，工作按部就班，缺乏激情。在课堂教学中无视学生的打瞌睡、玩手机、看闲书现象，只认为学生素养差，草袋换麻袋一代不如一代；不反思自己教学的无趣与呆板，只为成绩差找理由，不为提效率找方法。上课甲乙丙丁、一二三四的一大串，"满堂灌"，只管自己讲，不管学生学，反正我讲完了，会不会是你自己的事。这种只传知识不教方法，只让学生听记，不激发学生兴趣的方式，长此下去，则害了自己，也害了学生，更害了学校，还害了祖国和民族的未来和前途。这些人坚持传统，反对课改，风言风语，造谣生事，好在只是少数。

针对上述问题，我提出以下建议：

（1）向全体教师发出全面实施课堂教学改革的号召，全体教师都要研究中外教育，研究我们的课堂教学现状，研究现状产生的原因，研究解决问题的方法，研究最终的结果，把区内外、国内外的优秀做法与我们的课堂实践结合起来，走自己的路！

（2）学校要对教师进行全员培训，除了培训教师的现代化多媒体使用技术外，重在研究中外教育史，研究名校发展史，研究课改的理论、思想、原则、方法，研究我们周围的学校，研究我们的现状，解放思想，实事求是，为学校的全面发展奠定基础。

（3）骨干教师和领导干部要率先垂范，做课改的先行者。火车跑得快，全靠车头带，骨干教师和领导干部就是车头上的工作人员，大家的干劲决定了车的方向和速度，所以，骨干教师和领导干部要积极投身到课堂教学改革的实践中，善于学习，勇于创新，始终用马克思列宁主义哲学武装头脑，用课改思想改造课堂，成为新时期名副其实的学科带头人。

同志们，我们正在进行的教育改革是一项伟大的事业，我们事业的方向是正确的，方法是科学的，模式是先进的。我坚信，只要我们全校上下团结一致，心往一处想，劲往一处使，我们的教育理想就一定能够实现。

星星之火，可以燎原

■ 王建国

我们的基础教育改革要进一步深入，就需要有科学的理论指导，结合自身实际深入持久地去研究、实践、探索，总结规律；就必须不怕困难，勇往直前，坚信课堂教学改革的星火一定会形成燎原之势！

国际共产主义运动就是一个很好的例子。工业革命的完成引发了圣西门、傅立叶、欧文提出了空想社会主义，虽然在欧美各国的实验失败了，但为科学共产主义的诞生提供了宝贵经验。1848年《共产党宣言》的发表标志着科学社会主义诞生，这就是马克思主义从空想到科学的过程。马克思主义成为无产阶级的革命理论，为国际无产阶级革命指明了方向。1870年普法战争爆发，激化了法国的民族矛盾和阶级矛盾，引发了巴黎公社革命。巴黎公社革命虽然失败了，但建立了无产阶级政权，为国际无产阶级革命丰富了经验，这个过程是国际无产阶级革命从理论到实践的飞跃。马克思主义和巴黎公社的经验很快传播出去，成为国际无产阶级革命的指导方针，再与俄国的革命实践相结合，就诞生了列宁主义，指导了1917年的俄国十月革命胜利，建立了世界上第一个社会主义国家，这就是国际共产主义运动从失败到成功的过程。而十月革命一声炮响给我们送来了马克思列宁主义。在中华大地上，陈独秀、李大钊、毛泽东等革命先烈以此为武器，宣传社会主义，建立共产主义小组，成立中国共产党，进行第一次国内革命战争、第二次国内革命战争、抗日战争、第三次国内革命战争，终于建立了新中国。同时东欧、朝鲜、越南、古巴等社会主义国家建立起来，国际共产主义运动实现了从一国到多国的胜利，并建立了社会主义阵营，国际共产主义运动的星星之火终于燃成燎原之势。

洋思中学，一所名不见经传的农村初级中学一度成为全国名校，靠什么？是吹出来的吗？当然不是，是干出来的！那么，别人也在干，为什么就没有干出来呢？那是因为校长蔡林森一班人的干，是有讲究、重方法的。他们是巧干，不只是苦干，更不是蛮干。他干的巧劲在"改"字上，那就是课堂教学模式改革，思想核心是"先学后教，当堂训练"。

蔡林森领导洋思中学课改，不仅像马克思一样提出一个主义、真理、思想、方法，还像列宁那样领导十月革命实践，真正建立一个无产阶级政权。他领导的洋思中学课改取得了革命性的成功，形成了自己的发展特色。时至今日，洋思中学的课改思想、方法传遍了神州大地。基础教育领域"第三世界"的县城或乡村学校如同十月革命送来了马克思列宁主义一样，纷纷奔赴洋思中学寻找学校发展的真理。一时间，各地教育改革的潮流奔腾而来，课改如雨后春笋，出现欣欣向荣的局面。如卢仲衡的"中学数学自学辅导教学模式"、魏书生的"六段教学法"、邱学华的"尝试教学法"、育才中学段力佩的"茶馆式教学"、杜郎口中学崔其升的"三三六"自主学习模式、西峡一高杨文普的"三疑三探"模式等。

杨文普领导的课堂教学改革是一个很成功的案例，值得我们去学习、借鉴。他当西峡县教研室主任时，在小学和初中搞课改实验，随后被县委政府特聘为西峡一高校长，开始了在西峡一高的课改。他带领部分骨干教师多次到洋思中学学习，不断总结，不断实践，把洋思中学的模式与西峡的实际结合起来，创造性地探索出"三疑三探"课堂教学模式。西峡一高很快崛起，学校高考、竞赛成绩大幅度攀升，创新成果不断涌现；教师专业技能和整体素养，以及学生学业成绩和思想品德等有了很大的提升。西峡一高成为河南省乃至全国名校，教育教学取得了令人瞩目的成就。

西峡一高的崛起充分说明了素质教育课堂教学模式改革不仅能在小学、初中搞，也能在高中搞，应该能引领那些有责任、有激情、有良知、有理想的校长们投身到这一伟大民族复兴的征程上来。

外国学校能做到的，中国学校也能做到；江苏洋思中学能做到的，河南西峡一高也能做到；河南学校能做到的，宁夏的学校也能做到。

对于课堂教学改革，领导中有一部分同志还缺乏正确的认识。他们只相信课改的方向、原则、模式是正确的，但不相信课改会提高学校核心竞争力，不相信课改会提高教学质量，不相信课改能推动学校可持续发展。所以，不主张大规模、快速度进行，只同意在个别普通班或个别老师中进行，只单纯地探索，不敢放开手脚大面积推广。同时，也不主张成立课改班或对比班，更不赞成从一个学科或一个年级改起。更有甚者，给课改工作臆想和编制了很多困难和问题，只希望在课时上体现一下课改思想，认为课改都是花架子，不实用，要是影响了学生成绩就成了千古罪人；还有的坐视观望，等待宁夏其他中学改革实验成功了我们再学着做。这种思想太落后，照此下去，学校就会失去发展机会和生存空间，耽误了学生，耽误了党和人民的教育事业。

初生之物往往是不美的，中卫中学正在进行的课堂教学模式改革也是如此，还面临着许多困难，工作中有不尽如人意之处。但就人性而言，恶，似乎有一种自然的动力，在发展中增强。而善，却似乎缺乏一种原动力，只是在开始时最强。不断革新就是驱除这种"恶"的药物。有病而拒服药物只能意味着病情恶化，因为事物终归是要随着时间而变化的。如果时间已使事物腐败，而人却无智慧使之不腐，那么其结局将只有毁灭。

培根说："既成的习惯，即使并不优良，也会因习惯而使人适应。而新事物，即使更优良，也会因不习惯而受到非议。"对于旧习俗，新事物好像陌生的不速之客，它很容易引起惊异和争议，却不易被接受和欢迎。

历史川流不息，若不能因时变事，而一味恪守旧俗，就如同守株待兔一样成为笑柄。社会改革难免触犯既得利益者。有些人会受益，受益者固然欢欣，而不受益者则必然要诅咒那些改革的发起者，认为是领导偏心，只器重几个课改标兵，实际上，领导多么希望有一大批教师加入到改革的队伍中来。课堂教学改革主要是为打造高效课堂、提高教育教学质量，而并非为了标新立异。学校课改之初，培育课改标兵主要是基于有序推进课改考虑的。先行者取得了成功，可以为后来者积累经验，使之少走弯路。这如同中国革命一样，星星之火，可以燎原。

星火燎原的课改推进方法是和本校的校情结合起来的。目前，恶性的舆论和招生宣传对改革产生了负面影响。当然，越是这种情况越说明推行课改、打造高效课堂、实现学校可持续发展的重要性。特别是年轻教师，还没有形成一定的教学模式，比老教师更易于接受和学习新的模式。因此，年轻教师要争当课改的先行者。通过实践和引领带动，老教师认识到只靠苦教还不行，要巧干才能出成绩。当课改教师教育教学成绩上升时，那些观望和持反对态度的教师就会自觉主动加入到课改队伍中来。洋思中学、西峡一高等课改名校都是通过建立课改小组和典型示范推动课改进程的。这样，用三到五年时间，学校有70%的老师参与进来，课堂教学模式改革的燎原之势就形成了。

我们处在经济欠发达的西部地区，老师们固有的保守、落后的思想观念根深蒂固，他们习惯了昨天的做法，沉浸在过去的成绩中，推行课改就有相当的难度。因此，课改不能犯急躁病，特别是不能小看保守主义的力量，甚至有压倒一切的力量，不能小觑，否则，就会导致改革失败。但是，新的课堂教学模式如同新事物一样，会给人新鲜感，代表着新时代课堂教学前进的方向，参与人数虽少，但理念先进、方法正确、模式科学，前有样板，具有号召力，只要认准目标，认真落实，改革的步伐一定坚实、有力。如果低估改革者的力量，则会产生悲观失望的情绪，使课改失去动力和激情，从而失败。

2004 年以来，新课改的思想不断深入人心，广大教师摆脱了旧有的思想束缚，使课改的成功不仅有了可能性，而且具备了发展的必然性，洋思中学、西峡一高的成功就是证明。我们要透过现象看本质，看课改的方向、内涵、前途和未来，这才是科学的分析方法。

洋思中学、西峡一高等学校的改革已为全国课改开了一个好头，我们要认真地学，不断地实践、研究，先确立几个课改先锋，发展部分课改标兵，培养几个课改本土专家经常会诊指导，再请课改大家讲座或专题培训，形成一个课改团队，不断扩大自己的队伍，形成燎原之势。

在自治区普通高中还未大规模开展课堂教学模式改革之际，中卫中学要走在全区高中学校最前列，抢占先机，为学校发展争取更大空间，形成良性循环。同时，在实施课改过程中要防止课改中遇到困难就退却的消极悲观情绪，不断解决课改中遇到的问题。有的老师认为课改会延缓教学进度、降低教学难度、缩小教学容量、影响高考升学率等，这些思想都是不正确的。还有部分名气大的优秀教师，因为带实验班，学生基础好，不愿意课改，以班级成绩与课改的普通班比较，断然否定课改，平时不看书、不看报、不研究，特别是理科教师又很少涉猎马克思主义哲学，辩证看问题、解决问题的能力稍弱些，影响了课改的进展，对课改极为不利。这些问题要解决，需要我们用课改思想建立科学的评价机制。

实践证明，在推行课改的过程中，逐步表现出课改派教得轻松，学生学得愉快，成绩稳步提升，综合能力不断提高；保守派教得辛苦，学生学习被动，成为解题机器，成绩提高不大。因此，课改能解放教师，解放学生，提高教学成绩，提高学生的综合素质。部分课改教师的成功可吸引更多教师加入课改行列，壮大改革队伍，改变部分保守者，特别是有一定影响的老教师，从而，减少课改的阻力，并获得他们的支持。

传统的"满堂灌""填鸭式"的教学方式会让老师教得很累，学生听得很烦，课后布置的作业很多，教学效果又不好，还容易使教师产生职业倦怠、学生厌学，特别是学生的厌学进而使学生对教师、学校、社会产生不满。失学学生多，其实根源还在教师落后的教学方式。

有的学校为了片面提高学生成绩，不断增加学生作业量，不断进行考试，对学生进行机械训练，很不科学，甚至是徒劳的。更有甚者星期天也不休息，晚上让学生开夜车，既违背了教育规律，也损害了学生的身心健康，这样是不会有成效的。

随着课改的不断深入，教师不断总结反思，不断觉醒，尝到课改的甜头，就会有更多人加入课改队伍。老师对传统课的无奈，如同洒满汽油的干柴，很快就会燃成烈火。审视当前的教育现状和形势，看看普通高中教师的心态，课改的高潮一定会到来。

中卫中学历史悠久，师资力量雄厚，教师的师德修养和专业素养较高，具备课改的条件。在自治区教学评优活动中，荣获一等奖或第一名的人数最多。我们要以这些老师为核心，要让这些老师点燃其他老师，壮大课改队伍，进而发展为全学科、全年级、全学校的教师都采用新的课堂教学模式，实现学校发展新的飞跃。

改革的困难有时让我困惑和畏惧，也想维持现状，不搞课改，但面对学校发展的现实和当前教育的境遇，促使我要寻找学校发展的出路和方向，这就需要深化课堂教学改革。作为学校领导不是维持几年，干完一届完事，而是要对学校、人民、组织有个交代，对自己也要有个交代。

课改是正确的、光明正大的事，没有必要遮掩，需要一边改，一边研究提高，一边宣传鼓劲，如中国红色革命政权的成立，它是群众革命的目标、方向、信心和毅力的体现。

改革是深入持久的，不是一蹴而就的。我认为，课改的成功强行定期限和百分比也是不科学的，是急躁症的表现，但课改高潮的到来和成功是一定的，"它如同站在海岸遥望海中已经看得见桅杆的航船，它是立于高山之巅远看东方已见光芒四射喷薄欲出的一轮朝日，它是躁动于母腹中的快要成熟的婴儿……"

我坚信，当前学校推行课改的思想观念是正确的，方法是科学的，只要我们团结一心，统一认识，聚焦课堂教学问题，把课改措施落准、落实、落细，课堂教学改革的星星之火定会成为燎原之势……

刍议课堂教学改革的必要性

■ 王建国

民族的兴旺在于教育，而教育的兴旺在于教师。毋庸置疑，教师的成败在于课堂。因为课堂是教师的教与学生的学所进行的双边活动的一个场所，是传播知识的源地。学生可以从课堂中不断吸取新知识、新理念，不断成长。教师也可在课堂中教诲学生、播撒文明，从中不断获取新经验、新方法。因此，课堂是连接师生的纽带。它决定着学校的名誉，也决定着一位教师的声望，更决定着一名学生的命运。显然，课堂教学非常重要。

赋予学习者学习的权利和责任，让学生成为学习活动的真正主人，转变以往外在、被动、从属型的学习状态，把学习变成人的主动性、独立性与创造性不断生成、张扬、发展、提升的过程，这是学习观的根本转变，是一种内在的精神解放运动，引发了课堂教学的实质性进步。学习成了课堂的中心，学生成了课堂的主角，课堂成为基于学生的学习、展示学生的学习、交流学生的学习、深化学生的学习的真正学堂，这就是课堂教学的有效性。

一、现行课堂教学的弊端

当今世界的竞争日趋激烈，而竞争归根结底是人才的竞争，人才的培养关键又在于教育。布鲁纳认为，教学过程就是在教师的引导下学生发现的过程，让学生主动地进行学习，强调要自我思考和探索事物，而不应消极地去接受知识，要像数学家那样去思考数学，像历史学家那样去思考历史。当代漫画大师丰子恺有一幅题为"教育"的漫画：一位先生把一块块泥放进模子里，印出了一个个一模一样的泥娃娃。它说明在当代课堂教学中，教师的教更多地束缚了孩子的天性，泯灭了孩子的灵性。

我们当前的课堂教学从形式到内容都有些陈旧落后，是难以达到"面向世界"这一目标的。德国一名博士生为了完成他的博士论文，不远万里来中国考察教育，在看了北京、上海、广州等地的学校后，他用两句话评价了中国的教育："中国的教师是全世界最能讲的，中国的学生是全世界最能考的。"虽然观点有些偏颇，但也不无道理。的确，世界上没有几个国家的教师像我们的教师这样上课，自打上课铃起，到下课铃为止，滔滔不绝，甚至许多教师打了下课铃还未必肯停止，还要再拖个三五分钟。而在这样的课堂中基本上是教师讲学生听，这只能是众人头脑对一人头脑的依赖，所培养出的学生也就失去了个性，失去了自我表达、自我处事、自我创新的能力。因此，中华民族要想在 21 世纪跻身于世界民族之林，靠当前的教育不仅不能达到目标，相反会有被淘汰的危险，所以当前教育改革已是势在必行。

我们很有必要从观念入手，来统一人们思想和行动，让广大教师自觉把这场功在当代、利在千秋的教育变革进行下去……

二、新课程标准呼唤课堂教学改革

课程标准指出，在处理教与学的关系方面，主张充分发挥师生双方在教学中的主动性和创造性。师生关系是一种平等、双向的人与人之间的关系。这样的定位，既有助于保障学生在教学中与教师平等对话的权利，纠正传统"师道尊严"对学生自尊性、自信心的伤害和学生学习自主性丧失的问题，又有利于发挥教师在教学中的主动性和创造性，让学生成为学习的真正主人。

新的课程改革涉及课程观、教学观、教师观、学生观、学习观、评价观等多方面内容，这些新的内容、新的理念为课堂教学改革创设了良好的大环境，其中教学观、学习观、学生观的转变又是新课程改革中的重要环节，如何在课堂教学中贯彻新的教学思想，如何在课堂教学中体现学生自主探究、合作探究，如何在教育中落实学生的多样性培养目标，体现"以生为本"，这些问题都应该是我们去努力钻研的新课题。

古希腊智者普罗塔哥拉指出，大脑不是一个等待填满的容器，而应是一把需要点燃的火炬。因此，在当代教学中，我们应该更多地关注学生的主体性的发展，为学生提供一个自主学习、灵性发展的平台。在激励、鼓舞、唤醒中自主学习、探索学习、创造学习。

三、实施新课改是时代发展的长远需要

20 世纪打了两次世界大战，21 世纪要打的则是一场没有硝烟的战争——争夺全球顶尖人才的文明大战，这场战争将影响许多国家的前途。芬兰前总理阿赫说，我们国家能够在全球化经济竞争中取胜，最根本的原因就是重视教育，给孩子最好的教育，就是给孩子最好的人生。美国总统奥巴马向美国人呼

吁：美国的未来取决于教师，新一代美国人应到教室为国效力。俄罗斯前总统梅德韦杰夫说，中小学教育无论是形式还是内容都应有较大转变，学校应该是愉快、有趣、令人向往的地方。从世界政要对教育的极大关注可见，当今世界范围内的经济竞争、综合国力竞争，实质是人才的竞争、民族素质的竞争、教育水平的竞争。谁掌握 21 世纪的教育，谁就能尽快提升民族整体素质，谁就会赢得世界和未来。我国著名科学家钱学森曾经两次与温家宝总理谈及中国为什么缺乏创新型人才的问题时，呼唤中国教育要改革，要为培养创新型人才、建设创新型国家而奋斗。由此可见，实施新课改已成为我们广大教育工作者无条件的选择，所以课堂教学改革是时代发展的需要，我们每一位教师应该自觉投身这场功在当代、利在千秋的教育变革，为培养适应 21 世纪需要的人才，为提高民族整体素质建功立业！

四、实施新课改是现实课堂改革的迫切需要

德国教育家第斯多惠说："教学的艺术不在于传授知识，而在于激励与唤醒。"综观课堂教学，多数教师仍是知识的传授者和主宰者，学生被教师牵着鼻子走，亦步亦趋，高耗低效。注重知识传授的课堂，老师教得费力，学生学得吃力，这样的课堂扼杀学生个性和创造才干，缺少生气与活力，这样的课堂让学生成为知识的奴隶，没有幸福和快乐可言。认知学习理论强调，教师的角色应是学生建构知识能力的忠实支持者，教师必须通过激励与唤醒，为学生创设一种良好的学习环境，让学生在这种安全、欢快的环境中自主、合作、探究学习，从而让课堂成为"知识的超市、生命的狂欢"，让学生成为学习的主人。可是我们许多教师的现实课堂往往与此背道而驰，许多教师仍是课堂高高在上的统治者，学生仍在被动学习，我们教师的现实课堂真到了不改不行的地步！

五、实施新课改是资源优化配置的客观需要

课程是重要的教学资源，新课程与社会生活和学生实际联系紧密，师生必须要充分开发和利用，这一点无可非议。教科书是知识的载体，但教师和学生本身就是一部好的教科书，也是一种生机勃勃、不断成长的重要资源，我们的教师重视课程资源和自身资源的开发利用占大多数，却很少有教师充分开发和利用学生这生动活泼、丰富多彩、不断生长的资源。因此，要想真正在课堂实

现"知识的超市、生命的狂欢",我们就不能只按教科书教学,课堂教学中我们就应贯穿"学生为本"的观念,教师的教学应坚持课本知识与师生生活紧密联系,让课堂成为充满智慧的挑战,让教学过程真正成为师生交往、积极互动、共同发展的过程。只要教师充分发动学生自主、合作、探究学习,让学生积极动手、动脑,参与教学过程,那么教师、学生在相互思辨、合作中激发的智慧和合作精神一定会让课堂充满活力、充满情趣,一定会让知识与技能、过程与方法、情感态度与价值观和谐统一。

新课改是一种崭新的教育观,它的内涵和重要性在于面向全体学生,为学生的全面发展创造相应条件,尊重学生身心发展的特点和教育规律,使学生生动活泼、积极主动地得到发展。我们的课堂教学原则是教师为主导、学生为主体、训练为主线,因此,现在的课堂,教师要引导学生善于自学,要少讲多导,适时而导,教师的讲必须放在最需要的时候。教师现在必须要转换自己的角色,要让自己成为学生建构知识的积极帮助者和引导者,应当注重激发学生学习兴趣,引发和保持学生的学习动机,因而教师在课堂教学中应创设情境,明确目标,强化学生自主,组织协同学生展开讨论和交流,师生教学过程应力求着眼于发展学生的个性和能力,特别是培养学生适应社会的能力和创新精神。在导学思想上,新课改要求教师从过去的"传授者"变成"引导者",学生学习由被动变为主动。只有学生学习的愿望被激发,学生的学习情趣和能力才得以慢慢提升。我国实施新课改的目标,说到底就是为时代发展培养造就高素质的人才,最大限度提高全民素质,让中华民族屹立于世界。因此,我们教育工作者使命光荣,责任重大。

六、实施新课改是学生体验性学习过程和方法的理性需要

采用正确的方法才能让学生体验学习的过程,提高学习和应用能力,培养正确的情感态度与价值观。比如,在学习《磁现象》一节时,不妨让学生用磁铁去吸纸类制品、瓷器类制品、木制类制品、塑料制品、化学纤维类制品、布匹类制品等,发现磁铁不会吸住它们。这时我们顺理成章地点拨学生:这种现象叫磁现象。接着又让学生用磁铁吸铁钉,再去吸回形针或订书针等,学生就会发现磁铁除咬同一种铁制品外,还会连着咬其他不同种类的铁制品。那么,我们就可将这种"咬"的方式称为磁传递。然后,我们再用纸或布隔着磁铁去吸铁制品,同样,磁铁也会吸着铁制品,那么,这种现象就是磁场的存在产生的。这样,对于磁现象、磁场现象等概念,学生就一清二楚,终生难

忘。这充分说明学生体验学习的过程和方法可以由学生自己去经历、去探索、去发现，而不是指导者包办代替或忽略阅读思考过程去死记现存的结论。在探究体验性学习中，提倡学生用个性化的方式表达出学习的结果，能说的就说，能读的就读，能画的就画，能写的就写，能演的就演。

老子曰："授之以鱼，不如授之以渔。"现代教育家则说，教育是科学，科学的核心在于求真，教育是艺术，艺术的生命在于创新。随着知识经济的到来，课堂教学改革势在必行。愿广大教师都能投身于课堂教学改革中，解放教师，解放学生，唤醒课堂，为培养适合祖国未来发展的建设者和接班人而努力奋斗。

课堂教学应重视"过程与方法"

■ 王建国

2004 年秋季宁夏开始实施新课程，屈指算来已十年有余，但我发现许多教师在实施课堂教学过程中，普遍重视知识和能力，忽视情感态度与价值观，丢失过程与方法。而新课程中的三维目标是一个有机统一体，科学的教学过程和学法指导以及情感渗透、价值观引导，必会大大激发学生学习的兴趣和主动性，提升学生学习的综合能力和素养。因此，人为地割裂三维目标的内在关系，急功近利地只关注知识和能力，显然违背了新课改的精神实质，特别是只关注结果，忽视过程与方法的教学，如无源之水，必将陷入死胡同。为此，我认为，在新课程三维目标中，过程与方法应当引起广大教师的高度重视。

2001 年《基础教育课程改革纲要》首次提出"新课程的培养目标应体现时代要求，改变课程过于注重知识传授的倾向，强调形成积极主动的学习态度，使获得基础知识和基本技能的过程同时成为学会学习和形成正确价值观的过程"。第一次提出"改变课程内容繁、难、偏、旧和过于注重书本知识的现状"。"关注学生的学习兴趣和经验，精选终身学习必备的基础知识和技能。"第一次要求"改变课程实施过于强调接受学习、死记硬背、机械训练的现状，倡导学生主动参与、乐于探究、勤于动手，培养学生搜集和处理信息的能力、获取新知识的能力、分析和解决问题的能力以及交流与合作的能力"。这就把过程与方法提高到了一定的高度。

一、新课标重视"过程与方法"

新课程要求教师的课堂教学体现三维目标，那就是知识与技能、过程与方法、情感态度与价值观。没有方法是盲目的，没有过程是感性的。要注重结果，更要注重有正确方法和过程的结果。

《普通高中物理课程标准（实验）》（简称《标准》）在"过程与方法"的目标中，提出让学生"经历科学探究过程，认识科学探究的意义，尝试应用科学探究的方法研究物理问题，验证物理规律。通过对物理概念和规律的学习，了解物理学的研究方法，认识物理实验、物理模型和数学工具在物理学发展过程中的作用。能计划并调控自己的学习过程，通过自己的努力能解决学习中遇到的一些物理问题，有一定的自主学习能力。参加一些科学实践活动，尝试经过思考发表自己的见解，尝试运用物理原理和研究方法解决一些与生产和生活相关的实际问题。具有一定的质疑能力，信息收集和处理能力，分析、解决问题能力和交流、合作能力"。

过程与方法，被新课程标准设定为课程目标，确实在一定程度上改变了原先学科教学中只重结果轻视过程的现状。过程与方法，真正被教师写进备课笔记并在课堂教育教学过程中得以体现。也就是说，从只重结果，改变为既重过程，也重结果。

过程，是指让学生经历知识与技能的形成过程，在体验、活动、探究中进行学习。方法，是掌握各类知识与技能的学习方式与策略，学会学习，学会反思，学会创造，学会自我检测，学会评价，即对自己的学习过程及结果进行有效的监控。

恩格斯说："世界不是既成事物的集合体，而是过程的集合体。"也就是说，学科的教育目标的实现，是教与学相互促进，通过教学活动来完成的。并且这一个教学活动的过程，带着强烈的目的性、组织性和调控性。

为什么要将"过程与方法"确定为教学目标呢？聂幼犁教授把《老子》里"授之以鱼，不如授之以渔"进行了详细的解读。他认为"知识与技能""过程与方法"有些类似于古人的"知其然"与"知其所以然"。我认为，就是教师在教学中教给学生探究解决问题的方法并使学生学会扬弃、发现、创新和进步的重要过程。

美国教育家杜威提出的"教育即生长"的命题，产生并影响了当代的"生成性目标"取向的教学思想，而生成性目标的根本特点就是"过程性"；英国哲学家、教育家怀特海的《过程与实在》，课程论专家斯滕豪斯提出的"过程模式"，均将"过程"作为目标，上升到了理论的高度，"教育即引导儿童进入知识之中的过程"，教学即过程，是学生获得知识信息的过程；训练即过程，是学生获得动作技能的过程。在这里，"过程"目标化的作用显现得尤为清晰和重要。

二、对中英课堂"过程与方法"的比较

科学方法是人们在认识和改造客观世界的实践活动中总结出来的正确的思维和行动方式。实践证明：重大科学理论的突破，必然伴随着新的科学方法的

诞生。庞大的方法群是人类智慧的结晶。法国学科学家拉普拉斯（P. S. Laplace）曾说："认识一位巨人的研究方法，对于科学的进步并不比发现本身更少用处，科学研究方法常常是极富兴趣部分。"科学发展的历史证明，学科学的研究方法对于学科自身的发展和整个科学的发展都具有十分重要的作用。它是学科学家认识物质运动规律的工具和手段，担负着发现、建立、检验、运用和发展学科规律的职能。因而它也是科学方法的重要组成部分，具有一般科学方法的价值。

英国的课堂教学方法形式多样，特别是合作探究的方式普遍在课堂上使用。英国人主张，学生是学习的主体，课堂教学是以培养、引导学生的成长为目的的，不是展示教师的教学水平，而是要教给学生学习新知、探求学习规律的方法，培养学生的创新能力和终身学习的方法。通过合作探究能够很好地体现学生学习的方法与过程，培养学生阅读能力、提出问题的能力、归纳概括问题的能力、合作探究能力、解决问题能力、学习知识能力、语言表达能力等。而中国的课堂是展示教师的水平与能力。英国人认为课堂教学的重心应是培养学生能力，展示学生能力和水平，更注重以学生学习的效果来评价教师水平的高低。

我国课堂教学存在"满堂灌"的现象，不注重方法和过程，老师的"教"和学生的"学"是割裂的，特别表现在课堂上有的学生不注意听，有睡觉的、玩手机的、看闲书的等。如此下去，学生不懂学习方法，有师则学，无师则玩，更缺乏自主探究精神，最终没有发展前途。课堂教学中，学生跟着老师的思路解题，没有自己的思维，这样怎么能培养出优秀人才？对于英国人来说，他们通过合作探究，培养学生的学习方法，积极学习、主动学习的兴趣和精神，有些天资聪颖的学生就能超越老师而成为世界级的优秀人才。

在我国，学校教育只重结果，不重过程，只重成绩，不重方法，存在只要学生能够顺利考上高中、大学就是最好的错误认识。学生大学毕业走上工作岗位后，对工作的过程也不重视，对工作的方法也不讲究，领导干部经常讲的一句话是"秋后算账"。这样，一个很好的工作计划由于方法的错误和过程的欠缺导致计划不能落实，结果不满意。工作中，虽然受了很多苦，但成绩还不理想，究其原因不注重方法和过程。

2014年徐市长来中卫中学调研时，提出了解决问题的五个步骤，即是什么问题、问题的主要原因是什么、如何解决、解决时限、效果如何。这为我们解决问题找到了好的方法。

三、中国课堂教学丢失了"过程与方法"

在传统的教学中,教师负责教,学生负责学,教学就是教师对学生单向的"培养"活动,它表现为:一是以教为中心,学围绕教转。教师是知识的占有者和传授者,对于求知的学生来说,教师就是知识宝库,是活的教科书,没有教师对知识的传授,学生就无法学到知识。因而教师是课堂的主宰者,所谓教学就是教师传授自己拥有的知识给学生。我们的课堂教学更多的是"满堂灌",不重视过程与方法,上午四节课,下午三节课,都是教师将自己掌握的课本知识、教案内容用语言表述的方式传授给学生,学生只能被动地接受。如果是习题课,老师则在黑板上给学生一道一道地解题,学生跟着老师的思路解出答案即可。没有太多的方法,也没有真正做到启迪学生的思维。学习的方法就是学生认真地听,课后做大量的作业。教学关系成为:我讲,你听;我问,你答;我写,你抄;我给,你受。在这种"以教代学"的课堂里,学生是被教会,而不是学会的,更不用说会学了。二是以教为基础,先教后学。学生只能跟着教师学,复制教师讲授的内容。教支配学,学无条件地服从教,教学由共同体变成单一体,学习的独立性和学生独立思考解决问题的能力丧失了,教也就走向其反面,最终成为遏制学的"力量"。教师越教,学生越不会学,越不爱学,教学便成了教与学两方面的机械叠加。

四、实现"过程与方法"的目标途径

"过程与方法"目标就是:学生的学习经历、体验和思维方式的变化、发展及其程度。具体来说,指通过获得和怎样获得"知识与技能"的经历,形成从这些经历中抽象或概括的更有统摄力的思维程序与思维方法。过程与方法能推动"知识与技能"目标的实现,并在知识的掌握中起到举一反三的作用,同时,又有利于学习新的"知识与技能"。因此,在教育教学实践中,必须注重"过程与方法",甚至看得比"知识与技能"更为重要。因为,拥有"过程与方法"的学生,很容易理解、掌握、运用"知识与技能",这应该是大家公认的。

1. 注重引导学生体验"过程",从而掌握"方法"

我们知道,真正喜欢钓鱼的人,并不会因为今天钓到了几条鱼而兴高采烈,而是在钓鱼中享受钓鱼的乐趣,即在"过程"中享受。当然,在这里说的享受"过程",也并非完全不注重结果。

在课堂教学中,教师要改变传统方式,变"带着知识走向学生"为"带着学生走向知识";要加强对学生学习方法的指导,授之以"渔"。随着时代的进步,知识更新的速度越来越快,掌握了学习知识的过程和方法显得非常重要。因此,我们有时候说经历对一个人的成长太重要了。

在新知识的学习过程中,一要强调学生的自主探索。这不是教师直接讲授或讲解解决问题的思路、途径、方法,而是学生主动学习的实质性的环节,是形成学生表现、交往、评价、批判能力的重要环节,是自主探索问题的思路、途径和方法。二要重视学生的合作探究学习。这是主动学习的拓展性环节。学生群体在教师的组织和参与下交流、讨论,自主探索学习成果,批判性地看待所提出的各种理论、观点、假说、思路、方法等,通过合作探究的方式使群体的智慧为个体所共享,内化为个体的智慧,拓展个体知识视野。

2. 注重教学相长,突出学生主体地位,注重学法引导

新课程强调,教学是教与学的交往、互动,是师生双方相互交流、相互沟通、相互启发、相互补充的过程。在这个过程中教师与学生分享彼此的思考、经验和知识,交流彼此的情感、体验与观念,丰富教学内容,求得新的发现,从而达到共享、共进,实现教学相长和共同发展。交往昭示着教学不是教师的教和学生的学的机械相加,而是师生互教互学,彼此形成一个真正的"学习共同体"。对教学而言,交往意味着人人参与、平等对话、合作性意义建构,它不仅是一种认识活动过程,更是一种人与人之间平等的精神交流。

苏霍姆林斯基说:"在人的心里深处,都有一种根深蒂固的需要,这就是希望自己是一个发现者、研究者、探索者。"而人的最初阶段的思维是从动作开始的,所以教学实践活动要引导学生主动操作、主动思考、亲身经历探索知识的全过程,这样才有助于培养学生的思维能力。新课程理念下,课堂提问不再是教师的专利,学生可以围绕教学目标向老师提出自己的疑问,学生之间可以通过教师这座"桥梁"互问互答。

新教材的问题情境往往没有唯一、明确的答案,因此课堂教学的着力点不在追求获得问题的答案,而是培养学生的问题意识,关注问题、引发问题,激发学生的探索欲望,在问题的探究过程中获得知识与技能、掌握学习的方法、养成分析社会问题的情感态度与价值观。

3. 科学处理教材,让课堂教学符合新课程理念

依据《标准》的要求和学生的实际,优化教学内容。新教材虽然结构严谨、观点新颖、学术性强,但客观上存在难度、容量较大的现象。加上各学校学生的素质参差不齐,更加剧了教学的难度。因此,一方面要充分把握《标

准》，理解教材、利用教参，理清教学内容之间的联系，构建相对严谨的教学知识结构，为教学活动的有效展开奠定基础，另一方面根据《标准》要求和教学实际，合理地确定教学内容。《标准》是教学的根据，教科书是连接《标准》与教学的纽带，是落实学科知识和培养能力的重要载体，但学科教科书的知识内容不等于学科教学内容的全部。在教学过程中教师应对教材内容进行选择性处理，可删、可补、可改，确定那些既有利于学生知识的掌握、能力的培养，又有利于学生思维过程与方法的掌握，还有利于学生情感态度与价值观熏陶的，受学生欢迎的教学内容。

"过程与方法"目标的实现有助于课程总目标的实现，对培养学生科学探究能力、自主学习能力、实践能力以及解决问题能力起到至关重要的作用。因此，对新课程中三维目标之一的"过程与方法"目标就要高度重视。同理，新课程变革的重头戏就是课堂教学改革，即文本的过程与方法。这就要求教师更新教学观念，转变教学方法，要求学生改进学习方法，力求自主（主动）性、探究性、合作性学习，从而形成双方配合、师生互动的课堂教学氛围，实现教学相长的目标，真正推进素质教育。

未来的发展需要过程与方法，课堂教学改革要重视过程与方法。学生的学习是从学校开始的，学校教育对学生终身学习影响是很大的。教育改革不只是增强学校的竞争力，而且是为了培养民族正确的"情感、态度、价值观"。只要课堂教学解决了方式、方法的困扰，一切问题都迎刃而解了。

总之，"过程与方法"在落实过程中不应当也不可能脱离传统教学，而是应当寻求传统教学同现代教学的"契合点"。寻求二者契合点并不是对某一方的否定，而是在融合基础上的把握。传统教学方式与现代教学方式相结合的关键在于教学方式，而教学方式的变革又体现在学习方式的变革上。这种变革不是对传统的"接受式"学习方式的全盘否定，更不能"满堂灌"，而是要根据学科特点，将传统与现代教学方式有机融合。抛弃传统的教学方式而一味求新便会流于空泛，成为形式主义；而一味沿袭传统的教学方式则会有碍学生个性发展、创新精神的培养和实践能力的培养。

撷谈提高教师研究能力的有效途径

■ 王建国

在当前教育教学改革实践中，教师的教育教学研究意识、研究能力是教师专业化发展的核心内容，也是教师走上专业幸福之路的重要途径。因此，提高教师的教育研究能力，已经成为教师内涵发展的追求。下面，我就如何提高教师教育教学研究能力谈一下自己粗浅的看法和建议。

一、通过建立阅读保障机制，激发教师研究热情

教师的发展，离不开专业阅读。教师从专业阅读中获得的专业知识、思想认识、方法策略一旦与实践经验有机结合，无疑能够提升解决问题的能力，并形成教师的教育智慧。当然，这个过程的有效实施，需要激发引导和必要的保障机制。

选择精品书目，开展专题阅读活动。教师工作繁忙，时间精力有限，而市场书籍繁杂，良莠不齐。因此，需要组织广大教师精选书目，学校审核、征订，借给教师阅读，组织教师开展相关读书交流活动。这样，能提高教师阅读的针对性和有效性。

以读促教，强化实践转化能力。读书是手段，目的是提高执教能力。教师在阅读中领悟到的思想、观点、方法运用于实践，能创造性地解决实际问题。通过开展教育实践、课例分析、撰写教育叙事随笔等活动广泛开展教育教学研究，理性审视自身的工作，提出解决问题的策略，从而提高教育教学质量。

以培促读，创设研究氛围。我们认为，培训能营造学习气氛，激起教师们的研究热情。学校聘请区、市教研室领导做教育教学改革学术报告，拉近教师与专家的距离；在教研活动中组织教师观看名师研究课教学录像实况，增强教育教学研究的现场感，提高课堂教学水平；通过开展一等奖优质课观摩点评活动，激发理论和学术研究兴趣，提高教师的教育教学实践能力。

教师通过阅读提升专业素养是一个系统化工程，从自发阅读到专业阅读，从专业阅读到专业思考是一个不断培育的过程，需要思想的引领、观念的启发、方法的培训，需要创设有利于教师阅读发展的良好环境，更需要建立有效

的制度保障体系。只要将阅读活动纳入教师专业发展整体规划，定期开展交流活动并形成读书奖励机制、先进评选机制，就能激发教师的研究热情。

二、通过课题引导专题性研究，提高教师专业发展能力

首先，一线教师通过申报课题的方式，将现实问题提升为研究性课题，成立课题研究小组，通过查找相关文献，开展综述分析，了解国内外研究现状，对问题提出的背景和意义提出自己的观点，通过对研究目标、内容、方法、步骤的确定，制定出具体并符合科学规范的解决问题的策略，最终达到解决问题的目的。这样的过程，无疑能将学习、思考、实践、行为、总结有效地结合在一起，将自己的教育教学活动与课题研究有效地结合起来，使日常教育活动具有了明确的目的性和工作方式的科学性。

其次，教师的研究能力在课题研究的过程中生成。出于研究的需要，教师要阅读专业书籍，汲取理论养料；精心设计研究过程中的每一次活动，包括活动的指导思想，活动的目标、意义、过程方法，活动的结果成效等。研究过程中的每一点思考、感悟都要及时总结并认真分析。

这个过程充满艰辛，也充满挑战，教师的专业能力正是在这种真刀真枪的实战中逐步培养和锻造的。

三、通过建立交流合作平台，促进教师研究能力共同提高

老师交流合作有助于探索解决新课程实施过程中所遇到的具体问题，有助于提高教学经验，促进教师专业成长。

精心设计教研活动，广泛开展教师间的交流与合作研究。教研活动要有计划，形式多样，联系实际，讲求实效。活动内容一般是学习教育教学理论，研究教育教学工作。每次活动定好内容，定出中心发言人，留出讨论发言的时间。做好教研活动的详细记录，拟出的改进措施注意落实。教务主任、教研室主任要定期总结各教研活动开展情况。

组织校内理论专题讲座，着力解决教育教学实际问题。校长、教务主任、教研室主任、高级教师、骨干教师轮流主讲，内容自定。主讲人发言后由教师提出问题，共同研究。专题讲座有助于学校教学研究风气的形成和实际问题的解决。

安排组织公开课活动，提高全员参与研究的意识。每学期每个教师在校内

至少上一节研究课。研究课一般由教研组集体备课，共同研究制定教学设计，然后由相应的执教教师上公开课。课后组织好评课工作，先由执教者作教学反思发言，然后听课者评课。教学设计及评课记录存入教师个人档案，作为教师专业成长的原始资料。

组织全校性的专项教研活动，总结推广研究成果。学校制定好教研活动的主题，如研究课、说课、基本功竞赛、经验交流、教学成果展示等。专项教研活动做到精心组织，周周有活动、月月有安排，切实起到交流、指导、带动的作用。

四、通过案例研讨，提高教师反思能力

教育案例的素材，源于教育教学的真实情景，具有典型性、浓缩性和启发性。不管对教师自身还是作为同伴共享的资源，都是非常有研究价值的材料。

教学案例研究和写作的过程，是一个"实践＋反思"的过程。每位教师在其教育生涯中都会遇到这样那样"难题"的困扰，大到学生的学习障碍、行为习惯，小到教学中如何创设情境、提出有效的问题，有针对性地布置作业，等等。面对这样的问题，采用一般的方法难以取得好的效果，这时就需要教师采用特别的方法，对其进行深入、细致的观察，寻找问题根源所在，提出有效的解决策略。

案例研究的过程是教师自我反思的过程。它可以促进教师间的交流与合作。案例研究为教师间的交流合作提供了公共话题。研究者把发生在自己身上的故事以案例的形式展示给其他老师，展现自己遇到了什么问题、怎么发现问题的、采取了哪些策略。这种经历往往带有某种共性，最能引发同伴共鸣。

案例反思，就是要通过典型事件的分析，透过现象探寻背后的本质规律，体现理性思考与现实分析的统一，这是理性的运用，也是经验的提升，有助于教师深化对教育本质的理解。

五、通过创设新媒体环境，促进教师自主发展

随着信息化的发展，以互联网、手机等为代表的新兴传播介质在媒体格局中的地位日益凸显。互联网、手机短信、博客、微博、论坛、贴吧、数字杂志、触摸媒体等已经成为教师专业发展的重要介质。

教师网络主题研讨。教师从自身教学研究需求出发，通过在网络平台发布

研讨主题公告，设定研讨内容、研讨方式等要求，吸引有兴趣的教师参与讨论，参与者结合自身的教育实践感受，阐述自己对问题的理解、困惑与建议，达到学习交流的目的。

博客互动课例分析。教师通过博客平台开展备课、上课、评课等系列研讨。观课教师从不同的角度，对教学过程、教学效果各抒己见，自由点评。群体间平等对话、互动碰撞，不断拓展思考的广度与深度。

利用新媒体在线交流。教师可利用 QQ、MSN 等形式，结交校内校外教师朋友，形成网络上新的交流群体，通过提问、留言、互发信息等形式，开展教师间即时交流。这种交流不仅能够解决工作中遇到的即时性问题，还发挥了信息互通、感情交流的功能。

教学管理工作思路

■ 王建国

学校管理是管理者运用一定的职能和手段来协调、统筹教师的劳动，同教师一起高效率地实现学校既定目标的活动过程。对一所自治区一级示范高中来说，学校管理者既要对教学、科研和管理等方面熟知，又能撮举其要，提纲挈领，又要对这三方面善于综合、协调，使其能围绕学校的总体目标发挥其最大能量，产生最大效益。管理工作做得好，就能人尽其才，才尽其用，而且为教师个体提供施展才能的机会。这样，学校的人才就会层出不穷，源源不断地涌现出来。人才是学校之本，是学校发展的支撑，科学管理能造就一支师德素养高、专业能力强、年龄结构合理的充满活力的师资队伍，有力推动学校工作不断迈向新台阶。

1. 落实教学常规抓基础

教学常规的落实，既是学校教学工作的基本要求，又是教学工作得以正常有序开展的根本保证。强化常规、做好细节是每一个教师应有的意识和行动。在严格执行课程计划、开齐课程、开足课时的同时，认真抓好教学常规工作，使教学常规规范化、制度化、常态化。在常规管理过程中，特别要注重抓好教学计划、备课、教学、作业批改、课外辅导、考试考查等基本环节，从而掌握教学状况，稳定教学秩序。通过落实常规管理，使学校的教学管理工作逐步走向规范化，为提升学校管理水平奠定基础。

2. 强化制度管理抓规范

制度是一种比道德、文化、价值观更为强硬的规范，具有强制性和约束力。一切好的制度都是正义的，有利于激发教师工作积极性。它所施加的约束是一种职业性规定，不是人对人的强制。制度追求的是利己利人的一种较高的道德境界，要求人们利己利人不是简单的行为法则，而是一种习惯和自觉。

学校靠什么来实现短期和长期目标呢？靠制度。因为制度不仅可以促使目标的实现，促进效率和业绩的提升，更重要的是，制度能使所发生的一切良好的变化持续下去。好的制度因为公正，维护了人的权利，所以能激发和保护人的创造性劳动。从这个意义上说，制度不仅是约束人的，更是解放人的，更确切地说，制度通过约束人而解放人。当然，在制度的制定和执行过程中，最重要的是每个人必须正确理解个人与学校的关系、个人与他人的关系，必须看到自己劳动的价值和意义，能对自我价值作出判断与评估。唯有这样，教师才有可能在有科学的管理制度作为坚强保障的教育生活中，实现共同的梦想和价值追求。学校要将广大教师最关注的问题通过调查研究制定切实可行的制度，并严格执行。学校制定的《教师职称评定量化细则》《教师考勤奖罚细则》《绩效工资考核发放细则》《高考奖励方案》《竞赛奖励方案》《超课时津贴发放方案》《教师评优评先制度》《班主任工作管理方案》《备课组长考核方案》等涉及学校发展和教师切身利益的制度，必须严格遵守并执行。这样，通过制度管理使教师的教育教学和教研行为规范化。

3. 细化绩效考核抓干劲

绩效考核学校在既定的目标下，运用特定的标准和指标，对教师的工作行为及取得的工作业绩进行评估，并运用评估的结果对教师将来的工作行为和工作业绩产生正面引导的过程和方法。绩效考核体现了客观和公正，彰显了科学性原则。绩效考核的结论与平时对教师的观察和印象基本一致，与家长、学生以及同事的日常反映和看法基本一致，与被考核教师在教师群体中的实际地位和作用基本一致，与被考核教师在教师群体中的自我心理定位基本一致。有了这四个"基本一致"，绩效考核的科学性就可能有基本的保障和较广泛的认同。

学校制定《绩效工资考核发放细则》，充分体现多劳多得、奖勤罚懒的基本原则，对教师工作进行量化考核打分。一是教师得分拉开了差距，这就使高分者有了动力，居中者有了推力，落后者有了压力，教师群体发展有了新的促进力。二是更好地体现了学校"质量是学校生命"的办学理念，并为这样一个理念的实践转化提供了一个合适的载体和测量标准。

绩效考核中把刚性的考核机制与柔性的考核机制有机结合起来，刚柔相济，软硬并包，使教师教学活动测量的覆盖面和完整性都更趋于合理。单纯刚性的考核机制会给教师带来过大的压力，从而削弱了工作的动力，进而影响工作的开展。柔性的考核机制，可以让教师减轻工作的重负，缓解考核带来的压力，促进干群沟通，缓和思想冲突，凝聚人心，创造积极向上的活力。制定科学合理的考核细则，为教师提供一个宽松自由的环境，可以激发教师创造性思维。

绩效考核的机制设置应该是发展和造就人，而不仅仅是为了约束和规范人，这对于打造一支个性纷呈、风格各异的教师队伍具有重要意义。一个卓越的群体，应该让按部就班、忠于职守的老师得到合理的考核奖励，没有因被强加过高的要求而产生抵触情绪。同时，让具有工作创意和挑战性的老师在集体中找到独特的位置，从而激发潜能和提高自己的才干。教师的能力和水平有差异，但应当拥有同样的机会去发挥自己的才能，从而走向卓越。

4. 调整课程设置抓特色

根据教育局下达的招生计划，学校高一新生招生 1 500 人，其中特长生扩大为音乐 50 人，美术 50 人，体育 50 人，组成专门的特长班，由专业教师任班主任，单独进行课程设置，上午上文化课，下午上专业课。每年有书法绘画作品展，每年有校园艺术节和新年音乐会，每学期召开一次运动会，为特长生搭建成功平台，为国家培养特长人才。

针对个别特别学科教师和学生群体设置学科特色班。如语文、数学、英语、物理、化学等学科，教师只带一个班的课，但这个班的特色课将在课时上增加 80% ~ 100%，形成特色课的绝对优势。

5. 实行年级管理抓实效

现在学校学生人数达 5 000 人，中层管理已不能适应学校的发展需要，必须降低管理重心，实行年级管理，才能真正把管理落到实处。把学校的三个年级当作三个分校来管理。每个年级应安排一名副校长为年级校长，一名主任、三名副主任进行管理，并划成四个班组，每层有一名主任管理。

实行年级组长责任制，降低管理重心，加强年级管理，把年级组长角色定为校长角色，在工作中赋予其校长的责、权、利，让他们熟悉和了解校长的工作职责、工作流程，全面参与学校管理，提高管理水平。通过年级组长对年级的有效管理，实现学校管理重心的下移，提高管理效能。就学校而言，要求年级组长将自己视为校长，以校长的视野、思维及行为，通过年级组的管理实践，全面提升自己的业务素质和管理水平。

年级校长负责全年级工作，向校长负责，年级组长向年级校长负责，三名副组长分别履行德育管理职责、教学管理职责、年级事务和日常活动管理职责。

年级组长工作因其工作岗位、对象、目标等方面的特性而表现出多重性的特点，既有管理年级教师的职责，特别是班主任的组织管理职责，又担负着面向全年级学生的教育管理任务。年级组长本身承担着本年级相应的教学任务，自身也是一线老师。

年级德育管理职责：主要工作对象是班主任和全体学生，有时也直接面对个别学生。其职责主要体现在整体把握年级学生的德育状况，指导、协助班主任做好班级管理，对学生进行思想品德、行为习惯、学习态度以及安全等各方面的教育管理，以形成良好的班风、级风，促进学生的全面发展。在实际工作中年级副组长常常负责落实学校各项活动的布置安排，对本年级德育工作中存在的重大问题向学校德育主管部门反映，提出自己的整改意见。在该项职责中年级副组长主要行使决策权、组织管理权、评价权、建议权。

年级教学管理职责：主要体现在收集年级各班、各学科教学情况，通过分析、判断，实现对年级教学情况的总体把握，将发现的问题向相关任课老师、学科组、教务教研部门反映，并提出自己的改进建议，以实现年级各班教学整体均衡发展。此外，还负责安排年级的各种课外辅导，协调各学科备课组的教学工作以及相关的课外活动等。学科组长的职责侧重于学科组内部工作的组织协调，如学科教学进度的统一，教学效果的把握、改进等。

年级事务和日常活动管理职责：主要体现在家长会的定期组织安排，年级办公室的管理规章制度的制定，信息发布，清洁卫生安排等，保证办公环境的整洁、安静、有序，为教师提供良好的工作环境。在该项职责中年级副组长主要行使组织管理权。同时，还负责本年级教师的考勤与相应的工作评价，教师间矛盾的调解，以及年级教师活动的组织等，为年级教师创造积极、健康、宽松、愉悦的工作环境。在该项职责中年级副组长主要行使监督权、评价权、协调权。

6. 兴办名师讲堂抓师德

每个教师良好的修养不是先天固有的，而是在科学理论的指导下，经过长期的社会实践锻炼的结果。教书者必先强己，育人者必先律己。加强师德修养要在继承和发扬传统优秀师德的同时结合时代的要求加以充实和发展，在教育教学的实践中注重自我塑造、自我学习、自我修炼、自我约束、自我提高，全面提高个人的综合素质。通过在学校举办名师大讲堂颂名师铸师魂。

（1）师德讲堂言传身教。教师是人类灵魂的工程师，净化别人的灵魂首先要净化自己的灵魂，教育别人有理想首先自己要有理想，教育别人守纪律首先自己要守纪律。为人之师，必须为人师表，而要做到为人师表，就必须以德修身。

教师是人类灵魂的工程师，是学生最直接、最生动的榜样。教师的主要职责是教书育人，我们的一言一行，都会对学生的成长产生影响。只有树立正确的世界观、人生观、价值观，才能保持崇高的思想境界，自觉抵制各种不良社会思潮和风气的影响；才能具有奋发进取、刻苦钻研、淡泊名利、甘为人梯的精神风貌；才能在教学的过程中沿着正确的方向去引导和培养人才。

教师只有加强师德修养，才能适应新时期教育的改革和发展，为国家和社会培养出德才兼备的合格人才。教师只有端正修养态度，才能在教育教学的实践中正确地认识、深刻地体会和准确地把握新时期对教师提出的师德要求，并形成相应的师德意识，把它内化为自己的自主要求，提升自己师德自律的境界，努力做到"慎独"，处处做学生的表率。开展师德演讲活动，营造教书育人的氛围，提升教师的师德水平。

（2）业务讲堂修炼师能。教师必须有不断学习的意识和能力，努力提高自身的业务素质，因为"要给学生一杯水，自己就要有一桶水，更要是一眼泉水"。在科技日益发展的今天，要求教师要善于研究和总结教育教学规律，推进和深化教育教学改革，掌握现代教学手段，运用先进的教学方法，以最有效的方式传授知识、启迪思维，使学生在有限的时间内掌握尽可能多的知识和技能。

学习，不仅能提高知识，更重要的是提升品质。在现实生活中，一个人文明、理智、高尚，总是同他的学识、素养、阅历相联系的。教师所从事的是科学知识的传授，而科学本身具有严谨和规律性，因而，容不得教师丝毫懈怠和疏忽。这要求我们要有严谨的治学态度和锐意进取的科学精神，开阔视野，吸收新的知识，探索新鲜事物，把最新的知识传授给学生。同时，还应该强化自己的科研意识，将教学与科研结合起来，集理论与实践于一体，不断在教学实践中发现新问题、探索新规律、提出新见解、创造新经验。把自己在教育教学中的经验、成果进行宣讲，让广大教师学习，并提高自己的知名度。

7. 注重教师培训抓师能

教师的职业特点决定了教师要不断学习、思考。只有不断学习才能不断发展，而培训是最便捷、最有效的学习方式。通过培训来触动教师的思想，升华教师的经验，完善教学中的不足。

校本培训是以学校教育教学中存在的问题和学校的预定目标及发展规划为着眼点，目的在于满足校内教师专业发展需求。其作用一方面是通过培训使教师获得主动学习和不断自我发展的动机和能力，促进教师的专业发展，另一方面通过培训，有助于提高教师的综合素质，从而推动学校的发展。校本培训的意义主要体现在以下几个方面：

（1）有利于转变教师的价值观念。受应试教育的影响，教师单纯的质量观念比较强，"追求高分"成了教师衡量自己的人生观和价值观的唯一标准。而校本培训则是依据教师的职业特点，着眼于培养创新人才的需要，来培养教师的敬业精神，更新教师的职业观念，使教师在人生观、价值观上由"职业型"转为"事业型"。

（2）有利于转变教师的育人观念。受应试教育的影响，教师的教学是以"应试"为目的，重"教书"，轻"育人"；重"教材"，轻"学生"；重"课堂"，轻"生活"。而校本培训则是根据素质教育的要求，提高教师实施素质教育的水平和能力，要求教师做到一切为了学生，为了学生的一切，为了一切学生，促使教师在教育思想、教育观念上由"应试型"转为"育人型"。

（3）有利于优化教师的能力结构。受应试教育的影响，教师在建构自己知识和能力结构上朝"单一型"方向发展，忽视了其他学科对本学科教学的渗透作用；而校本培训则根据知识经济时代对培养创新人才的要求，拓宽教师的学科视野，丰富教师的学科知识，使教师在知识和能力结构上由"单一型"转为"复合型"。

（4）有利于转变教师的思维方式。应试教育的教学模式使得教师成为一个经验主义者，缺乏教育教学研究能力。而校本培训则是根据现代教育思想、教育理论和新课程的精神对教育教学的要求，更新教师的教育理念，提高教师的理论水平，强化教师的科研能力，促使教师在思维方式、工作方式上由"经验型"转为"科研型"。

8. 深化教学改革抓质量

课堂是实施素质教育的主渠道，是学生成人、成材的主阵地。以河南西峡一高的"三疑三探"课堂教学模式为基本范式，以"三为主"原则为基本原则，在全校进行课堂教学模式的改革，整体提高教师课堂教学水平，大面积提高课堂教学质量，真正实现解放教师、解放学生、提高学生整体素质的教学改革目标，探索出一条中卫中学模式的课堂教学新模式。

课堂教学改革是深化基础教育课程改革的核心环节，对于有效落实国家课程方案，提高课堂教学效率，提高教育教学质量，推进素质教育，具有十分重要的意义。

要促进学生的全面发展、个性发展和可持续发展，就必须进一步深化课堂教学改革，创设有利于学生积极参与的教学环境，遵循学生认知规律和教学规律，根据学生的个性差异因材施教，激发学生的好奇心和求知欲，鼓励学生独立思考、主动学习，真正实现以学生发展为本的课堂教学目标。

要转变教与学的方式，使教学过程成为师生互动、教学相长的过程，就必须进一步深化课堂改革，注重学生学习的过程，积极倡导自主、合作、探究等多种学习方式，引导鼓励学生大胆质疑，主动学习。

要建立相互交往、共同发展的新型师生关系，就必须进一步深化课堂教学改革，创设民主、平等、合作、和谐的课堂氛围，使学生成为学习的主体，使教师成为课堂教学的策划者和组织者，学生学习的引导者和促进者。

要实现新课程强调的知识与技能、过程与方法、情感态度与价值观三维目标的有机整合，就必须进一步深化课堂教学改革，使教学目标统领教学各个环节，贯穿教学活动始终。

我们走在课改的大路上

■ 房继农

四月的北京，天朗气清，惠风和畅，紫藤飘香，柳絮扑面。小而美、小而新、小而强的北京昌平区中滩中学，群贤毕至，少长咸集，来自全国13个省、市、自治区的120多位课改先行者和北师大区域教育均衡发展研究中心的专家们济济一堂，共同成就了一场教育改革的盛会。六天的学习，我们累并快乐着；六天的学习，我们如同闯入了阿里巴巴的宝库，珍宝满目，美不胜收；六天的所得，远超我们的预期。百感千绪，难以尽述，这里只重点向工作在教育一线的同仁以及关心和支持教育工作的人士谈谈我的三个感受和三个认识。

1. 三个感受

感受一，培训中心精心运筹，保障了培训的成功。培训课程设置梯次合理，道术结合，既有如金洪源教授"元认知与心理干预技术"这样的国内最新社科成果的引入，又有诸如中滩中学、集宁一中、吉林长白、东丰实验区、山东北镇中学等学校和地区的课改成功案例、经验的示范与剖析，更有朱鸿秋、杨文普、李清锋、田青梅、詹合顺、褚清源、李振村等场内外专家团队的精辟点评点拨。既高端大气上档次，又低调奢华有内涵，让人如登泰山之巅以观东海日出，眼界为之大开，见识为之开阔，一股赴身课改的浩然之气激荡胸中，内心为之充实，精神为之振奋，大有脱胎换骨之感。

感受二，体验式教学创设了充满生命认知愉悦的教学情境，让教师们在快乐生动中化难为易、化繁为简、化苦为乐，使"小组构建"与"疑探教学"的精髓如春夜细雨"随风潜入夜，润物细无声"，让教师们悄悄蜕去了僵化，恢复了敏锐与灵活，对课改达成了普遍的共识。

感受三，在各位"草根"教改探路者身上，孕育着中国教育的春天。即使许多教师已"功成名就"，享受着"名师""名校长"的光环，但他们仍毅然决然地投身于课改这条通向希望却又遍布荆棘的路，支撑他们从头再来、二次创业的，正是一种中国优秀知识分子对教育始终不渝的情怀。"为什么我的眼里常含泪水，因为我对这土地爱得深沉！"正是对他们这种精神的最好诠释。

2. 三个认识

认识之一，课改必须走以课改统领校改、班改的配套改革之路。山东北镇中学的李炳慧老师将二者的关系总结为"校改是引领，班改是支撑，课改是集成"；《中国教师报》课改版主编褚清源又提升为"课改本身就包含校改和班改，校改和班改是课改的题中之义"；而西峡一高杨文普校长更是将"疑""探"上升到了课改方法论的哲学高度。这些真知灼见，必将为课改顶层设计提供正确的路径选择指导。

认识之二，课改是教师、学生、家长共同通向幸福教育的道路。中国的教师和学生是最能吃苦的，中国的家长是望子成龙最心切的家长。课改让三者各归其位，各安其位，各乐其位，因而课改下的中国教育必将成为制造幸福又最终通向幸福的光辉事业。

认识之三，课改是后名校时代的名校自我救赎之路。

20世纪80年代改革伊始，国家教育资源匮乏，政府以政策优待推出了一批重点学校，成为各地名校的主体。进入新课程改革以来，基础教育借力课改，百舸争流，优胜劣汰，名校的崛起和名校的式微同样层出不穷、屡见不鲜。有志之士审时度势，纷纷顺势而为，借势而上。于是，名不见经传者后来居上，如洋思中学、杜郎口中学；曾经的地区名校重振雄风，再度领航地区教育，如西峡一高、集宁一中。中卫中学作为自治区首批重点中学和自治区普通高中一级示范学校，必须通过深化教改，坚定地走课改之路，才能突破发展瓶颈，实现崛起，永葆青春。

人贵自知。学校是传授知识、创造智慧的殿堂，应该有学校的文化自觉与教育自觉。你不自强，没人能让你强；你若自强，没人能阻挡你变强。相信中卫中学在课改的大路上，必将阔步前行，走出具有特色的课改之路。

课堂教学改革应坚持"五个维度"

■詹光平

当前，我校以"三疑三探"模式为蓝本的课堂教学改革已进入实操和自主探索期，教师的教学观念、教学方式和课改实验班学生的学习方式、成长发展等较前发生了显著变化。纵观课改实验班教学情况，我校课堂教学改革应体现"教师为主导、学生为主体、训练为主线、思维为核心、能力为目标"的"五为"教学维度。

一、教师为主导，学生为主体

现代教学思想"学生为主体，教师为主导"这一命题，所显示的教学观念具有丰厚的内蕴。"主导"和"主体"是辩证统一的，是内因和外因的逻辑关系。在这种思想指导下，教师的"教"与学生的"学"是双边共同活动的过程，两者缺一不可。"学"是活动的主体，"教"是活动的主导，将两者有机结合，最大限度地发挥双方的能动性和创造性，才能充分发挥教学活动的最大效益，达到最佳的教学效果。洋思中学"先学后教，当堂训练"、杜郎口中学"三三六"自主学习模式、西峡一高"三疑三探"等名校课改模式都十分重视"主导—主体"教学思想的运用。课堂教学改革中，"教师为主导"要求教师在教学中从单纯传授知识转变为对学生指导学习，从课堂专制式转变为平等、讨论式，从"满堂灌"转变为启发诱导式，从单向传播式转变为双向感应式。贯彻"教师为主导"的教学观要求教师有较强的教学能力，能设计出会学习的教学目标以及科学处理教学内容，灵活运用有效的教学方法；树立教学"问题"意识，开展研究工作，探索有效的课堂教学模式；同时，要建立以教学为中心的教学管理体制，教学以课堂为中心，课堂以学法为中心，向教学改革要质量。"学生为主体"，就是学生在教师的指导下，进行学习时表现出来的主动性、自觉性、选择性、创造性。教师坚持以学生为主体的教学观，要培养学生的主体意识和主体精神，使学生成为主体角色，促使他们产生一种自我概念，产生学习的内在动力；教师要为学生营造良好和谐的气氛，形成平等、民主的教风；同时，要善于引导主体的积极行为，有意识地发挥学生参与教学过程的主体性、民主性，尊重差异性，发挥激励作用。从而，构建富有智慧、充满生命力的课堂，达到提高教学质量，培养学生创造、创新能力的课改目标。教师与学生主导与主体地位的确立，不应是主客体的失衡，他们应该形成合作、合力、和谐的"共生效应"。

二、训练为主线，思维为核心

在课堂教学改革中，"训练"是手段，所有教学活动围绕训练展开；"思维"是内核，通过有效训练达到激活思维，提高思考能力，培养创新能力。"授之以鱼，不如授之以渔。"这里的"渔"就是方法。可见，知识的方法比方法的知识更重要，课堂训练实质就是以知识为载体教会学生掌握方法，从而达到举一反三、触类旁通的目的。在训练时，教师要充分发挥主导作用，引导学生围绕教学目标设计具有梯度的能面向全体学生的问题。对于一些重点、难点、疑点问题要组织学生深入讨论、有效探究，提高训练的实效。在形式上可以灵活多样、不拘一格，采取口头、书面等形式，切忌机械、死板的重复训练。通过有效的训练力求让学生从教师的"主导"下解放出来，自主生成于对学习的需求与期待，从而掌握学习的方法。训练的最高境界是提升学生创新思维能力，达成有利于学生发展的思维方法。教学的终极目的是"学是为了不学，教是为了不教"。培养学生的自学能力有利于终极目标的实现。思维能力的高低直接影响学生的自学效果，因此，以"思维为核心"是课堂教学改革的重要维度。"学而不思则罔，思而不学则殆。"这告诉我们学习与思考的辩证关系，同时也透出教学中必须培养学生较高的思维能力。传统教学中的"注入式""填鸭式""满堂灌"注定是不能激发学生求知欲望的，也培养不出富有智慧的学生。在课堂教学中较高思维能力应该是善于独立思考，敢于提出自己的不同见解，不为他人的观点所左右；分析问题和处理问题时，能够在较大的范围内进行思考，同时又不忽略与问题有关的一切重要细节；思考问题具有广度和深度，同时善于丰富自己的生活经验，善于抓住事物的本质和规律，预见事物的发展进程；能够迅速占有材料或遇到问题分析快，判断及时，推理敏捷，归纳综合迅速，善于在极短的时间内做出反应，提出解决问题的意见和办法；思考和归纳问题有条有理、主次分明、先后有序；遵守逻辑规律、规则和要求；善于根据不同对象和问题，灵活变化思维的角度和方法，用变化、发展的观点去认识和处理问题，不拘泥于一种方法或模式。

三、能力为目标，全面发展

为适应我国社会主义经济和现代化建设的需要，国家提出了全面实施素质教育的教育改革方案。要求教师要面向全体学生，全面提高学生素质。知识经济时代，知识和智力资源的开发、利用及创造在国家发展和国际竞争中至关重要，这要求我们在推进课堂教学改革过程中，必须把学生创新能力的培养作为素质教育的目标。西峡一高的课堂教学改革就着力于培养学生的创新能力，培养和造就了一大批创新型人才，值得我们借鉴。创新能力的培养是时代和国情对教育的根本要求，创新能占据知识生产和利用的制高点，从而推动社会的快速发展。课堂教学改革以创新能力为目标，有利于学生的全面发展。培养学生的创新能力，强调在课堂中学生的注意力、观察力、记忆力、理解力、想象力等多种能力的综合运作，创新能力和这些智力因素协调发展，共同提高；同时，在创新的实践中磨炼学生的非智力因素，铸造学生的坚定信念、坚强意志、顽强毅力等品质。因而，创新能力的培养能提高学生的综合素质。此外，创新能力的培养还能促进学生个性发展，创新能力既有赖于学生的全面发展，更有赖于个性发展。创新本身就是具有鲜明个性的，没有个性的发展就没有创新精神和创新能力。发挥创新能力的过程，正是体现个性的过程。随着创新教育的深入开展，受教育者的创新能力逐渐增强，独特的成果逐渐增多，个性也就日益鲜明，从而进一步突出和提升创新能力。教育目标是教育活动的出发点和归宿，将创新教育贯彻于教学活动的各个环节。因此，落实创新教育目标要树立培养创新型人才的教育目标。教育的关键在教师，教师的素质决定着教育的质量和水平，要培养学生的创新能力，要求教师有创新精神。所以，落实创新教育目标需要造就一支具有创新意识、勇于探索、善于培养学生创新意识和创造能力的教师队伍。此外，落实创新教育目标还要调整课程方案，优化教学内容和方法；建立有利于培养创新能力的教育评价体系，推动课堂教学改革的深入实施。

总之，课堂教学改革应有科学的指导思想。学校提出的"教师为主导、学生为主体、训练为主线、思维为核心、能力为目标"的"五为"教学维度，关涉教学方式的变革，符合新的教育教学理念，在课堂教学改革中具有适切性，应成为课堂教学模式探索的基准。

课改研修篇

河南西峡一高课改学习考察报告与思考

■ 房继农

2015年3月15日到19日，第十五期全国区域教育均衡发展论坛暨"三疑三探"教学模式实操培训班在河南省南阳市西峡一高举办。我校派出房继农、贾涛、蔡玉鹤、吴文军、盛海军、徐永霞、刘清秀、李岩、薛晓燕等九位老师参观学习。在西峡一高听课学习的5天时间里，我们注重维护自身和学校形象，以良好的学习态度和扎实的教学功底赢得了组织方的好评。学习期间，我们遵照王校长"珍惜学习机会，多听、多看、多问、多记、多思考，回来大胆实践"的嘱咐，考察校园文化，询访老师学生，深入课堂听课，认真备课，实际做课，近距离和校领导交流，倾听学校周边居民的反映，尽可能多地收集整理信息，并结合我校教育教学和发展现状做了许多讨论和思考，形成了较为一致的意见和看法。

通过学习考察，我们的共同认识是：借鉴西峡一高教改、课改经验，积极稳妥地推进教育教学改革，是中卫中学走出当前困境、实现振兴的必由之路。

中卫中学作为自治区基础教育名校，自2007年10月搬迁到新校区以来，一直负重爬坡，拼搏前行。在卫中人的艰苦拼搏之下，学校办学条件明显改善，办学规模成倍扩大，如愿跻身于自治区一级示范高中之列，办学质量和高考成绩连年攀升。但着眼于学校的长远发展，着眼于中卫中学的振兴，学校当前正面临着一系列挑战：优质生源减少、生源争夺加剧，青年教师增多而教育创新不足，中老年教师日渐平稳、传帮带作用发挥不够，教育教学理念滞后，学校管理、年级管理、班级管理、教学管理、课堂教学机制相对陈旧，教育教学片面强调"老师苦教、家长苦攻、学生苦学"的"三苦精神"而忽视教育教学创新，过分依赖拼体力、拼时间、拼题量的"三拼战术"而欠缺学生主动精神、探究意识、质疑素养的有效培养和深层开发，高考成绩总量逐年提升而顶尖人才培养乏力。这些问题的产生和存在，有历史的、客观的原因，也有主观的、人为的原因，而解决问题的根本出路就是深化教育教学改革，为卫中的发展培育新的增长点，提供新的强大动力。对于中卫中学这样的名校，要想走出目前的困境，只有走深化教改之路，实行以课堂教学模式改革为先导，教学管理改革、学校管理改革、年级管理改革、班级管理改革相配套的教育改革。当务之急是开展课堂教学模式改革，提倡以西峡一高"三疑三探"教学模式为主体的一切非"满堂灌"形式的课堂教学模式和教学方法改革，以充分解放教师，充分调动学生学习的主动性和有效性，大面积提高教育教学质量。

"三疑三探"教学模式，从学生终身发展的需要出发，依据新课标的要求和学生的认知规律，让学生学会主动发现问题，独立思考问题，合作探究问题，归纳创新问题，勇于评价问题，同时养成了学生敢于质疑、善于表达、认真倾听和不断反思的良好学习习惯，培养了他们的组织、表达、思维等方面的能力，让每一位学生都能在民主和谐的氛围中学习、思考、探索、创新和感受快乐，全面体现了学生在学习过程中的主体地位，实现了教与学方式的彻底改变，走出了一条切实可行的课堂教学改革之路。

一、课改：后名校时代的自我救赎之路

西峡曾以一年输送 4 名北大新生、4 名清华新生，占当年两校在河南招生总数的 1/8 而名震省内外。但步入 21 世纪，西峡高中阶段教育却跌入了"低谷"，究其原因就是：管理不力、质量不高，学生流失现象严重。当时，西峡一高既面临兄弟学校西峡二高强有力的生源争夺，又面临顶尖学生流失南阳一中的困境，他们也曾走家串户招学生，高考成绩也常常被西峡二高逼平和反超。2002 年 9 月，县委、县政府在全县范围内为西峡一高公开选聘了领导班子，并在财政并不宽裕的情况下，筹资 1.2 亿元实施"一高迁建工程"，使西峡一高 2005 年成为全省首批示范高中，为学校推行精细化管理创造了条件。

通过不断的学习、探究、改革，西峡一高在 2003 年高考中收到了奇效，李栋同学以全市第四、656 分的成绩考入北京大学；在当年的高考综合评比中，该校位居全市重点高中第四名。从此便一发不可收拾，教育质量一年跃上一个新台阶，实现了连续十年均有考生升入清华、北大的辉煌，创造了十年不败的"高考神话"。十年间，该县为清华大学、北京大学输送 30 名优质生源，五度夺取全市高考文理科状元。

2009 年，在全市小学和初中推行"三疑三探"取得明显成效的教育局教研员杨文普，应聘到一高任校长，开始在高中推行"三疑三探"教学改革。虽然起步艰难，但一步步摸索，一步步完善。2009 年底，"三疑三探"教学模式被评为河南省首届教育名片；2010 年 12 月，该教学模式被河南省人民政府授予科技创新成果奖。

银川一中在发展中也曾遭遇过陷入低谷，有过挨家挨户招学生的时代。

中卫中学的发展，已经逐渐走出低谷。

西峡一高是已从低谷崛起，而我校是正从低谷崛起。

西峡之行，让我们深刻意识到：你不自强，没人能让你强；你若自强，没人能阻挡你变强。

因此，我们得出这样一个结论：后名校时代的名校发展，必须走可持续发展之路。而所谓的可持续发展之路，也必然是优质生源、优质师资与教育教学改革三位一体的发展，也即以教育教学改革整合优质生源与优质师资，最大限度地挖掘其创造潜力的发展。

二、西峡一高的配套改革对我校的借鉴意义

西峡一高的教改是配套性改革，其内容和构成可以概括为："二改保一改""三改保一考"。

（一）"二改保一改"：班改、校改为课改保驾护航

班改方面：

（1）班级二委制：一执政，一在野，两周一轮换。

（2）学习小组制：综合性别、性格、学习、地域、爱好等多种因素，以五人组或六人组为形式，将全班组合成若干个学习小组，并进行扎实的规范化建设，使之成为班级管理和课堂教学管理的基石。使班级管理上多了抓手，多了帮手，多了竞争，多了活力。

校改方面：

（1）管理理念：高层次决策，低重心运行，近距离指导，全过程监控。

（2）一级二部制、一级三部制。

（3）中层领导公开竞争上岗，教师全员聘任。

课改方面：

（1）学诱思探究，学衡水，学洋思，学启东，学黄冈，博采众长而去其短，将既有的优秀教改成果体系化，将普遍的教育理念实践化、可操作化，独创了"三疑三探"教学模式，并推行之、完善之。

借鉴的主要教改成果有：魏书生的自学能力与自我管理能力培养；钱梦龙的"三主一思"；李吉林的情境教学；张熊飞的诱思教学法；洋思的"先学后教，当堂训练"；叶澜的生命课堂。

变成可操作化的教育理念主要有：因材施教；教是为了不教；备学生；"三主一思"；把课堂还给学生；问题意识与创新能力培养；教学方式与学习方式的变革；新课标学生观。

（2）"名师、名生、名校工程"。

（3）"课堂教学星光大道"系列赛课活动，进行"周教学能手""月教学标兵""学期教学精英""学年最具改革力教师"的层层选拔。

（4）师徒结队帮扶，以老带新。

（5）每两周一次综合测试，全网上阅卷。

（二）"三改保一考"

前文所述的"三改班改、校改、课改"确保高考成绩的大幅跃升。

三、课改是分层教学现状下各层学生均能广泛受益的方式

（1）让优秀生更加优秀，产生优秀的倍增效应。近似于哈佛和牛津的沙龙和早餐会。西峡一高高三年级到 5 月份才不要求一定按"三疑三探"模式上课，但师生已经出模，模在心中。

（2）让中等生走向优秀，提供一个上升的台阶。

（3）让学困生接近优秀，提供一个攀登的梯子。

四、我校课改的现实路径——课改教师自下而上的先行与学校自上而下的推动相结合

（一）课改教师自下而上的先行

第一批课改学习教师张习芳、张贵萍、李旭晨、陈立、马荣霞、李维杰、汪国斌、张宁、张桂英等一年多来的积极探索已收到初步效果。他们还影响带动了一批青年教师在学习、实践。学校又创办了课改论坛——《中卫中学教研》，现已出版了五期，在校内外产生了积极影响。

（二）学校自上而下的推动

（1）大力宣传，组织全校师生各种层次的课改研讨，灯不拨不亮，理不辩不明。

（2）课改形式上现阶段不搞一刀切，除大力提倡"三疑三探"外，鼓励

一切非"满堂灌"形式的课堂教学方法和模式的改革。先入模，后出模；先亦步亦趋，再随心所欲而不逾矩，不断完善。

（3）加紧制定实验规划和阶段目标，让全校师生心中有数。

（4）分步骤实施设想：①2015 年在高一年级确定 9 ~ 10 个实验班进行全科推进实验；高二年级确定 5 ~ 6 个班推行课改实验，高三年级鼓励中青年教师进行课改实验；②2016 年高一、高二的全年级进行课改实验；③2017 年在全校推行课改。

（5）课改的教学环境硬件建设：比如后墙加黑板。

（6）课改的软件建设：制定基础性的课改激励、纠错、保障制度，解除课改教师的后顾之忧。比如教学成绩方面的顾虑，评价体系的过渡性政策。

（7）加紧研究和推进班级管理体制改革。

（8）扎实进行班学习小组的建设。

（9）加紧进行以"三疑三探"教学模式为主的课堂教学改革的理论培训。

（10）选择有心于课改的老师，以参加课改学习教师为主进行新老教师结对子，并按阶段听课考核、激励。

（11）将"三疑三探"模式教学作为我校教学评优的导向，并借鉴西峡一高的系列赛课活动方式。

（12）大力建设以课改为导向的课堂文化、学生寝室文化、班级文化、餐厅文化，努力营造积极向上、温馨高雅的校园氛围。

五、每个人都是自己的"摩西"

据《圣经·出埃及记》记载，以色列民族在埃及受奴役已经 450 多年，先知摩西带民众出埃及，去往以色列地（当时叫迦南），这块"遍地流着奶与蜜"的地方。

没有进入以色列以前，摩西就从以色列十二支派各选择了一位首领，共十二个探子去这块地方窥探。这些人在这里一待就是四十天，砍了一串葡萄，两个人用杠抬着，还带了一些当地的出产回来。他们告诉摩西说："我们到了你所打发我们去的那地，果然是流着奶与蜜之地，这就是那地的果子。"是啊，一串葡萄要两个壮汉抬回来，这地方不是"奶与蜜之地"是什么？

那十二个探子回来以后，虽然他们发现迦南确实是"奶与蜜之地"，但他们也发现这里居住着高大凶猛的敌人，他们不相信摩西能带领以色列人进入这块美好的地方，所以向以色列人报恶信，说："我们不能去攻击那里，因为他们比我们强壮。他们是伟人的后裔。我们自己就如蚱蜢一样。"所以这些人被摩西领出埃及以后就停滞不前了，自满地沉湎在肉体的吃喝中，生活在对魔鬼的畏惧之中，虽然摩西所应许的"奶与蜜之地"已经近在眼前，但他们也不愿或者不敢进去，以致那时的以色列人倒毙在旷野，没有见到"奶与蜜之地"是什么样。

所以至今，以色列国家旅游局的标志仍是两个以色列人抬一大串葡萄的形象。

老师们，让我们相信自己，投身课改，继续向前，直到那满溢着奶与蜜的地方，是的，"神"的手会帮助我们，我们是自己的摩西！

集宁一中考察学习一瞥

■ 刘炳云

2015年6月26日至28日，我校14名教师前往内蒙古乌兰察布集宁一中参加全国区域教育均衡发展论坛（第十九期）集宁一中推进素质教育研讨会，作为一名参与者，我感触颇多，现与大家分享。

1. 重视德育，坚持以"立德树人"为中心

集宁一中校长李一飞曾撰文指出：当前中国的教育是道德缺失的教育。什么是素质教育？他认为，素质教育就是以立德树人为核心的两全教育，两全指的是：面向全体和全面发展。因此，学校将德育放在首位，以"修君子人格，育绅士淑女"为校训。学校所有班级的名称都必须包含"德"字，比如最有名的"贤德六班"。每年李校长亲自给入学新生做励志教育讲座，每年一届的八十华里远足，每周一升国旗时全校的"学国学、诵经典"活动，这些都体现了对学生品德教育的重视。

2. 课堂教学改革成绩斐然

集宁一中在课堂教学改革上做出了卓有成效的探索，并且取得了成功，其成功主要体现在独创了"疑·探·导·练"课堂教学法。杨文普有一句话说得好："当前我们国家教育的最大问题是学生头脑中没有问题，核心是我们中小学的课堂教学出了问题。""三疑三探"教学法就此创生。李一飞校长说："符合人性的教育就是好教育，反人性的教育就是坏教育。"符合人性即尊重人的成长规律和认知规律。据此，经过探索和实践，结合学校实际，集宁一中形成了"疑·探·导·练"教学法。

不同于"三疑三探"教学法，"疑·探·导·练"不是教学环节，而是教学的四个要素。"疑"和"探"是对学生角色的定位，"导"是对教师角色的定位，教师要在课堂上起到诱导兴趣、指导学习、引导思维、辅导答疑的作用。"练"是对学习之道的定位。这种教学理念极大解放了传统教育模式对师生的束缚，实现了学生"我的课堂我做主、我的班级我做主、我的活动我做主"，并得到了全校师生的认可，教学成绩大幅提升。

3. 社团建设蔚然成风

李校长说："学生喜欢学校，才会喜欢学习。"为了让教育更加有文化内

涵，集宁一中将文化活动常态化。学校创办了100多个社团，如国学社、小记者站、户外运动社、疯狂英语社、礼仪社、暖心心理协会、圣鬼族社、化学爱好者协会、民族舞蹈社协会、军事青年奋进团、动漫社、健美操社、棋盘社、摇滚乐团、篮球队、漫画社等，社团的创建主要参照大学的专业，对学生来说，不仅仅是对大学专业和未来职业的初步探索与准备，更是对学生兴趣的大力培养、潜能的无限释放，社团活动时间定于每周六下午，这成了学生每周最为期待的事。因此，通过社团发展平台，学生爱上了学校，爱上了学习，爱上了生活，素质教育中的个性化发展在集宁一中课堂内外生动活泼地得以展现，这是有温度的教育，有灵魂的教育。

4. 极富个人魅力的校长

李一飞校长是一位极具传奇色彩和个人魅力的校长。他生于1958年，从2000年至今，一直担任集宁一中的校长。他还是全国人大代表，内蒙古乌兰察布市政协副主席。事业上，他极具魄力，在他的领导下，成立了集宁一中教育集团，并任董事长，将学校建成15 000人的超级学校，受到全国的关注。他勇于担当，激烈批判当前我国教育中存在的问题。他认为，当前我国的教育是道德缺失的教育，教育的目的只有应试和谋生，学生对学习深恶痛绝，小学变中学，中学变大学，大学变不学。很多人并没有真正理解素质教育的内涵，"我们培养了一批批精致的利己主义者和高学历的野蛮人"。在大刀阔斧的教育教学改革中，他所做的一切受到了师生的欢迎。每每在校园，总会遇见要求签名的学生。在公共场合，只要他出现，就会听到学生向他大喊："飞哥。"每有文艺演出，他都会高歌一曲。他坚持给学生搭建各种平台，让学生在活动展示中成长，享受成长的快乐。

"孩子们，我们给你们一个舞台，你们还我们无限精彩，你们真棒！"

"孩子们，你们叫我飞哥，虽然降低了我的辈分，但你们给了我无限的青春，也必将给我没有暮年的人生。"

他经常对学生说这两句话。

"三疑三探"教学模式的人文情怀与现实价值

■ 陈 立

关于教育的定义，中外的教育家、思想家和一些学者都有着自己的理解和认识，孔子曰："大学之道，在明明德，在亲民，在止于至善。"鲁迅说："教育是要立人。"蔡元培说："教育是帮助被教育的人，给他能发展自己的能力，完成他的人格，于人类文化上能尽一分子的责任；不是把被教育的人，造成一种特别器具。"陶行知说："教育是依据生活、为了生活的'生活教育'，培养有行动能力、思考教育能力和创造力的人。"秦文君说："教育应是一扇门，推开它，满是阳光和鲜花，它能给小孩子带来自信、快乐。"这些大教育家们对教育的理解有一个共同的地方，都以社会长远发展和个人的终身发展为出发点，培养有思想、有个性、有创造力，具有自主发展能力和社会责任感的综合性素质人才。

近十年的课改中，我们一直以国家倡导的素质教育理念武装自己，艰难地摸索着，这期间磕磕绊绊，摸着石头过河，有许多成功的经验。但是，留给每个教育工作者的却是更多的反思。新课程改革很大程度上改变了传统教学中的学生"读教材"、老师"讲教材"和"一言堂"的现状，教师独霸课堂的情形也大有改观，但时间真正还给学生了吗？个体的学生在课堂中的主体地位得到充分体现了吗？以素质教育的理念来看，恐怕学校、教师、家长和社会力量都还有很长的路要走。为什么？看看今天所谓的教育名校，有几个不是以高考成绩论英雄，高考分数决定了多少孩子的命运，多少家长期盼自己的孩子能考入名校，高考成绩成为社会、家长、学生共同关注的焦点，一所学校的优与劣、好与坏的标签自然就这样被贴上了，即使学校再怎么努力，成绩上不去，在社会、家长、学生的眼里始终是其发展的硬伤，孩子的人格发展、综合素养又能值几分，这些恰恰是每个教育工作者最悲哀和无奈的事情。为了分数，学校、教师拼命地给学生加餐，但并不是所有学生都买账，厌学、厌教的情绪困扰着每个求学者和教学者。课改似乎又一次陷入了低谷，如何不降低高考升学率，提升学习成绩，还能解放老师、解放学生，让学生的综合素质得到真正的提升？河南南阳西峡一高的学习之行让我有种茅塞顿开的感觉。

2013年12月，在中卫市教育局有关领导和王校长的带领下，我校一行14

人有幸到河南南阳西峡一高实地考察学习了"三疑三探"教学模式。实事求是地讲，参加工作十余年来，参加了校级、市级、省级、国家级大大小小各种培训几十次，给我感触最深、启发最大的还是这次西峡之旅，没有太多的大而深的教育教学理论，更多的是如何脚踏实地地去落实到每一节课、每一个学生，给人一种沁人心脾、丝丝入扣的切身之感。

所谓的"三疑三探"教学模式，是指课堂教学过程中的三个主要环节：①设疑自探：针对教学目标，设置情境，引导学生自学自探并提出疑问，老师归纳、梳理、补充问题，形成自探提纲；②解疑合探：对教学任务和提出的问题限定时间，进行合作探究，让学困生展示，中等生评价，优等生补充，让学生充分发挥自身的主体作用，当堂解决本节课提出的相关疑难问题；③质疑再探：教师引导学生针对已学知识提出新的问题，深入领会教材内容，探究更全面、更深刻的问题答案，深入领会教材内容。

记得在历史必修二的教学中，经常会讲到计划和市场的关系。改革开放前，我国的经济体制是完全的计划性、指令性经济模式，长期的体制僵化，使国有企业失去了动力和活力。十一届三中全会的高瞻远瞩，使我国的经济开始展现出从未有过的活力和能量，在计划和市场的碰撞和交流中，国人开始意识到市场才是决定经济发展的风向标，计划所起的作用就是引导和调控。十八届三中全会的胜利召开，再次释放了改革这一巨大红利，国家、政府进一步给市场经济松绑，减少干预和调控的力度，给市场以更大的发展空间。今天，我们的教学改革不正如计划和市场的关系吗？教师的主导正如计划，学生的主体正如市场，两者的关系中，更多以谁为中心呢？答案是明确的，学生无疑应该成为课改的焦点和中心，教师要学会给自己的"教"松绑，更要学会给学生的"学"松绑。真正把学生推到学习的前沿阵地上，让学生设疑自探，挖掘自己的潜能，解疑合探，培养合作的意识，质疑再探，深度开发每个学生的能力。学生从枯燥的学习中解放出来了，学习的动力和活力被激发出来了，教师更是从乏味和无奈中解放出来了。那么，"三疑三探"教学模式的价值到底体现在哪些地方呢？

一、"三疑三探"教学模式，彰显了人性之光

在唯成绩论的指挥棒下，教师根据课标要求、高考大纲、历年高考的研究总结出许多有质量的试题、复习资料和方法，不断地强行输送到学生的大脑，在大多数人的眼里，老师是敬业的、一心一意为了学生，绝对是个学生喜欢、

家长认可、同事学习的好榜样。其实，我们忽略了最重要的一点，谁才是学习的主角。学生是有思想、有个性的鲜活主体，我们所做的这一切工作实际上是完完全全剥夺了一个想学习、想思考、想解决问题、想要享受这一过程的孩子的基本权利。或许，有很多老师要问，学生根本不愿提出问题，不会提出问题，也提不出什么像样的问题，反而会影响课堂进度和教学效率。果真如此吗？为什么四五岁的孩子会有那么多好奇的问题，不停地追问着为什么，甚至很多问题是大人也无法想象和解决的。但是，从小学、初中再到高中，孩子的问题越来越少，有想象力和价值的问题也越来越少。反思一下社会、家长、学校、教师，我们真正尊重过孩子吗？真正民主、平等对待过孩子的每一个问题吗？放手让孩子尝试过吗？从上小学的第一天起，分数一开始就扼杀和吞噬了孩子的想象力、创造力和思考解决问题的能力，孩子的天性就这样被每一个左右和影响孩子的人给剥夺了。"三疑三探"教学模式，会让学生重新拾起被"荒废"和剥夺了的好奇心、自信心。通过设疑，提出自己所关心和不明白的问题，把自己内部强大的学习动因调动起来了，带着问题，学生自学的动力是十足的，在自己解决不了的情况下小组探究，解疑合探使每个小组成员都成为学习的主人和参与者，感受着学习的快乐，分享着个人的认识与见解，学生会感觉到自己作为一个真正独立的主体而存在，被大家尊重和认可，身心是愉悦的，效率自然是高的。

二、"三疑三探"教学模式具有现实的价值功能

1. "三疑三探"教学模式，有利于提升学生的创新能力

从"三疑三探"教学模式本身来看，其教学过程就是一个培养学生发现问题、解决问题的反复推进过程，是一个培养创新能力步步升华的过程。从设疑、解疑、质疑到最后的编"疑"（编习题），四个环节实际是一个学生提出问题、解决问题、提出和解决深层次问题、用问题创新问题的思维递进过程，学生能编拟问题（习题），说明实现了知识的迁移和创新。从自探、合探、再探到最后的边用边探，同样是一个解决问题方式（探究）步步提升的过程，从开始的想知道"为什么"而探，到最后的为"怎么用"而探，标志着创新能力的形成。

因此可以说，"三疑三探"教学模式是一个不可分割的创新思维步步提高的整体，只要长期坚持，学生的创新能力就一定得到较快提高，只要大面积推广，未来社会"人人都是创新之人"的目标就一定能实现。

2. "三疑三探"教学模式，可以减轻学生的作业负担

"三疑三探"教学模式不主张学生课外进行预习，认为课外预习实际上是占据了学生自主支配的时间和空间，属于变相加重学生的课业负担。另外，预习实际上是延长学生发现问题和解决问题的时间，不利于提高学习的效率。因为真正高效的学习是在较短的时间内能迅速地发现问题、梳理问题并通过探究去迅速解决问题。在经过预习的课堂上，学生由于绝大部分已经知道了问题的答案，即使有些答案似是而非，但因缺乏好奇心，所以容易走神、注意力不集中，长期如此重复，势必产生课外预习时产生依赖课内教师讲解，课内学习时又满足课外一知半解的怪态心理，因此造成学习效率低下。

"三疑三探"教学模式取消课前预习，一方面减轻了学生的课外负担，更重要的是保护了学生的好奇心和求知欲，从而促使了学生课内高效和快乐地学习。此外，由于学生当堂完成了学习目标，基本不用再布置课外作业，所以学生不存在课外负担的问题。

3. "三疑三探"教学模式，可以适度缓解教师职业"倦怠"问题

"三疑三探"教学模式从根本上颠覆了传统的教学方法，课堂上的问题让学生提出，答案又让学生自己解决，被"解放"的学生还可以向包括教师、课本在内的权威挑战，提出的问题，闪烁着创新的火花，能让教师激动不已，有时甚至措手不及。在这样的背景下，被迫倦怠的教师忙碌起来，如果不认真研究教材，不加强学习开阔视野，当课堂上被学生"问"住的时候，真可谓"尊严"全无。

对"三疑三探"教学模式的体悟与思考

■ 张习芳

2013 年 12 月初，我们一行 14 人在校领导的组织下，来到了河南省南阳市西峡一高学习"三疑三探"教学模式，学习中，我们感受"三疑三探"、走近"三疑三探"、尝试"三疑三探"，我们在学习中思考着，在思考中兴奋着，因为我们看到了真正"教师与学生共成长"的教育的春天，我们每个人都被"三疑三探"教学模式吸引着。下面将从四个方面谈谈我的体会。

一、对"三疑三探"教学模式的理解

"三疑三探"教学模式，是从学生终身发展的需要出发，依据新课标的要求和学生的认知规律，让学生学会主动发现问题，独立思考问题，合作探究问题，归纳创新问题，勇于评价问题，同时养成了学生敢于质疑、善于表达、认真倾听和不断反思的良好的学习习惯，培养了他们的组织、表达、思维等方面的能力，让每一位学生都能在民主和谐的氛围中学习、思考、探索、创新，全面体现了学生在学习过程中的主体地位，实现了教与学方式的彻底改变，走出了一条切实可行的、推进课堂教学改革之路。

所谓"三疑三探"是指课堂教学过程中学习新知识阶段的三个主要环节：①设疑自探：针对教学目标，设置情境，引导学生自学自探并提出疑问，老师归纳、梳理、补充问题，形成自探提纲；②解疑合探：对教学任务和提出的问题限定时间，进行合作探究，当堂解决本节课提出的相关疑难问题；③质疑再探：教师引导学生针对已学知识提出新的问题，深入领会教材内容，探究更全面、更深刻的问题答案。最后，对所学知识进行运用拓展，因此这个教学模式也被概括为"三疑三探，运用拓展"。

"三疑三探"教学模式对于培养学生创新精神和创新能力具有重要奠基作用，同新课标的要求也是一脉相承的，它的价值已经远远超出了"传道、授业、解惑"本身，归纳起来有以下几点：

1. 提高了学生的创造能力

《弟子规》中说道："学有疑，随札记，就人问，求确义 "，"三疑三探"

教学模式正是紧扣了一个"疑"字和一个"探"字。"疑"与"探"的妙处是：一方面，学生有了疑问才会主动思考，主动探索，所以课堂教学就应该从疑问开始，到释疑结束；另一方面，提问需要能力，解疑更需要能力，学生在不停地疑问与探索中寻找着问题的答案，在不断地思考和释疑中提高着自身的能力，在进一步地运用与拓展中丰富着自己的知识，在一次次地实践和创新中体会着学习的快乐，因此，"三疑三探"教学模式就是"用问题来激发学生学习的兴趣和动力，从而培养学生发现问题、解决问题的能力"的好模式、好方法。

2. 减轻了学生的课业负担

中小学课业负担过重，是当前社会普遍关注的一个热点问题。减负喊了多年还是减不下来，究其原因是课堂效率低下或教学效果不理想，所以教师只好采取加强课前预习、加大课后练习的方法来弥补不足。严格的课前预习和过重的课后作业，使学生产生了厌学情绪，影响了教学质量。而"三疑三探"教学模式不倡导学生课前预习，不提倡课后布置作业。认为课前预习实际上是占据了学生自主支配的时间，属于变相加重学生的课业负担，也不利于提高学习效率，因为真正高效的学习是在较短的时间内能迅速地发现问题、梳理问题并通过探究去迅速解决问题；而过于繁多的作业则会导致学生学习上的"倦怠"。"三疑三探"教学模式取消课前预习，不但减轻了学生的课外负担，更重要的是保护了学生的好奇心和求知欲，从而促使了学生课内高效和快乐地学习。此外，由于学生当堂完成了学习目标，基本不用再布置课外作业，所以学生不存在课外负担的问题，因此"三疑三探"教学模式得到了学生的拥护，媒体称"三疑三探"教学模式为"异军突起的成绩，轻负高效的课堂，课堂教学的革命"，我认为一点都不夸张。

3. 增加了教师教学的乐趣

教师多年来一直做着枯燥的重复劳动：教同样的教科书，说同样的话，讲同样的习题，课堂上喋喋不休地传授知识，工作显得单调而无聊。"三疑三探"教学模式从根本上颠覆了传统的教学方法，使教师真正"活"了起来，虽然课堂上的问题是让学生自己提出，答案又是让学生自己解决，但是这样开放的课堂需要老师有渊博的知识、独到的见解，才能驾驭课堂。又由于学生可以向教师提出各种挑战性的问题，这就迫使教师要不断地学习，不断地提高自身的素质，也迫使倦怠的教师忙碌起来，他们只有认真研究教材，开阔视野，才能上好每堂课，才能回答好学生的各种问题。现在一桶水远远不能满足学生的需要，"三疑三探"促使教师必须有持续不断的"源头活水"，于是教师在不断地学习和思考中提升着自己的价值，同时也享受着教学的乐趣。

4. 解决了课程改革的难题

课堂教学的操作方式不改变，即使教材再变，要求再多，课程改革也不会有质的变化，从我们近几年来的课改情况看，虽然素质教育喊得惊天动地，但是应试教育依然有生存的土壤，老师们也知道培养学生的能力比传授知识更重要，可是面对各种考试和排名，教师不知道采用什么方法才能两全其美，而"三疑三探"教学模式，其教学过程本身就是一个培养学生发现问题、解决问题的反复推进过程，是一个培养创新能力步步升华的过程。从设疑、解疑、质疑到最后的编"疑"，四个环节实际是一个学生提出问题、解决问题、提出和解决深层次问题、用问题创新问题的思维递进过程，学生能编拟习题，说明实现了知识的迁移和创新。从西峡县实行"三疑三探"教学模式后看，全县中小学学生疑探能力明显增强，教师素质也迅速提升，教学质量取得突破性进展。因此说"三疑三探"为广大教师更好地实施新课改找到了一个抓手和载体，能从根本上解决新课程实施"穿新鞋走老路"的问题。

二、对"三疑三探"教学观摩课的认识

听了西峡一高四节语文课后，我认为传统的教学模式和"三疑三探"教学模式的根本区别就在于，一节课的内容是讲会还是学会，是授之以鱼还是授之以渔的问题，新课改倡导"合作探究"，"三疑三探"教学模式正是体现了这个精神，不同的是，新课改实验中依然是由教师提出问题，再让学生"合作探究"，而"三疑三探"是让学生提出问题、再由学生探究答案，后者更注重培养学生的思维能力，通过"疑"让学生学会发现问题、提出问题，通过"探"，让学生学会思考问题、解决问题，学生头脑中没有问题是教育的悲哀，由学生自己去提出有价值的问题，再由学生自己去探究、解决这些问题，才是课堂教学的最高境界。

（1）在"设疑自探"这个环节里，四位教师都是根据所教内容的特点，简洁恰当地导入正课，都能围绕学习目标进行归纳、梳理和补充，教师都能通过创设适宜的教学情境，渲染课堂气氛，激发学生参与的期待，在润物细无声中激发学生的求知欲，让学生去主动地发现问题、提出问题。由于所学课文都是古文，难度较大，所以教师一节课只处理两个自然段或是只解决全文的文言语法现象，先采用读课文、查词语、翻译难懂的句子的方法，扫除障碍，再要求学生提出问题，这样显得课堂更真实、更实用，也体现了"三疑三探"教学模式的灵活性和实用性。

　　不足之处：个别老师对学生自探方法没有给予适时指导，加之没给学生思考的时间，导致学生提出的问题没完全抓住本节课的重点，教师补充的问题相对较多。

　　（2）在"解疑合探"这个环节里，几位教师都能在学生自主探究的基础上，组织学生发表自己对某个问题的看法，交流自己的答案，教师审时度势，适时地引导学生回答，有效地在问答中让学生学会了分析问题、解决问题、完善问题、评价问题，以此达到发展思维、培养能力、张扬个性的目的，课堂上都能坚持让学生回答、补充、评价，绝大部分学生都敢于发表自己的见解，能认真倾听别人的意见，也敢于评价、质疑别人的观点。对于学生探究后还不能解决的问题，除了一位老教师没有明确以外，其他老师都进行了简要的讲解，教师们很注重引导学生多角度、有创意地问与答，尝试个性化的理解。

　　不足之处：在"解疑合探"环节中，有几节公开课的个别问题，学生只是找到了问题的答案，是不是真正知其"所以然"？老师没很好地关注，这与"三疑三探"教学模式的初衷是不一致的。

　　（3）在"质疑再探"这个环节里，教师们不满足让学生解决自己所发现的问题，还引导学生不断挖掘问题，提出更有深度、更有价值的问题，教师一方面引导学生解决新问题，另一方面慎重处理、解答学生提出的怪异问题，收放有度，对于老师也没把握的问题，师生把这些问题带到课外进一步探究，但是在课堂上教师对学生提出的有难度的问题没有肤浅应付的现象。子曰："不愤不启，不悱不发，举一隅不以三隅反，则不复也。"西峡一高徐老师的课堂，正是孔子笔下的这种情境，大家想知道，但又不明了，能说上一点儿，但又说不透，徐老师的高明之处就是一步步通过启发、讨论、演示、评价、设例，让学生将问题和疑惑、知识点和能力的培养巧妙地融合起来，很好地解决了学生的困惑，真是太妙了！

　　不足之处：有节课，在学生"质疑再探"之前，教师过早地对学生说："看来大家对今天的内容都掌握了，都学得很好，现在看谁还有没有问题提出来？"这样便给学生一个错误的信息：不提出疑问的学生是好学生，说明完全掌握了，提出问题的学生说明没学好，这样学生即使有问题也不敢提了，该环节也就形同虚设了。

　　（4）"运用拓展"这个环节应该是一堂课的亮点，是教学改革的大胆设想，不同层次学生根据不同的需求和对所学知识不同的理解，自己编写不同的练习题，这样做，一方面在对新学内容进行梳理的同时巩固了所学知识，在编写和习作别人的习题中也灵活掌握了所学知识，另一方面还能把新知识纳入已有的认知结构，使问题进一步升华，在完善认知结构中，实现求异创新。

不足之处：在所听的四节课堂上，学生们讨论明确完共性的几个问题后，都没有时间再进行编写练习题的环节。

总之，"三疑三探"的课堂，亮点不断，精彩连连，课堂教学设计美，以理服人；任教老师语言美，以情动人；加之学生巧妙发问，精彩的回答，融洽的气氛，让讲课者、听课者都觉得不仅仅是在学习，更是一种美的享受，我从师生的脸上读出了"快乐"，我仿佛突然明白了真正意义上的"教"与"学"，原来老师应该这样教，学生应该这样学，才是我们教育教学追寻的最高境界。

三、对"三疑三探"教学模式的几点思考

（1）在"三疑三探"教学模式中，不要求学生课前预习，在"设疑自探"环节中，学生提出问题之前，教师几乎都没有给学生认知新课的时间，这样学生直接提出问题，能否切中新课要害？如果学生提出的不是核心问题，没有围绕教学目标提问题，那么让学生探讨回答那些问题吧，课堂时间不够用，也不能突出本课重点，不回答吧，就会打击学生提问的积极性，教师该如何处理？

我认为：在"设疑自探"环节中，如果在学生提出问题之前，教师能给几分钟时间，让学生浏览所学内容，经过快速思考再提出问题，这样提出的问题可能质量会更高一些，也能更靠近教学目标，教师整理补充起来也比较容易，不至于在设定问题上浪费时间。即使教师整理、补充自探提纲，也应该是在学生问题的基础上整理、补充，而不是另外设定问题。

（2）在"三疑三探"教学模式中，我们如何适时地把握学生的"独立探究"与"合作讨论"？

我认为：在"三疑三探"教学模式中，能让学生独立思考、独立完成的任务，教师不要要求学生两两谈论或分组讨论，不要让学生有依赖思想，要培养他们独立思考的能力，培养能力应该是"三疑三探"教学模式的精髓。

（3）在"质疑再探"这个环节里，如果学生提不出更有深度的问题，教师该怎么办？如果学生提出了更尖锐的问题教师应该怎样做才能更好地解决问题？

我认为：在"质疑再探"这个环节里，如果学生提不出更有深度的问题，教师应该尽量引导、培养他们进一步质疑的能力，如果这节课内容确实没必要再次质疑，教师也不应该非要套"三疑三探"的死模式，应该灵活处理，遵循"无疑不探"的原则，进入下一个环节。如果学生提出的问题很棘手、很

尖锐，教师不应该要求学生立即回答，应该给时间，让学生再讨论，思考成熟后再回答，不要为了完成任务而走形式。对于"三疑三探"教学模式，我们要活学活用。

（4）在"运用拓展"这个环节里，教师应该如何指导学生编拟习题？如何掌握全体学生的做题情况？

我认为：这个环节主要是了解学生对所学知识的掌握程度，教师在巡视时要重点关注学困生和中等生的编题情况，学生展示习题要体现知识的基础性和拓展性，要注重学生所编题的质量，教师还要对训练题进行预设，以备学生所编习题偏离教学目标时进行补充、完善。从学生被动做题到学生主动编题，是一个"质"的飞跃，是对所学知识的灵活运用，是创新思维的提炼和升华，是新课堂所追求的至高境界，同时学生自编自练更容易激发学生学习的兴趣，感受自我创造的价值，所以教师千万不要让这个环节走过场甚至忽略这一环节，而要好好把握，认真对待。

（5）让学生评价学生的回答是"三疑三探"教学模式的又一个"亮点"，那么怎样的评价才更有利于培养学生的能力呢？

我认为：在对学生的回答进行评价时，不要让学生简单地说"他回答得完全正确"，要教会学生这样评价"他回答得很精彩，因为……"，"他回答得还不够完善，因为……"这样更有利于培养学生的发散思维能力，而不是简单地要求他们在书中找到正确答案。要让学生"知其然，亦知其所以然"。

（6）"三疑三探"教学模式这么优秀，是不是我们学习、运用之后就一定要完全否定以前先进的教学模式，例如，"情景教学法、分层教学法、目标教学法"等呢？

我认为：学习了"三疑三探"教学模式，并不意味着完全抛弃以前优秀的教学模式，例如，"情景教学法、分层教学法、目标教学法"等，我们可以考虑有机地将适合自己学科特点的教学法融入"三疑三探"教学模式中，形成更适合自己学科特点的教学模式，但是不能偏离"三疑三探"的精神实质——"让学生发现问题，提出问题，解决问题"，从而更好地培养学生的创新精神。

四、对"三疑三探"教学模式运用的几点见解

（1）我们刚学习、介入"三疑三探"教学模式，开始时学生一定不会质疑，我想应该允许教师根据所教新课的"三维教学目标"进行示范引领性质疑，启发引导学生提出有价值的问题，待学生养成习惯之后，教师应该尽量放

手让学生提出问题、解决问题，而不是包办代替。教师切忌不要在开始讲公开课时，为了使自己的课更接近"三疑三探"教学模式而提前做准备，让学生提前预习或准备问题，这样"三疑三探"教学模式一开始就走样了、变味了，我建议各学校最好不要急于安排实验课，应该先让教师们学习领会"三疑三探"教学模式的实质，让教师在课堂上尝试运用"三疑三探"教学模式，并教会学生基本方法，引导学生开口质疑，等师生基本掌握了这种模式，再安排公开课、观摩课，这样步子会迈得更稳当，更有利于"三疑三探"教学模式的真正运用。

（2）"三疑三探"教学模式应该要求人人尝试，校校重视，可是不能急于求成，任何事情都有一个过程，我认为目前在大力宣传、学习、领会的同时，应该要求教师一边尝试运用，一边学习专业知识，提高自身素质，只有专业知识扎实，边缘知识丰富，才能很好地驾驭课堂，回答学生提出的各种问题。上级管理部门应该有计划、有步骤地先重点抓几个学校，学校重点抓几个教研组，教研组内由部分素质好的教师重点尝试运用，分段试点，以点带面，学校可以让先实验的教师成为第一梯队的实验教师，其他老师为第二梯队的实验教师，等第一梯队的实验教师基本成熟后，再做示范课，再全面铺开，这样"循序渐进"，才能百战百胜。

（3）"三疑三探"教学模式的优势毋庸置疑，谁先掌握了它，谁就走在教育教学的最前沿，但是教学有法，教无定法，任何一种好的教学模式，不一定完全适合所有科目，不一定要让所有教师必须完全照搬，我建议可以因人而异，灵活运用，在上级管理部门制定具体方案和具体制度时，要由统一细化管理型转变为灵活松绑型，因为要求过于细化、过于统一，容易束缚教师的创新意识，所以在管理制度制定上，主管部门只需拿出大的轮廓，鼓励学校、教师结合实际创新运用，但是，松绑不等于放任自流，督导时可用学校、教师自己制订的管理方案进行督查、考核，要抓管理、抓落实，使"三疑三探"教学模式在我校有效地推广运用，从而进一步提高我校的教育教学质量。

总之，"三疑三探"教学模式最突出的特点在于：以培养学生的设疑探究能力、思维创新能力为目标，巧妙引导学生积极参与活动，敢于大胆质疑，积极回答问题，在不知不觉中学到知识，品尝到学习的乐趣。同时，把教师苦教、学生苦学变成教师乐教、学生乐学，最大限度地解放了教师，解放了学生。这一模式充分体现了学生在学习活动中的主体地位，同时也恰到好处地发挥了教师的主导作用，真正践行了陶行知先生所倡导的"教师的责任不是教书，不是教学生，而是教学生学"这一伟大的教育思想，也同新课标的要求一脉相承。

精心研学　反思践行：学习"三疑三探"教学模式心得体会

■ 张桂英

2013 年 11 月底，王校长召集我们十余名教师开会，学习"三疑三探"的教学模式，通过认真学习分发的材料，我知道了"三疑三探"主要包括三个环节：设疑自探、解疑合探、质疑再探。每节课还应包括对知识的应用和拓展。这一模式的核心特征是"先疑后探、编题自练"。材料还介绍了这一模式的酝酿、形成、成熟、推广的过程，带着对杨文普先生深深的敬意，我同时产生了疑问：课时够吗？课堂乱吗？学生会编题吗？

2013 年 12 月 6 日，由王校长带队，我们一行 14 人踏上了去河南南阳市西峡一高取经之路。通过听报告和深入课堂观摩，对"三疑三探"教学模式有了崭新的认识。"三疑三探"教学模式，共有四个教学环节：设疑自探—解疑合探—质疑再探—运用拓展。"三疑三探"的好处就在于紧扣了一个"疑"字和一个"探"字。"疑问疑问，有疑便问"，有了疑问才会思考，才会探索，所以课堂的开始首先要提出问题，用问题来激发学生学习的动力和兴趣。当然，问题也不是一次提出，在课堂教学中要不断地提出问题、解决问题，一波刚落，一波又起，环环相扣，持续推进课堂教学。所以"三疑三探"的教学模式把"疑"字贯穿课堂始终，从一开始的"设疑"到后边的"质疑"是一个不断设疑解疑的过程。

"设疑—解疑—质疑"不仅是一个不断提出问题、解决问题的过程，还是一个不断深化学习教材、开发课程资源的过程。一开始的"设疑"是一节课的基本目标，是一种预设，当基本目标达成后，学生在学习的过程中会不断地产生新的问题，这些问题有时会超出教师的预设，这正是新课程所提倡的用好教材和超出教材。如果说一开始的"设疑"是"走进教材，用好教材"，后边的"质疑"则是"走出教材，超出教材"。这是一个不断深化和拓展的过程，是新课程理念在课堂教学中的灵活运用。

疑问的提出也有多种形式，从一开始的设疑到后边的质疑，既可以由教师提出，也可以由学生提出。由教师提出问题体现了教师对课程标准和教材的理解，体现了教育工作者对学生的基本要求；由学生提出问题体现了在课堂教学中的民主精神，学生可以根据自己的理解和困惑，随时提出问题。有目的、有意识地培养学生的问题意识是这种教学模式的基本特点。

问题提出来了，由谁来解决？在传统的教学中教师也会不断提出问题，目的是通过设问的形式引起学生听课的兴趣。老师自问自答，学生只要当个好听众就行了。而"三疑三探"妙就妙在一个"探"字。这里的"探"是探索、探究、试探的意思，既然是"探"，就不是把现成的答案说出来，而是经历一个探索的过程，这也正是三维目标中的"能力目标"。由谁来探？学生自探，同学合探，师生再探。这三个环节都贯穿了一个"探"字，体现了新课程所提倡的"自主、合作、探究"的精神。

首先是"学生自探"。提出问题后教师不忙于给学生破题和讲解，而是引导学生自学教材，自己解决问题，有意识地培养学生的自学能力和自学精神，这是新课程所提倡的。自学也是一种能力，能力的培养需要一个过程。一开始学生自学可能比教师讲授进展慢，但学生一旦形成了自学能力，就会自己学习教材，不用老师讲解，学习的进度会产生加速度效应。

其次是"同学合探"。这体现了新课程所提倡的合作精神。新课程在评价学生的"基本素质"时有六个维度：道德品质、公民素养、学习能力、交流与合作、运动与健康、审美与表现。"合作"在学生素质的形成中具有重要作用，培养学生的合作能力不仅是学习的需要，也是培养学生基本素质的需要。学生自学不明白的问题，教师不要急于回答和辅导，而是让学生通过合作来解决。合作的形式可以分为几个层次：首先是两个人的合作。研究表明，在课堂教学中两个人的合作密度最大，效果最好。两个人不能解决的问题怎么办？老师不要急于讲解，由小组合作（4~8人）来解决。小组内仍然不能解决的问题再由全班合作（跨组合作）来解决。教师不要急于解答问题，要退到最后一步，直到全班学生都不能解答时老师才说，要给学生充分展示才能和挖掘潜能的机会。

再次是"师生再探"。在课堂教学中师生的交流互动主要是思维的交流而不是形式上的互动。在探究的过程中，教师启发、引导、激励，要真正实现角色的转化：由过去知识的传授者变为学生学习的组织者、引导者和分享者。这一过程也充分体现了课堂教学的民主。

最后，对所学知识进行运用拓展。"三疑三探"教学模式，其教学过程本身就是一个培养学生发现问题、解决问题的反复推进过程，是一个培养创新能力步步升华的过程。从设疑、解疑、质疑到最后的编"疑"，四个环节实际是一个学生提出问题、解决问题、提出和解决深层次问题、用问题创新问题的思维递进过程，学生能编拟习题，说明实现了知识的迁移和创新。

在听课时，我被深深地吸引了。同学们积极主动地探索新知，课堂活而不乱，课堂知识容量大，完全不用担心课时的问题，在老师的引导和帮助下，同学们既可以完成老师设置的题目，亦可以自己编制题目。

"三疑三探"教学模式，是从学生终身发展的需要出发，依据新课标的要求和学生的认知规律，让学生学会主动发现问题，独立思考问题，合作探究问题，归纳创新问题，勇于评价问题，同时养成了学生敢于质疑、善于表达、认真倾听和不断反思的良好的学习习惯，培养了他们的组织、表达、思维等方面的能力，让每一位学生都能在民主和谐的氛围中学习、思考、探索、创新、快乐，全面体现了学生在学习过程中的主体地位，实现了教与学方式的彻底改变，走出了一条切实可行的、推进课堂教学的改革之路。如何在生物的课堂教学中运用还需要我不断学习、摸索、反思和实践。

践行西峡课改模式 落实学生主体地位

■ 曾令冲

西峡的"三疑三探"模式是一种比较具有普遍意义的教学模式，比较接近理想的教学过程，是推进新课程改革的很好载体。西峡"三疑三探"的课堂教学模式，实现了教与学方式的彻底改变，通过设疑自探—解疑合探—质疑再探等相对固定的环节，促使学生自己去发现问题、提出问题、探究问题、归纳问题、解决问题，引导学生大胆质疑、敢于挑战，逐步培养创新精神和探究能力。但在践行过程中，传统的教育模式和教师的教育习惯必然会对尝试课改的教师形成新冲击。例如这种模式下的课堂，学生随时都是主动的，但如果没有真正的独立和自主，学生还是容易产生"厌学"的情绪。为此，就关于在课堂质疑、探究过程中，如何将学生学习的主体地位落到实处浅谈以下几点，以期与同仁一同交流学习。

1. 营造民主课堂，增强学生质疑信心

质疑是"三疑三探"教学模式的核心，信心是质疑的动力之源，只有积极营造民主的课堂氛围，才能提高学生质疑的信心，完成质疑的学习目标。为此，首先教师要依据新课标的要求和学生的认知规律，通过疑探结合等相对固定的教学环节，促使学生学会主动提出问题，尤其要关注性格内向或学习较为吃力的学生，帮他们养成敢于质疑、善于表达、认真倾听、勇于评价和不断反思的良好品质和习惯，最终让每一位学生都能在民主和谐的氛围中想学、会学、学好，只有这样，才能真正全面体现学生在学习过程中的主体地位。其次要允许学生可以根据自己的理解和困惑，随时提出问题，而不是通过大量的课前预习来准备足够的问题。从实际情况看，预习中的问题，学生绝大部分已经知道了答案，上课缺乏好奇心，所以往往走神、注意力不集中，造成学习效率低下。真正高效的学习是在较短的时间内能迅速地发现问题、梳理问题并通过探究去迅速解决问题，让学生的主体地位在质疑的过程中得以真正体现。

2. 鼓励小组合作，培养学生解疑能力

提出问题只是第一步，解决问题才是根本目的。问题提出后，教师不应为了完成预设的教学目标而让学生简单讨论，甚至为了赶课堂时间忙于给学生讲解问题答案，而是要耐心引导学生自学教材，自己解决问题，有意识地培养学

生的自学能力和自学精神。要知道合作探究能力的培养需要一个过程。一开始学生合作自学可能比教师讲授进展慢，但学生一旦形成了自学能力，就会自己学习教材，不用教师讲解，学习的进度会产生加速度效应。即使到了"师生再探"环节，在探究的过程中，教师也要重启发、引导、激励学生，要真正实现角色的转化，由过去知识的传授者变为学生学习的组织者、引导者和激发者，切实增强学生的解疑能力，让学生的主体地位在解疑的过程中真正得以体现。

3. 完善评价机制，提高学生互评能力

在"三疑三探"的课堂上，学生学习更为自由灵活，学生不仅要在质疑、解疑的学习过程中提高自己的学习能力，更是要在课堂上提高总结知识的能力。而完善合理科学的评价机制，不仅是质疑、解疑的保障，更是一种乐趣，有利于培养学生的评价能力。我们可以借鉴一些好的经验，例如在学生中开展"质疑之星""展示之星""编题之星""评价之星"等评选展示活动，每周一小评，每月一总评，每学期一表彰，引导学生积极参与，充分展示自己，形成"参与是快乐，展示是精彩"的课堂理念，让学生的主体地位在互评的过程中真正得以体现。

4. 不断充电学习，强化教师业务素养

学生竞相在课堂上提出蕴含着丰富想象力的有趣问题，老师有时也难免应接不暇，会被学生的发问难住。教师只有做到拼命"充电"，不断学习专业知识，才能强化业务素养，轻松驾驭课堂，引导学生质疑、解疑、延伸，能使课堂变成妙趣横生的"讨论会"，才能让学生的主体地位在教师精彩指导的过程中真正得以体现。

总之，"三疑三探"是一种很好的教学模式，充分体现了课程改革的基本要求。我们在践行过程中，只有从质疑、解疑、评价、引导等方面积极思考、科学应对，才能充分体现学生的主体地位，真正推进新课改的进程，让老师"享受教育的幸福"，让学生"享受幸福的教育"。

物理课堂教学改革应有"四要"

■ 冯银寿

教育要适应社会经济发展的客观需要，是教育改革和发展的必然要求，也顺应物理课程"从生活走向物理，从物理走向社会"的改革方向。如何调动学生学习的积极性，让学生想学、乐学，这是值得每一位教师不断深思与探索的。

"三疑三探"教学模式，是从学生终身发展的需要出发，让学生学会主动发现问题，独立思考问题，合作探究问题，归纳创新问题，勇于评价问题，养成学生敢于质疑、善于表达、认真倾听和不断反思的良好的学习习惯，培养学生的组织、表达、思维等方面的能力，让学生在民主和谐的氛围中学习、思考、探索、创新、快乐，全面体现了学生在学习过程中的主体地位，实现教学方式的改变。要用好这种教学模式，教师要做到以下几点：

一、要引导学生进入角色，当好演员

从教与学的关系上说，整个教学过程是一个从教到学的转化过程。在这个过程中，教师的作用是不断转化学生的学习能力。独立学习的过程是一个由弱到强逐渐转化的过程，教师绝不能放任自流。

虽然是探究性的开放型物理课，是把主动权还给学生的课，但也应该是井然有序的课堂教学。教师要当好组织者，当好导演，何时放何时收，要做到心中有数，要能处理一些应急情况，避免学生随意玩、说闲话、开小差，否则就事与愿违了。我们的目的是调动学生学习的积极性，让学生由被动变为主动。

二、要引导学生发现问题，提出问题

高中物理新课程的有效实施，不仅要求教师教学理念要转变，教学方式要变革，更重要的是全面提高学生的科学素养，促进学生的全面有个性的发展。教师要从过于强调接受学习、死记硬背、机械训练，追求学生纸笔测验成绩的现状，转变到培养学生的科学素养上来。首先要引导学生主动参与、乐于探究、勤于动手，逐步培养学生搜集和处理信息的能力、获取新知识的能力、分析和解决问题的能力以及交流与合作的能力。

　　教师不能只是提出一些问题，让学生思考和解决，也要试着让学生自己提出疑问，再想办法解决。爱因斯坦说过："提出问题比解决问题更重要。"陶行知先生说过："发明千千万，起点是一问。"学生自己提出来的问题，肯定会有兴趣，而且会想方设法来解决，人在生活中是这样，在学习知识上也是这样。教师要鼓励学生提问题，有相关的他们想知道的问题让他们自己提出来。相应地，教师也要多看书，多了解相关方面的知识，才能使自己立于"不败之地"，同时学生也会被教师的知识魅力所折服。

三、要引导学生寻求方案，解决问题

　　在物理教学中，要真正使学生掌握和理解物理知识，只有让学生独立自主地学习，用自己的眼睛观察，用自己的双手操作，用自己的大脑思考，学生有所参与，才能有所领悟和体验。要改变学生的学习方式，一要为学生创造一个宽松和谐的学习环境，使学生从"应试"的禁锢中解放出来；二要将学生学习的重点放在学习的过程中，放在是否亲身参与探索性实践活动上；三要课程内容求精不求多，以便让学生亲身经历科学探究的过程，获得对物理世界的直接体验；四是物理教学应当着眼于帮助学生学会学习而不仅仅是教授知识，直接告诉学生应当怎样做而不应当怎样做，远没有让学生自己通过科学探究活动体会应当怎样而不应当怎样效果好。学生自己能够解决的问题教师不必帮他们解决，因为他们最需要的不仅仅是结果，而是过程。他们可以在解决问题的过程中学会基本的技能，掌握解决问题的方法，体会到这个过程的乐趣，感受到成功的喜悦。现在信息流通很快，他们可以在图书馆中查找资料，也可以请教别人，更可以上网去找，或者自己通过实验来解决相关问题，关键是他在其中学到了东西。

　　做实验是解决物理问题的一个重要途径。尽量让学生多做一些实验，包括一些试题，如线杆模型的动态分析问题，完全可以让学生准备些线绳子、橡皮筋和木棒，自己动手体验，而不是让他们只听老师讲，或看着老师在台上做，自己经历过的印象更深刻。所以如果有学生提出问题时，教师可以引导一下，鼓励他们从哪些方面入手得到答案，而不是直接给出他们答案。学生非常高兴通过实验来研究问题，这大大提高了他们学习物理的积极性。

四、要引导学生自己去下结论

在以前的教学中，我们总是急于把一些自认为重要的结论早早告诉给学生，让他们记下我们的结论，去背会我们的结论。现在教师应该抛开这个想法，不仅要把已有的科学结论交给学生去重新发现，放手让他们自己去下结论，而且要给学生充分表现自己才能的机会，鼓励学生用自己的语言，阐述自己的整理结果和思维过程，给出自己的结论，这样也提高了他们的积极性。

教师要做好引导梳理工作，在课堂教学的每个环节中包括例题分析时都要及时引导学生独立总结，像对知识的认识、解题过程的分析、常用结论的归纳、例题的反思等。还要引导学生对各小组的整理结果进行观察，建立起纵向与横向的联系，不断补充与完善，形成稳定的知识系统。对隐藏在其中的如观察、归纳、抽象、概括、分类、数学知识方法的运用等"隐性知识"亦应进行总结梳理。通过自己操作过程中出错纠错，学生对基础知识掌握得更牢固，提高了学生总结反思能力，同时对学生的逻辑思维能力也是一个很好的锻炼过程。更重要的是，让学生养成良好的学习习惯和思维品质，为学生的终身学习奠定良好的基础。

学而不疑则虚，学疑相融才实

■ 李建伟

陶行知先生曾说："做学问就是要学要问，光学不问，只能做到一半，光问不学，也只是一半，又学又问，才是完整的学问。"提问能力对于学习者的重要性不言而喻。语文学科为培养学生的提问能力提供了可能，语文教材文本中的"空白"能够成为激发学生思维的"问题点"，加之汉语言具有模糊性、多意性等特点，话中话、潜台词、言外之意等，这种多意、模糊美使文学作品内容更加丰富、更加复杂，这些有利于学生的个性化解读，也有利于学生在探究语言表达的过程中发现并提出问题。教学实践中大多是教师问学生答的教学方式，便让学生养成了被动应答却不主动质疑的习惯。问题是思维的起点，学生不会主动质疑便失去了主动思维的能力，这对学生自主学习能力以及终身学习能力的培养非常不利。在高中语文课堂中如何引导学生提出问题呢？笔者根据教学实践，认为可以从以下几个方面进行尝试：

一、大胆尝试，转变师生观念，培养学生提问能力

学生能从课堂习得什么往往靠教师的引导。教师喜欢什么、重视什么，班上的学生往往也跟着有相同的爱好。教师喜欢满堂讲，学生便喜欢边听边记；教师喜欢提问，学生就学会了思考；教师喜欢提问学生，学生可能也就学会了提问。可能很多语文教师自身都不具备较高的提问能力，看不到提高学生提问能力的重要性，又怎么给学生以正确的引导呢？所以，对于大部习惯于自己讲或者是习惯于自己提问学生回答模式的语文教师来讲，要提高学生提问能力首先得转变自身的观念，认识到提问能力的提升对于学生终身学习语文的重要性。然后把这种观念传输给学生，帮助学生树立起衡量是否读懂文本的一个重要标志就是能不能针对文本提出一些有效问题并能解答这些问题。笔者在平常的语文学习中也以能不能提问以及能否提出有效的问题作为学生平时成绩的一个主要考核点，以此来帮助学生认识到提问的重要性并激励学生大胆地进行提问。

二、勇于改革，转变教学方式，培养学生想象能力

能否提出有效问题是一种能力，需要培养和锻炼。要让学生具备这种能力，就必须给学生充足的锻炼机会，需要尊重学生学习主体的地位，认识到学生才是学习的真正主人，教师只是支持者、引路人和点拨者，放手让学生去阅读、去思考、去提问，学生才能提出真正有价值的问题。这就要求教师能够转变教学方式，把以往的以教师的教为中心或以师生的讨论为中心的教学转变为以学生的学习和学生提出有价值的问题为中心的教学。教师在进行教学设计时，应重点考虑的是如何引导学生看懂文本，如何提出有效的问题，在进行课堂教学时可采用学生阅读文本、学生提出问题、教师点拨问题、学生解决问题的思路。诚然，高中语文教学任务很重，要教的东西实在太多，正因为学生在高中阶段要学习的东西多，老师更应该教给他们方法，何况高中学生已经有了九年学习语文的基础，他们具备了自主学习语文的能力，需要的是更多的锻炼机会，更大的展示舞台。教师如果能大胆放手让学生自己去锻炼，给学生更多的时间去学习，更多的时间去思考，更多的机会去发挥，学生就会还给老师一个个的惊喜。

三、不断创新，创设问题情境，引导学生提出问题

问题是思维的起点，思维过程就是不断发现问题和解决问题的过程。问题又源于情境，学生在问题情境中更容易提出有效问题。语文课堂中的问题情境是指语文教学中师生所面临的一种具有一定困难，需要师生通过努力来克服的心理困境。问题情境的作用主要表现在以下两个方面：一是通过特定的情境激活学生的问题意识，形成基于问题解决的学习任务，从而展开提出问题、分析问题和解决问题的学习活动；二是使情境中的问题与学生原有认知结构中的经验发生联系，激活学生已有经验去"同化"或"顺应"新知识，赋予新知识以个体意义，促使学生的认知结构改组或重建。问题情境有助于学生的有效学习，而其对学生有效学习的切入点在于能帮助学生提出问题。所以学生能否提出问题以及能否提出好问题，关键在于能否创设引导学生提问的情境。记得有一位教育家说过："教师的作用在于——系统地给学生发现问题的机会，并给予恰当的帮助，让学生在情境中亲自去发现尽可能多的东西。"即教师如果能创设适当的情境，便能促使学生提出问题。

四、放手质疑，教师示范引领，带领学生提出问题

学生提问能力的培养，主要靠学生对文本的深入阅读和独立思考，但也少不了教师的示范作用。试想，如果连授学生以道的教师都提不出有效问题，又如何要求学生提出有效问题呢？学生的很多行为都是以教师作为榜样，从教师身上学会的。语文教师只有先具有提问的精神，敢于大胆地对传统、对权威持怀疑态度，并把这种思考过程展现给学生观摩，学生才会在潜移默化中受益匪浅。教师的提问示范既可以引导学生敢于提出问题，又可以让学生从教师的提问中学会提问的方法以便善于提出问题。这就要求语文教师具备善于思考、勇于质疑、善于提问的精神。不能设想，一个迷信权威、毫无创见的教师，会培养出敢于提问、富于创新的学生。教师对学生的示范可以是课堂上对文本的质疑，还可以是自己备课过程的展示，教师把自己备课过程的一些思考以及思考后对文本的批注展示给学生，让学生从阅读教师的思考过程中受益。

五、授之以渔，教给提问方法，强化训练

课程改革进行了这么多年，学生在课堂中的地位日渐提高，如今大多数学生不是不敢提问题，而是提不出有质量的问题。笔者从实验中发现，学生刚开始提出的问题要么非常肤浅，要么根本就不是问题，而是为了提问把陈述句改为问题的形式而已。究其原因，主要是学生没有掌握提问的相关知识和方法，为完成老师的任务不得已而为之。这种知识与方法的匮乏首先表现在学生缺乏读懂文本的相关知识，拿到一篇文章看了半天不知道文本表述的内容是什么，也不知道该如何来读懂它。其次表现在不知道问题是怎样构成的以及应该从哪些角度、哪些方面或哪些层次来提问题。

因此，教给学生提出问题的相关知识和方法是非常必要的。而引导学生提出问题的方法是多种多样、因人而异的。通过固定的提问，培养学生独立思考、深入探究文本的能力，只有学生的文本探究能力提升了，他才能提出更有价值和意义的问题。教给学生相关的知识和方法后，也要对学生的提问能力进行强化训练。教师可以利用课前预习来促使学生提问，在学生预习课文时要求将不懂的问题记起来；利用课堂阅读时间，要求学生互相提问，并共同解决；语文课堂上也可以学生讲，学生问，学生答。通过各种形式来对学生的提问能力进行强化训练，但不管哪种形式，学生所提的问题都应交给老师评价或

交给学生相互评价，并及时反馈评价的结果。

古人云："学起于思，思起于疑"，"学贵知疑，小疑则小进，大疑则大进"。学而不疑则虚，学疑相融才实。学生能否提出有效问题是一个复杂的工程，并不能一蹴而就，但只要我们在课堂中多尊重学生的语文学习主体地位，多给学生以阅读和思考的时间和空间，多让学生锻炼，相信学生的提问能力一定能得到大幅度提升。

课改实践篇

摭谈课改中学生合作探究策略

■ 陈 立

《礼记》中有这样一句话,"独学而无友,则孤陋而寡闻",如何科学合理地开展合作学习,打造高效课堂?中卫中学在汲取全国课改先锋优秀成果的基础上,在以"教师为主导,学生为主体,训练为主线,思维为核心,能力为目标"的"五为"原则引领下,开始了艰苦而卓越的课堂改革试验。经过一段时间的实操和探索,既有可喜的成绩,也暴露了诸多问题。笔者结合自己的课改实践,现就有关学生课堂合作探究中出现的问题及解决的策略与广大同仁共同探讨交流。

一、注重科学划分学习小组

课改应根据学生的认识基础、学习能力、心理素质等进行综合评定,按照"互补互助、协调和谐"的原则,把学生分成学习小组。比如说我班有69名学生,我采用的是差异组合式分组,即异质分组。全班共分成了11个大组,22个小组(大组长再内部分组)。组内异质为小组成员内部互相帮助提供了可能,有利于小组内学生互相影响,相互带动,共同提高,有利于合作精神的培养;而组间同质又缩小了小组间差别,为全班各小组间的公平竞争打下了基础,从而真正实现在合作基础上的竞争,有利于开展共同学习。

二、注重精心设计合作学习任务

教学过程中,教师要充分考虑学习内容是否有利于小组成员之间的协作,是否既有分工又有合作,是否既强调每个人的能力发挥又需要小组的沟通、协调,还要注意合理控制难度,选择恰当的设问角度,问题要具有启发性,表述要简洁、明确。特意设计一些培养学生合作技巧、能够促进小组成员交流能力提高的题目,让学生能够真正在学习知识的过程中得到锻炼。比如我在上完《百家争鸣》一课后,为了使同学们能深刻感受到《百家争鸣》的现实影响,感受到历史就在身边,同时,也为了进一步培养学生的小组合作探究能力,我布置了"寻找社会主义核心价值观中的传统文化"一题作为对本课题的延伸,要求各小组在组长的带领下，集思广益，共同完成，下一节课每组派出代表进行成果展示，并组成评分委员考评。令我惊讶不已的是，各小组做了充足的准备，整节课精彩纷呈。特别是段瑶同学所在的小组，从传统文化的精髓中分别找出了社会主义核心价值观中每一组词的历史渊源，旁征博引，史论结合，充分论证了中国传统文化的博大精深和深远影响。

三、注重合理安排学生的合作学习活动时间

在平时的课堂教学中，教师提出问题后，绝不能只给学生三五分钟的时间让学生去合作、去讨论与研究，也绝不能在一旁不断地提醒学生"快点、快点，时间不多了"。为了保证学生有主动参与活动的时间，让学生真正地参与合作，教师在课前就必须有充分的预设和安排，尽可能估计到各种情景问题的发生及解决方案，而且能根据课堂教学的实际情况灵活处理和驾驭。一般说来，每堂课安排分组学习 1~3 次，每次活动时间控制在 5~10 分钟。

四、注重学生的全面参与

合作学习，既要防止个别优等生"唯我独尊"，不给其他同学发言的机会，也要防止个别学习困难的学生趁机偷懒"搭便车"。各科教师特别是班主任一定要加强对学生的教育，让他们充分认识到分组学习的优越性，主动完成自己负责的任务，学会与其他同学配合、互动，倾听意见，互动交流，协同完成任务；教育学生学会互相尊重，让学生认识到每个同学都有表达自己观点的权利，但同时也有倾听别人观点的义务。班主任还应指导每个小组进行明确的分工，使每个成员都有明确的职责，如做记录、监督发言时间、概括整理本组观点、代表小组在全班发言等，这些职责需要事先明确，这种分工采取轮流转换的形式，以保证每个学生都有机会担任不同的角色，得到全方位的锻炼。为了进一步了解各组组规的落实情况，课堂讨论中教师一定要深入其中对其指导。比如说，在最近的讨论中我发现，大多数小组气氛热烈，但是没有人记录、整理。课堂展示和评价的时候就会出现语言组织缺乏逻辑性、思维混乱、语句不通等问题。对此，我有针对性地开会，分析书写、整理、表达、评价的优势，让学生从思想上高度重视。

五、注重指导合作学习的方法

课堂上，教师要关注指导学生合作学习的步骤和方法，使学生懂得合作学

习和个人学习的区别，懂得如何讨论、如何交流、如何归纳、如何帮助等，与其他同学进行真正的对话，以优化合作的过程。比如，指导学生在讨论结束后进行小结和归纳，要归纳出讨论结果中达成共识的部分，小结出存在疑问之处、分歧之处，在集体交流时向同学老师请教，并推荐一名代表在集体交流时汇报本组讨论结果，小组代言人可根据小组的小结和归纳，整合结论，根据讨论结果发表提示发言。

六、注重科学、客观的评价

合作学习的成绩评价应该注意点面结合，小组成绩不能等同于个人成绩，两者应该分开评价并分开奖励。比如：设立最佳合作小组奖作为对合作任务完成出色的小组的奖励，这项荣誉为该合作小组的全体组员享有。对于个人，设立最佳表现奖、优秀个人奖等单项奖作为对个体的奖励，让学生获得成功的体验，调动个体和团体的积极性与凝聚力。我在课改的基础上进行了班改，将小组课堂合作学习成绩与月考、平时小组的纪律卫生等综合情况放在一起进行考评，以一个月为期限。这种考核模式，总体上比较公平客观，能更好地检验一个优秀小组的真正成色。

但我也发现了诸多不足，特别是考核周期过长，不能及时抓住个人或小组的闪光点进一步去激励和促进其更快的发展，甚至会挫伤部分同学和小组的积极性。5月份考核结果公布后，第九小组组长黄欣慧眼里噙着泪水哽咽地问我："老师，我们组每个人都很努力，为什么还不能自由挑选座位，我都不知道怎么面对组员了。"事后，我细细想来，主要是考核规则太过于"刚性"了，缺乏灵活性和人性化。所以，科任教师特别是班主任能否科学合理的评价，对每个学生、小组合作乃至班级的整体发展所起的作用绝不可小觑。

总之，在课改的实际操作过程中，教师一定要深刻领悟"教师为主导，学生为主体，训练为主线，思维为核心，能力为目标"的"五为"原则的精神实质，特别是在"教师为主导"下的学生的合作探究，不代表教师"无为"，而是要求教师改变教学的操作流程，在精讲、诱导学生的基础上，更多地顺应课堂走势，遵循教育教学规律，提升自己在教学上的管理和调控技能，从而达到真正的"有为"。因此，教师能否在课堂上正确地组织和引导，是学生合作探究课堂有效进行的重要保障。

课堂教学改革需重视小组合作学习

■ 刘炳云

自从我校实施课改以来，在学校的推动和一大批中青年教师的热情参与下，学校的课改工作取得了长足发展，取得了实效。本学期伊始，学校向全校发出了"全面推行课改"的倡议，将课改推向了新的高度。小组合作学习是课改中的重要学习形式，本文将着重对课改中小组合作学习的方式进行探讨。

一、小组合作的意义

孔子说："独学而无友，则孤陋而寡闻。"美国教育评论家埃里斯说："合作如果不是当代最伟大的教学改革的话，那么它至少也是最伟大之一。"小组合作在古往今来的教育家眼中，一直是最有效的学习方式之一。由于学习者的个体差异性，合作有助于个体差异的弥补，有助于学习者在一些问题上达成共识，有助于问题的解决；通过探讨，有助于产生思想的火花；通过分工，有助于团队精神、合作意识的培养；通过表达，可以分享个人的观点，也有助于口头表达能力的提高。总之，合作学习更有利于促进学生智力、能力和社会情感的和谐发展。因此，在课堂教学中有意无意地淡化合作学习，是不符合教育规律和学生的认知与发展规律的，作为教师，应坚决摒弃淡化小组合作的做法。

二、建立小组的方法

对于小组的建立，大家的习惯做法是：根据课堂教学或学习的需要，前后桌随机组合，这种缺乏统一组织、统一领导、统一目标的临时小组是最低级的小组组织形式。根据河南西峡一高和内蒙古集宁一中的经验，合作小组的人员搭配一定要遵循"组内异质、组间同质"的原则，把学生的意愿作为参考，按照学生的知识基础、学习能力、兴趣爱好、性格特征、性别等差异进行分组，让不同特质、不同层次的学生优化组合，使每个小组都有高、中、低三个层次的学生。我们可以借鉴"部委制""一岗双责"的做法，让每位小组成员都明确自己的职责。为了使小组形成一个坚强的学习团队，每个组可以创建自己的组徽、组名与奋斗目标。评价一个组的一个标准就是：作为本组的一个成员，你是不是在本组得到了发展。小组成员的搭配可以适时进行调整。就某一门学科来说，任课老师可以根据学科特点和学生的学习情况组建本学科的学习小组。

三、小组合作的契机

合作学习不是时时处处都需要采用的学习模式，要适时使用，这里的适时指在学生完成"自探"后的下一步。出示学习任务后，没有学生的自主学习，直接进入合作学习的合作是虚假的、无效的合作。另外，学生进行合作学习时，应该有组织、有纪律，按照合理的流程进行，包括小组长组织下的轮流发言，对合作任务的推进，对小组成员发言要点及提出新问题的及时记录，对讨论结果的记录等。"三疑三探"教学法中的"解疑合探"环节是体现小组合作的重要步骤。值得指出的是，"解疑合探"不等于小组合作，只能说"解疑合探"环节是合作学习而已。这里的"合探"包括三种形式，即提问与评价、讨论、讲解。讨论的形式体现的是小组合作学习，主要强调生生互动；而提问与评价及讲解，体现的是生与生、师与生互动的结合。

四、发挥小组成员的积极性

在不健全的小组合作中，必然会出现组长或个别学生独霸小组所有功能的局面，起组织作用的是他们、展示的是他们、评价的还是他们，另外一部分或个别学生沦为附庸、看客或打酱油一族。为了避免这种情况的发生，首先要对所有学生进行有关小组合作方法的培训，要求和引导学生积极参与，培养小组责任感和小组荣誉感，通过小组活动平台锻炼自己、展示自己；其次，在分配学生展示任务时，不仅要出示小组编号，还要出示小组成员编号，也就是直接点名第几组的第几号同学展示或评价某项学习任务。这种方法可以促使每个小组的每个成员积极参与到集体学习中。对学习基础较弱、有困难的学生，其他成员可以协助解决问题，意在促使其参与和进步。教师要在学生小组讨论完成后出示展示和评价任务，以防学生只讨论有关自己所在组的学习任务。

五、科学评价小组

根据小组的课堂表现给小组打分是对小组及成员进行评价的重要手段，可惜这一手段被好多老师抛弃了。我极力主张用分数的形式对小组及成员进行量化考核。打分是有标准的，这些标准对包括学生的提问、讨论、展示、倾听、自学、评价等方面的一切表现提出了要求，分数背后是对学生课堂行为的规范与引导，是对学生现有能力的评估与可发展性的指引，是对学生价值观的引领与渗透。通过打分环节可以规范学生的课堂行为，使其养成良好的学习品质与合作习惯，让他们学会提问、学会自学、学会展示、学会倾听、学会质疑、学会评价、学会讨论、学会总结，让他们积极参与、体验成功，有利于学生的纵深发展和进步。

六、小组讨论的方式

河南西峡一高学生课堂活动中最让人震撼的一幕就是在"解疑合探"环节学生起立讨论了。讨论环节一到，所有学生立即起立、精神抖擞，开始有序发言，教室里顿时人声鼎沸、热闹非凡，有查资料的，有记录的，有激烈争论的，他们一边有序发言、讨论，一边关注老师是否已经出示了展示任务，如果已经出示，他们将针对本组的展示或评价任务，进行更精细的探讨和记录。为什么站着？现在"久坐影响健康"的理念获得了越来越多人的认同，"站立式办公"在欧美悄然兴起。这种方式最早起源于德国中小学，因为学生体重增加过快，德国汉堡等城市的中小学里，学生每天在专用教室内上课。据悉，这些学校的孩子体重平均减去 2 公斤左右。现在，德国公共部门也提倡"站立式办公"。德国专门研究健康问题的专家则把这种方式称为"温和运动"，只要坚持，效果不亚于有氧运动。对学生来说最重要的是站着，站着讨论有助于他们保持旺盛的精力，注意力更加集中，无法打瞌睡。所以讨论时还是让学生站着吧。

"三疑三探"模式中如何分组学习

■ 王忠安

"三疑三探"教学模式，是从学生终身发展的需要出发，依据新课标的要求和学生的认知规律，让学生学会主动发现问题，独立思考问题，合作探究问题，归纳创新问题，勇于评价问题，同时使学生养成敢于质疑、善于表达、认真倾听和不断反思的良好学习习惯。而实现这些目标的关键在于分组学习。但由于对小组合作学习的认识不清，分组方法不当，一些老师在教学实践中出现了一些困惑和问题。下面就在"三疑三探"教学模式中如何分组学习，我谈一些自己的认识和感受。

小组合作学习扩大了教师与学生直接交流互动的机会，既可以减少集体教学和个别教学的一些弊端，又能发挥集体教学和个别教学的一些优势，有利于学生主动参与、积极探究，促进学生创新精神的培养，还有利于培养学生的合作精神、团队意识、集体观念和责任感。但小组合作学习如果组织不到位，不仅起不到应有的作用，反而会影响学习效率。主要出现的问题有：

1. 目标不明，茫然无措

或是海阔天空自由讨论；或是少数人在学习，多数人茫然无措，不知道自己该做什么。时间一晃而过，什么也没有学到。

2. 缺乏管理，没有规则

各吹各的号，各干各的事。甚至有的小组以小组学习为掩护，把小组变成了说闲话、聊天的场所。

3. 角色固定，泾渭分明

组内讨论全是好生唱主角。发言表达的机会都让好生占去了，学困生成了旁听者、旁观者。学困生不仅在小组中得不到提高，还在小组的掩护下，逃避学习责任，不学习也没人发现，没人批评。

面对这些问题，为了提高小组合作学习的效益，促进组内成员共同提高，我们需要用科学的方法进行分组安排。分组的原则主要是异质共存、相互依赖、优势互补、方便学习。具体做法是：

（1）优差搭配、男女共组。在一个小组里，学习成绩、学习能力、学习基础等素质方面好、中、差的学生都要有，而且男生和女生要搭配开，这样可以发挥性别优势，克服单一性别带来的性向负面影响。

（2）六人为佳、组间同质。每组人数以六人为佳。小组人数太多，由于时间限制，发表个人意见的机会相对减少，不利于共同提高，而且组与组之间，总体学习水平等条件要基本平衡。这样才能为组与组之间公平公正的竞争创造条件，促进学习积极性。

（3）多方考虑，选好组长。实践证明，没有组长的组织协调，小组内的学习活动常常会处于混乱无序状态，直接影响小组学习的正常进行和效率的提高。怎样选组长呢？首先，组长要尽量选择那些有一定组织协调能力、集体意识较强的同学担任。其次，对组长要进行指导、培养、帮助，尤其是建组的初期，教师要告诉组长应该做什么、怎样做。最后，组长的产生方式最好是由组内成员自己推选。但刚刚开始时，老师可以提名，组内成员表态同意，先让一些能力较强的同学担任，以给后面的同学起一个示范作用。

（4）建立常规，加强监控。组内要建立一套学习规则，这是小组学习有序进行的保证。包括学习纪律，如不说闲话等；相处规范，如尊重别人等；还有完成任务的要求，不同意见的处理办法，等等，使大家既能积极完成各自任务，为小组目标出力，又能规范自己的行为，保证学习的良好秩序。实践当中，小组学习常常会出现前文提到的不良现象，因此教师要加强监控。

①帮助确立目标。目标是凝聚组内力量的重要因素。有了共同的目标，大家才会朝着一个目标齐心协力。教师不仅要指导学生确立好本组的学习目标，还要指导学生把目标分解成具体任务，分配到每一个成员，使每个同学都有任务、有责任。

②指导学习方法。组内应该怎样学习，先做什么，再做什么，碰到一些问题怎样处理，教师要在适当的时候作一些引导、指导，帮助学生解决学习中的困难，逐渐探索和形成自己的学习方法。

③关注学习过程。重结果，轻过程，只关注小组学习的最后结果，或只用小组报告的结果来评价小组的学习情况，是造成小组整体学习效果不好，多数成员游离在外的重要原因之一。因此，教师要关注小组的学习过程。一要巡回检查，看看小组学习中各成员是否积极参加，尤其要关注学困生的参与情况；二要巡回指导，当小组学习出现困难难以解决时，进行点拨、引导、指导；三要适当参与，与小组的同学一起探讨；四要适时评价，对好的进行认可、鼓励、奖励，对一些干扰、影响正常学习的行为要及时批评制止、纠正。

④适时评估激励。评估激励是提高和促进小组学习积极性的重要手段之一。激励的目的就是促进小组的每一个成员都积极学习，每一个成员都合作学习。

总之，只有在教学中正确采用小组合作学习的方式，才会有利于培养学生的设疑探究能力、思维创新能力，才会把教师苦教、学生苦学变成教师乐教、学生乐学，最大限度地解放教师，解放学生。

做个"懒"老师　课堂"活"起来

■ 冯舒琴

　　教龄二十年，意味着我已忝列老教师队伍了，也意味着我该富有经验、应对自如了吧！其实，真正的困惑才开始。

　　我们上完了一本本教材、教过了一篇篇课文，学生掌握了多少有用的知识，学到了多少有用的技能，受到了多少有益的启发？有没有哪一篇是学生喜爱至深终生难忘的？我这二十年站在讲台上苦口婆心地说教，能让学生受益的又有多少？自己激昂的课文讲解到底激发了多少心灵的共鸣？学生从小学至今，苦学语文已经九年了，能工工整整不出错别字流畅表达的，一百个人里能数出几个？

　　今年又带高一了，困惑的我直感觉无从下手！看看教参，清晰的设计、滴水不漏的课堂实录、详尽的补充资料，让我视觉疲劳。迷茫中，我选择了此间最喜欢的一篇《赤壁赋》开始了教学。从翻译理解到背诵，从解读苏子的达观到文人的思想突围，从课前的忙碌到课上的紧张调动，从早读的督背到业余的查背，我紧扣高考，梳理重点，但结果却让我心寒！能熟背而不读错音的少之又少，能默写而不出错字的几乎没有。

　　我发火了：男女PK，各出一名代表，哪方错了，哪方所有成员抄一遍课文。就在男生的代表因一处错误而被宣布所有男生挨罚的时候，有个男生站起来说"老师，我来背"，遗憾的是这个男生也出现了一点小失误，接着有几个男生站起来抢着补救。一周多来，课堂从没有像今天这样有生气！我方才意识到，多年来急功近利的备考已经磨蚀了语文的魅力容颜，也磨逝了我为教的诗意情怀。

　　昨天，同事反馈了补习班学生的心声，大意是：老师，其实我们不想让语文仅成为应对高考的工具，我们是理科生，我们很想在语文课上开阔眼界、深化思想，体味文字的味道，感受人生的美好。语文课首先要引导我们热爱生活。

　　这话道出我的心思，是我一直以来的理想。多年来这种思想虽也贯穿我的教学生涯，但囿于高考指挥棒，始终没敢也没法放开手脚大胆去做。一周一小考，一月一大考，每学期八篇固定作文，我们在过量的任务强压下戴着镣铐跳舞，学生个性化的阅读、教师随性所至的教学，对如金的备考时间来讲都是奢侈。

然而，反思一下，高考语文虽然模式化了，但宗旨是在考查学生的语文思维、人文思想。当语言的感觉有了、思维活了，表达的技巧还会成问题吗?

我忽然有了一个大胆的想法，课堂上，我要做个"懒"老师：只当"导火索"，抛砖引玉。我要拾起曾经的尝试，把课堂还给学生，让课堂灵动起来。我要把语文知识的积累、技能的培养、思维的训练化作吸引学生的一场场比赛竞技。

《礼记·学记》有言："师勤而功半，又从而怨之"，"师逸而功倍，又从而庸之"。我实在不想把那些知识背下来告诉学生，我也实在不想把自己的思考强加给学生。我想让学生自己获取、自己发现、自己解决，达到相互学习、共同分享的目的。

有句话说得很经典：听见过，忘记了；告诉过，知道了；体验过，懂得了。我想再加一句：思考过，深刻了；创造过，进步了。

教龄二十，困惑多多。愿人生多些困惑，多些思考，多些进步。

灵活运用"三疑三探" 提高课堂教学效率

■ 陈 立

　　教学的最基本法则在于注重学生的认知水平，把握学生的认知规律。它是一切教学活动的基础，不同年龄段、不同程度的学生，其认知水平和身心发展水平都存在着巨大的差异。"教无定法"就显得尤为重要，教师的教学模式、方法、技能等不是机械的、教条的，而是灵活多变的，富有个性、充满灵性的。在我们的平常教学中如能做到将各种教学方法、手段、技巧等恰如其分、灵活巧妙地应用于具体的教学情景中，那就是一种高于"教无定法"的境界，即"贵在得法"。

　　河南南阳西峡一高的考察学习几近一年了，"三疑三探"教学模式所体现的教学理念，充分尊重了学习者作为个体存在的价值以及个体的潜能挖掘，同时，更好地培养了学生的团队合作精神和集体荣誉感，使二者有机地结合起来。在新一轮课改过程中，已经显现出其强大的生命力。在学校的政策支持和各学科教师示范课的引领下，一时间学校掀起了一股"西峡风"，大家通过不同方式了解和学习西峡一高的"三疑三探"教学模式，大有当年"赶英超美"之势。作为初学者和取经者，大多数教师奉行的是"拿来主义"，希望在自己的课堂教学中直接嫁接开花。可是往往事与愿违，总感觉自己施展不开拳脚，出现思维中断、课堂秩序混乱、效率低下等诸多问题，自己成熟的教学风格和优势不能得以充分发挥。我以为，照搬别人的模式，而不顾自己和学生的基本实情，首先在思想上犯了"欲速则不达""急功近利"的"左倾"错误；其次在理念上犯了"教无定法，贵在得法"的大忌。从"教无定法"回到了"教学有法"的水平，生搬硬套别人模式的弊端可见一斑。其实什么教学模式并不重要，重要的是教育理念，理念才是其灵魂和本质核心。

　　2014年10月21日，李岩老师执教的《新中国初期的外交》一课，给了我很多的启示与反思。李老师首先将一首《让我轻轻地告诉你》的歌词替换成现代中国的外交历程，再配上外交成果图，非常轻松惬意地把学生带入本课主题中，情境导入不仅有美感，更重要的是针对性很强。紧接着，李老师将本节课课标展示给同学们，通过学生的集体朗读，师生重新解读课标，形成学生自学提纲。针对高一学生的学情，教师做了适度调整，没有照搬"三疑三探"

模式中的"设疑自探",完全由学生提出问题,而是以学生为主体,教师为主导,辅助性地诱导学生生成问题。围绕自探提纲,学生自学,教师把问题进一步细化,通过幻灯片展示出来。第二步的解疑合探环节,李老师给予学生充分的讨论、整理、归纳解决问题的时间,教师深入其中,对各小组给予适当的指导性意见。按照"三疑三探"教学模式,听课教师感觉这节课肯定是完成不了既定的教学任务了,因为书面展示是比较占用时间的。接下来的教学过程,让在座的所有老师都释然了。李老师没有规定哪个小组具体解决哪一个问题,而是花了大量时间让各小组把预设的四个问题都要解决掉,学生掌握到什么程度,实际上在学生讨论解决问题过程中,教师已经对各组的基本学情了然于心。当学生解决完所有问题后,教师随机抽出一组的任意一名同学通过口头表达的形式将其最终成果呈现给大家,课堂的时效性一下大大提高了,避免了以往分组解决问题时,部分问题不能充分深入探讨的窘境,黑板书写中耗用大量时间而造成课堂任务不能按计划完成的尴尬局面。评价也没拘泥于形式,本组他组都可以自由发表见解。我以为,李老师在课堂教学中的灵活性真正诠释了"教无定法,贵在得法"的真谛,没有固定模式,唯有理念。得益于课堂宽松和开放的学习环境,学生的思维大门得以开启,部分学生通过阅读课本中的资料卡片和知识链接,提出了一些有深度的问题,如:印度支那是什么意思,在哪?"克什米尔公主号"事件仅仅是针对周恩来总理吗?对于低年级的学生来讲,实属不易。整个课堂在新课改理念的引领下,教师把一些传统的教学方法和自己成熟的教学风格相融合,巧妙地嫁接其中。特别是周恩来总理参加日内瓦会议和亚非会议的两段视频资料,配上教师讲解,不仅使学生加深了对知识和考点的理解与掌握,更使学生在认知情感上产生共鸣和得到升华。

不同的教师有不同的教学风格、不同的个性特点,假如都用同一种模式来要求的话,势必抹杀了个性,学生也会学得索然无味。有的教师思辨能力很强,善于调动学生提出问题,给学生质疑、思考的天空;有的教师语言生动幽默,能够深入浅出、引经据典、旁征博引,让学生在轻松快乐中学懂、学会;有的教师善于写和画,简明的线条、概括的板书能让学生一目了然、印象深刻。假如让不同个性、不同风格的教师都必须使用同样的教学模式会是怎样的情形?我们应该给教师们更广阔的天空让他们施展自己的才华、展示自己的个性风采,创造适合自己的教学模式。假如过于追求某种模式,课堂教学必然会走向死板、僵化、缺乏生机与活力。而真正创新的课堂是不受任何一种模式限制的,既可能有自主学习的影子,也有合作学习的内涵,有多学科知识的整合,有知识建构的过程,有情感态度的自然渗透,有学习方法的培养,有学生个性的展示，有教师的讲解，还有师生共享的快乐，如此，才是真正有效的课堂教学。

因此，我们在强调教学模式重要性的同时，必须充分认识到用单一模式研究教学的局限性，不要作茧自缚。只有不断地进行研究与创新，从"教学有法，但无定法，贵在得法"到"无法之法，乃为至法"，才是真正高效课堂的演绎。

培养学生适应"三疑三探"教学模式的能力

美国教育学家 Rogers 曾指出：只有当人们掌握了如何学习，学会了应变和自我调节才称得上是受到了教育。我们进行课改，学习"三疑三探"教学模式，就是希望学生能真正受到教育。我们班经过一个月的"三疑三探"教学模式的尝试，除了评价系统还未完善外，其他方面已基本准备就绪且正常运行。在此过程中我深有感触，虽然老师是课改的主力军，是主导者，但也不能忽略了学生的培训。没有训练有素的学生参与和投入，课改就是教师的"一厢情愿"，只会开花不会结果。那么，怎样培训学生？我根据这一个月的教学实践，总结如下几点。

一、让学生明白课改的目的

课改首先要改思想，不仅仅是老师的思想，还有学生的。只有老师和学生一起努力积极参与实践，课改才能成功。课改刚提出时，就是老师与老师之间的"对抗"，积极投入课改的老师和传统保守不接纳课改的老师之间的"对抗"。随后施行时，学生在两种课堂教学模式中不停切换着"频道"，一时也迷失了方向，从而使课改困难重重。所以，把学生拉到课改的阵营，是我们课改的重要保障。

从根本上说，我们进行课改就是要实现学生的全面发展，真正落实素质教育。当然，升学率提高也是必然的，是伴随在课改过程中的。课改不是为了哗众取宠，不是为了标新立异，不是为了吸人眼球。当前高校毕业生就业压力越来越大，仅仅掌握知识已远远不能适应社会的多元化需求，自信、胆量、口才、交际、组织、合作等非智力因素在某种程度上已成为用人单位选拔人才的重要标准。课改，就是要改变部分学生读死书、死读书、一考定终身的错误认识。当然，不可忽视的现实原因是依靠生源战和时间战提高课堂效率，提升教学成绩已不可能再有大的突破了。若不想在这个形势下节节败退，就必须有新的方法来提高教学效率，最终达到提高成绩、提高高考上线率的目的。这就是说，我们课改的目的也是要促使更多的学生考上大学，这一点完全可以给学生讲清、讲透，学生明白了学校课改的苦衷和目的，就不会再戏称自己是"小白鼠"了，也不会再消极"抵抗"耗费时日了。

在课改过程中有个有趣的现象：越是学习能力强的学生越喜欢思考，越有困惑的学生越抵触。针对这个现象，我让学生提出问题，师生一起解决。学生提出问题大多是因为他们不明白我们课改的目的。比如高一（23）班有几个学生总是觉得自己设疑自探不出重点难点，大家讨论太浪费时间耽误学习，尤其理科类，一节课只能解决两三道题，且学生讲解思路不清，听不明白，还是老师讲他们听收获大，针对他们提出的诸多问题，我都一一做了解答，告诉他们"工欲善其事，必先利其器"，"授人以鱼，不如授之以渔，授人以鱼只救一时之急，授人以渔则可解一生之需"的道理。当他们明白了课改所有的指向都是让他们全面发展，提高他们的能力之后，上课消极应付的状况就有了很大的转变。

二、让学生明白课改的优势

"三疑三探"的教学模式，是从学生终身发展的需要出发，依据新课标的要求和学生的认知规律，让学生学会主动发现问题，独立思考问题，合作探究问题，归纳创新问题，勇于评价问题，同时能养成学生敢于质疑、善于表达、认真倾听和不断反思的良好学习习惯，培养了他们的组织、表达、思维等方面的能力，让每一位学生都能在民主和谐的氛围中学习、思考、探索、创新、快乐，全面体现了学生在学习过程中的主体地位，实现了教与学方式的彻底改变。学生在课堂上动起来忙起来，时间都过得快了。后来，有一个学生诙谐幽默地说："自从有了'三疑三探'，妈妈再也不担心我上课睡觉玩手机了。"

当然，"三疑三探"的模式，不光对学生有好处，对老师也有促进作用。其从根本上颠覆了传统的教学模式，在这样开放的课堂里需要老师有渊博的知识、独到的见解，又要有驾驭课堂的能力，所以对老师提出了更高的要求，课堂上老师看似讲得少了，但要求老师讲得要精，引得要到位，点得要准。由于在课堂上学生可能提出这样或那样的问题，这就迫使老师要不断地学习，不断地提高自身的素养，也迫使倦怠的老师忙碌起来，要认真研究教材、开阔视野，才能上好每一节课，才能引导好学生，回答好学生的问题，这就使得老师真正"活"了起来，要求老师必须有持续的"源头活水"才能胜任。老师越来越优秀，学生自然就会受益匪浅了。

三、教给学生正确的学习方法和流程

不管多么好的模式，都要教会学生去运用。学习小组建立好之后，要教给学生参与的方法：怎么提出有质量的问题，怎么去讨论展示，怎么去评价质疑，等等。

还记得第一次让学生讨论时，各个小组的同学都拿着书站着不知道如何讨论，我用一节课的时间，一步一步教给学生，拿到问题后六个人怎么讨论，怎么展示，怎么评价。比如一些最基本的评价流程"我代表第几组对第几组同学展示的答案进行评价"，"我的评价到此结束，同学们还有什么问题"之类的评语，都进行了若干次的演习。学会了展示和评价，又出现了新问题，评价时不会和下面补充质疑的同学互动，我再次给予指导，告诉他们实在有问题要学会寻求帮助，老师就在旁边时刻准备着指导补充。虽然好长一段时间一上课就拖堂，但学生越来越熟练，越来越自信，积极参与的热情高涨，气氛有张有弛，就连平时不怎么说话的同学也开始上台展示评价了。一个学生说，经过了几次上台，他越来越自信，越来越喜欢这样上课了。

四、及时处理课改中出现的问题

经过一个月的尝试，我所带的三个班的学生都已经学会了"三疑三探"教学的基本流程和方法，能顺利地展示、流畅地评价，还能有针对性地质疑。但也出现了不少问题，如：趁机聊闲话的，不积极参与冷眼旁观的，只看自己小组的问题不积极参与讨论其他题的，光听光看不动手做记录的，只为挣分数补充质疑不认真看展示听评价的，一个小组总是那一两个人在展示在评价，不能全员参与的，时间不够用总是拖堂等。汇总了课改过程中出现的问题，我请同学们和我一起想办法，请他们思考哪些问题是他们能解决的，哪些是需要我来解决的，怎么解决；这些问题出现在哪些人身上，为什么会出现。通过讨论，我一一写在黑板上，再集思广益，一个一个解决。当我们一起把一黑板的问题一个个划掉后，学生和我一起笑了。所谓的难题，只要积极主动地去面对，想方设法去解决，总会找到出路的。

培养学生自主学习的能力，发挥学生的主体作用，是素质教育的要求，也

是时代的呼唤，更是我们当下课改的迫切需求。培养学生的学习自主性，教会他们如何学习，并逐步培养学生独立学习的良好习惯，能为终身教育打下良好的基础。所以我们不光要从思想上彻底认可这种教学模式，还要从行动上积极尝试，在实践中不断摸索、不断完善，用这种教学方法促进我们教育事业的发展。

运用"三疑三探"模式 培养学生提问能力

■ 王海雯

教学发展的过程是一个不断提出猜想和进行验证的过程。"三疑三探"教学模式是从学生终身发展的需要出发，依据新课标的要求和学生的认知规律，让学生学会主动发现问题，独立思考问题，合作探究问题，归纳创新问题，勇于评价问题，同时养成学生敢于质疑、善于表达、认真倾听和不断反思的良好学习习惯，培养他们的组织、表达、思维等方面的能力，让每一位学生都能在民主和谐的氛围中学习、思考、探索、创新。而培养学生提出问题的能力，是"三疑三探"课堂高效进行的基础。通过对"三疑三探"教学模式的长期实践，就如何培养学生提出问题的能力，现提出几点建议。

一、培养学生提出问题的能力

（一）训练并指导学生提出问题的能力

科学家贝尔纳说："构成我们学习的最大障碍不是未知的东西，而是已知的东西。"它启示我们应该摆脱已有知识的局限，打破思维定式，敢于探索、发现新问题。在探究学习过程中，如果学生具有问题意识，就不会迷信权威、教材和教师的绝对正确性，就能在现有知识经验的基础上，独立思考，对一些非科学、伪科学的知识大胆质疑，并会自觉地探索科学的结论。

因此，在探究教学过程中，首先，教师应鼓励学生改变围绕教师、教材以及迷信权威的学习心态，凡事多问为什么、善于思考、勤于思考、求新求异，让他们带着问题走出课堂、走出学校、走进社会、走进生活。其次，教师可以以科学家的成就源于问题的事例来引发学生的问题意识，如：牛顿由掉落的苹果提出万有引力、摩尔根偶然发现一只白眼果蝇证明基因位于染色体上等，运用这些科学家的成功事例，让学生感到探究的问题不是那么深奥、遥不可及，它存在于我们的身边，我们应该积极地去注意问题、发现问题、提出问题。

（二）唤起学生强烈的好奇心和怀疑精神

问题来源于好奇心和怀疑精神。探究教学中要有意识地保护和培养学生的好奇心。在"三疑三探"教学课堂中不仅要给学生提供探索发现、尝试错误和猜想检验的机会，还要鼓励学生质疑问题，给学生提供表达自己见解、思路和提出问题的机会。同时要善于发现学生的闪光点和优秀之处，及时给予肯定、鼓励和表扬，否则，学生的好奇心、问题意识将会被泯灭。

培养学生的问题意识，并不是一朝一夕的事情。在课堂教学中，要真正体现"学生为本"，给学生主动提问的时间和空间，同时要处理好"放"与"收"、"提问"与"释疑"的关系。只有这样，才能有效地培养学生质疑问题的能力，为学生主动创新打下坚实的基础。

（三）教师对学生提出的问题要有正确的态度

在以往的接受式学习中，学生提出问题的能力没有得到很好的发展，因此，在如今的"三疑三探"教学中，学生提出的问题，可能有的过于简单，没有思考的价值；有的过于笼统，不分主次；有的缺乏科学依据，甚至是错误的问题。针对这一现象，教师应培养学生的问题意识，保证学生在探究学习过程中的"心理安全"和"心理自由"。只有在支持、鼓励、肯定、赞扬等积极成分的情境中，学生才会独立、主动、大胆地提出问题。另外，对学生提出问题的评价方式要正确、科学，评价语言要讲究，注意保护学生的自尊心、自信心和好奇心。只有这样，学生才会愿意去发现和提出问题，逐渐形成问题意识。

在"三疑三探"教学中我们应鼓励学生提出中级型、高级型的问题，避免提初级型的问题。在小组合作学习中，按照小组成员间的学力差异，也可允许三种类型的问题都提。初级型问题组内解决，中级型问题组与组之间讨论解决，高级型问题交全班探讨，在老师点拨指导下解决。

二、寻找学生提出问题的途径

（一）在教学中创设问题情境

所谓创设问题情境实际上是"提出要解决的问题，创设解决问题的矛盾冲突，使学生原有的知识与需要掌握的新知识发生强烈的冲突，使学生意识中的矛盾激化，从而激发学生探索的兴趣和产生进一步学习的动力"。对于学生来讲，当头脑工作记忆中的知识经验与行动目标之间出现空缺时，学生就处于问题情境之中。

著名的心理学家皮亚杰认为："只有当已有图式、认知结构和新的经验，既具有和谐、适应的因素，也具有不和谐的因素时，这种不平衡才会克服不和谐的因素而建立起新的平衡。"皮亚杰的观点表明，只有当感性输入和学生现有认知结构之间具有中等程度的不符合时，学生学习兴趣最大，这也正是我们所需要的问题情境。

（二）合理采用多种途径，引导学生提出问题

课本是教学的重要资源，同时也是许多问题的隐藏之处。让学生从课本中提出一些简单的问题，不仅能培养学生提出问题的勇气和能力，还能养成爱提问题的良好习惯，成为激活学生学习的内驱力，变"要我学"为"我要学"。课前教师要有意识地让学生花一定的时间去预习下节课所讲的内容，指导学生初步了解书本上的基本内容，并提供预习提纲，诱导他们在阅读过程中，主动思考，积极观察，善于发现知识的可疑点，并做上适当的记号，让学生带着问题和迫切需要解决疑问的认识心理去听课，在听课的过程中仍不清楚的当堂向老师提出问题、解决问题。这样有利于充分调动和发挥学生的主体作用。如果学生能持之以恒，既可以培养学生的提问能力，又可以使学生养成逐字逐句质疑的习惯，使学生对书本知识有一个深刻的理解。

苏霍姆林斯基说过：在人的心灵深处，都有一种根深蒂固的需要，那就是希望自己是一个发现者、研究者、探索者。所以教师应给学生一双充满探索欲望的眼睛，让他们以地理的眼光去观察这个世界，体验生活的乐趣。在学生学习的舞台上设置广阔的空间，使他们主动观察、提出问题、合作探研，成为舞台的主角，教师要用热情的微笑、耐心的等待、巧妙的指点、热烈的掌声，让学生们体验到成长的快乐。

利用"三疑三探"教学　全程引导学生质疑

■ 焦艳琼

古人云：学贵有疑，小疑则小进，大疑则大进。可见，质疑能力对于学生学习的重要性。可是平时的教学活动，存在着这样一种现象：由于种种原因，老师不愿或不敢让学生质疑。长此以往，学生更不想或不会质疑。

"三疑三探"的核心是紧扣一个"疑"字和一个"探"字，强调用问题来激发学生学习的兴趣和动力。新课程改革的核心目标是培养学生的创新精神和实践能力，而"三疑三探"教学模式正是基于这一目标而诞生的。因此，在运用"三疑三探"的教学过程中，教师要有意识地培养学生的质疑能力，促进学生会参与、会发现、会运用、会创造，使学生全面、积极、主动地参与学习。

一、营造宽松民主的学习氛围，使学生想问

教师在课堂教学中，必须努力为学生营造一个和谐民主的学习氛围。老师要注意学生的心理特征，尽量做到与学生打成一片，让学生把老师当成他们的好朋友，这样学生学习就会感到轻松，学习起来就会和老师的教学合拍。

在教学过程中，教师要主动走到学生当中，多问问学生："你是怎样想的？""你想怎样解答这道题？""你们有什么问题和想法需要讨论交流的？""你想听一听其他同学是怎样想的吗？""你敢解答这道难题吗？"……其实简单的几句话，在学生听来就是老师对自己的尊重与信任，师生之间、生生之间的信息交流也就随之活泼生动起来。在这种和谐民主的氛围中，学生的学习兴趣也就随之高涨，探究知识的欲望也更强烈。

二、创造合适的问题情境，使学生要问

布鲁纳主张在课堂教学中"应该尽可能使学生成为自主且自动的思想家。这样的学生当他在正规的学校教育结束后，将会独立地前进"。因此，教师在课堂教学中应该始终遵循"不好的教师是传授知识，好的教师是让学生去发

现真理"的原则，积极主动地为学生创造合适的问题情境。学生因为知识的局限性与阅历的有限性，往往不知如何去提问。为使学生有问题可提，教师必须更注意这一点。

三、指导提问技巧，使学生会问

爱因斯坦曾经说过："提出问题比解决问题更重要。"在平时的教学中，教师应注意学生的年龄特征与认知规律，适时地指导学生提问，以达到预期的教学目的。

1. 课前，引导学生看到课题时质疑

教师在每次出示课题时，有意训练学生"看到这个课题，你想学什么"之类的问题。长此以往，将培养学生一看到课题就想发问的习惯。

2. 课中，引导学生在重、难点处质疑

学生敢于提问，并不代表会问。教师应该注意的是，对于学生的提问，特别是与本节课联系并不紧密的问题，先适当鼓励学生的学习积极性，再正确引导，不要打击学生的学习兴趣与学习热情。因此，教师在讲解新课时，一方面要注意解决揭示课题时学生所提出的问题；另一方面要注意在重、难点处训练学生质疑。在训练的最初阶段，教师应注意给学生一个示范，教学生如何提问。在学习过程中，有些学习成绩优秀的孩子对于所学的知识已经掌握得很好了，但他们在学习如何质疑后，非常愿意提问，也非常愿意在提问后解答它。这一部分学生对于带动其他学生学会如何质疑也有着不可低估的作用。

3. 课后，引导学生对整节课的内容质疑

一节课结束时，教师应再次引导学生回顾本节课的内容，可以采取看板书质疑，也可以看书质疑。这样，可以加深学生对本节课知识的理解。"有疑者却要无疑，到这里方是长进。"教师只要在平时的教学中有意地、长期地培养学生的质疑能力，将会促进学生积极思维、自主学习，取得意想不到的教学效果。

4. 回顾质疑，反思提高

在意义建构和应用拓展的基础上，要深化对知识的理解，提高物理能力，就必须进行反思。通过反思，学生回顾探究知识、获取方法的过程，加深理解所学物理知识，积累探究学习的经验，丰富学生的隐性知识。反思就是通常小结的教学环节。一般，教师可以通过提出问题，引导学生反思回顾。最常见的问题有："通过本节课的学习，你学到了什么？""本节课中你对自己的表现有

什么感受?""你从同学身上学到了什么?""你还有什么疑问?""你对老师在本节课中的教学有什么评价和建议?"等等。

"三疑三探"课堂教学模式的前三个环节:"设疑自探、解疑合探、质疑再探"是三位一体不可分割的。"设疑"是"探究"的前提,"探究"是"设疑"的目的。在探究学习中,"自探"是主题和基础,"合探"则是"自探"的补充和深化。"再探"是升华,是为了解决个别学生的疑惑或探究个别学生提出的问题。"再探"可能在课堂上不能完全解决,需要延伸到课外。这一教学模式的显著特点和亮点是"质疑再探",因此,在教学中一定不能缺少这个环节。

"三疑三探"教学模式在物理课堂中的应用

■ 张德军

我校课堂教学改革，已经从个别老师的参与到大面积的推广，如雨后春笋，发展势头迅猛。我有幸参加了学校的课改小组，成为其中的一员，在进行课改过程中发现"疑是思之始，学之端"，问题既是思维的起点，又是思维的动力。本着促使学生学会主动提出问题，独立思考问题，合作探究问题，同时养成敢于质疑、善于表达、认真倾听、勇于评价和不断反思的良好品质和习惯，我从刚开始生搬硬套"三疑三探"这种模式到现在已经可以正确、灵活、高效地应用在物理课堂了。物理教学中如何将"三疑三探"正确、灵活、高效应用于教学实践，如何把学生自学能力培养起来，成为我教学过程中一项重要的任务。为有效培养并提高学生的自学能力，根据物理教学内容的不同，我将高中物理课大致划分为形成概念型、规律应用型、实验探究型三种课型，并给出每种课型的自学基本流程，有效地减少了学生自学的盲目性，提高了自学效率和自学能力。

一、形成概念课

物理概念是物理状态或物理事实的一般的、本质特征的反映，它是物理学最基础的知识内容，是物理知识结构体系的基本构成单元。所以在进行物理概念的教学时，必须创设问题情境，引导学生关注物理状态或物理事实某一方面的特征，明确为什么要引入这个概念，这个概念是用来解决什么问题的。只有让学生明确了概念研究的必要性，才能充分调动学生的学习积极性。其教学程序为：

1. 设疑自探

（1）创设情境，激发兴趣。这一阶段的目的在于稳定学生情绪，激发学生学习动机，并为新知识的学习作铺垫和准备，一般控制在 2~3 分钟。在内容和形式的确定上力求精当、简捷，选取最佳途径切入主题。如故事引入、妙趣实验引入、科学事实引入、录像引入、新闻报道引入、生活实际引入、新旧知识之间的联系引入等情境创设，达到激活学生思维、激发学生求知欲、吸引学生关注、调动其主动参与的目的。

（2）提出问题。我首先根据物理课程标准要求展示自学提纲、自学指导等。在自学指导中根据学生当前的实际水平来设置问题，难易程度适当。如在高三（5）班授课时，这个班学生整体水平高，我会将问题设置得跨度大一些，留足思维的空间，而在高三（3）班和高三（21）班学困生较多，我则把一个问题分解成两步或三步来问，减缓"坡度"，让更多学生跳一跳能摘到"桃子"。

（3）自主探究。学生围绕所提出的问题，独立自学，吃透教材，自主探究，得出答案。学生自学时，我会加强督查，及时表扬自学速度快、效果好的学生，激励他们更加认真地自学。同时还要重点巡视中等生、学困生，可以拍拍肩、说几句悄悄话，帮助其端正学习态度。

2. **解疑合探**

教师在了解学情之后，先用几分钟时间把解决不了的问题进行综合，然后充分运用师生交流、生生交流（同桌对话、小组讨论）的途径，合作探究解决问题。

可采取的探究形式：在独立思考的基础上，可适时采用同桌讨论探究、小组讨论探究或整班集体讨论探究（包括师生间交流探究）。通过对话、争论、答辩等方式，发挥学生的学探优势，利用他们集思广益、思维互补、思路开阔、各抒己见的特点，使问题的结论更清楚、更准确。教师要随时引导、及时点拨，共同解决问题。

3. **质疑再探**

形成概念课的教学倡导"比较建构式"教学策略，即通过比较不同现象或物质的共同属性、同一属性的本质差异建立概念，通过互动辨析准确地表述概念、正确地理解概念及其物理意义，通过解决或解释实际问题或现象，灵活地把握概念的局限性和条件性；在此基础上我引导学生针对已学知识提出深层次、具有挑战性和独创性的问题，深入领会概念内涵，探究更全面、更深刻的问题答案。通过质疑再探环节的学习，目的在于使学生敢于突破教材追根溯源，敢于发表自己的见解，敢于质疑问难，达到求异创新能力的进一步提升。

4. **运用拓展**

（1）课堂小结。在教师引导下，尽可能让学生自己总结本节课知识要点。可采用描述法、表格法、导图法等多种形式。

（2）知识应用。本环节着重练习概念的实际应用，教师应指导学生将学到的知识和方法用于解决实际问题，这是知识反馈的重要途径。检测和巩固本节课所学知识并加以拓展和延伸，有利于学生把所学知识应用于探究身边的物理现象，解决生活中的物理问题，有利于培养学生发现问题和解决问题的能力，有利于培养学生的迁移能力、创新能力。常用的手段有课堂练习、小测验、撰写小论文等。

二、规律应用课

物理规律是物理现象、过程在一定条件下发生、发展和变化的必然趋势及其本质联系的反映，它是物理学最重要的知识内容，是物理知识结构体系的枢纽。所以在进行物理规律的教学时，必须创设问题情境，引导学生关注物理现象、过程在一定条件下发生、发展的某一趋向，让学生置身于问题情境中，自主发现问题存在的客观性和规律探究的价值性。只有让学生明确了问题的客观性，才能激起学生探究规律的主动性。其教学程序为：

1. 设疑自探

（1）设置问题情境，导入新课。

（2）出示教学目标。

（3）出示疑问式的自学指导提纲（思考题），让学生通过自学课本或演练，独立探究。

（4）教师巡视督导。

2. 解疑合探

（1）检查自学情况。首先关注学困生，这些学生能最大限度地暴露学生自学后存在的疑难问题，如果学困生做对了，说明全班学生都对了，就不需教师再教了，节约了课堂时间。原则是学困生回答，中等生补充，优等生和教师评判。

（2）针对自学中不能很好解决的典型问题，要引导学生进行商讨、交流、讨论或辩论，让人人都敢发表自己的意见，同时能虚心倾听别人的意见，尽可能做到表述清楚，观点明确。

（3）引导学生及时归纳整理，逐步构建知识逻辑框架。特别难以理解的抽象问题，教师要有重点地予以精讲。

3. 质疑再探

规律应用课中的质疑再探，重在让学生明确规律解决了什么问题，规律是在什么条件下得出的，应用规律解决实际问题的一般思路和方法是怎样的。要抓住对规律内容、规律形式的正确理解和规律条件的准确把握，引导学生学会根据具体的问题情境选用解题规律，充分利用训练反馈信息引导学生完善对规律的理解。学生在老师引导下，根据本节内容提出新的深层次的疑难问题。然后教师指导学生共同解决之。

4. 运用拓展

（1）首先进行巩固性训练，若有时间再进行学生自编习题训练等延伸环节。

（2）教师巡视，注重答题情况的反馈和展示，发现问题及时纠正。

三、实验探究课

实验探究课的教学内容以学生实验为主。《普通高中物理课程标准（实验）》中的教学目标通常是初步学会运用观察、实验等方法获取信息并对信息进行加工，即能分析知识的联系和区别，并能够运用知识去解决一些简单的物理问题。其教学程序为：

1. 设疑自探

（1）出示教学目标。实验探究课的教学目标往往是掌握实验原理、实验操作步骤和实验操作注意事项，练习或初步学会有关的实验操作。

（2）教师设疑。出示自学提纲，学生自学或复习旧知识。明确实验原理、实验操作步骤，指出有关操作的注意事项，对于有危险的实验，教师先进行演示，然后由学生动手操作。

2. 解疑合探（学生做实验）

学生要提前分好实验小组。学生做实验时，教师要深入学生，认真巡视，观察其操作步骤是否正确，操作注意点有没有注意到，操作是否规范，及时纠正学生的不规范操作。

教师要引导学生学会选择实验仪器，学会观察实验现象，学会分析实验失败的原因，学会记录，学会评价，学会合作等。

3. 质疑再探

针对实验中存在的问题，引导学生提出质疑（或老师提出质疑），并鼓励学生勇敢发表自己的见解。

4. 运用拓展

（1）训练应用。练习实验的基本操作，练习实验基本原理的迁移、应用，对实验设计做出评价等。

（2）课堂小结。由学生总结本次实验探究的收获，总结成功的经验和失败的原因。

在这三种课型应用中应注意几点：

①要解放思想，真正让学困生回答或演示操作，千万不要搞形式主义，叫优等生演练，表面上正确率高，实际上掩盖矛盾，不能最大限度地暴露自学后存在的疑难问题。

②讨论或辩论不要滥用。学生讨论的问题，一定是学生通过自学仍难以解决的共性问题，或者是教师在巡视中发现的虽属个性，但带有普遍指导意义、学生易错易混的问题。如果在没有让学生独立思考解答的前提下，教师就匆忙让学生开始讨论、辩论，或者直接就把一些难度较大的问题答案揭示给学生，容易造成学生"吃夹生饭"，极易导致"消化不良"。因此，合探的问题应该是自探解决不了的共性问题。换句话说，没有自探就不要合探。另外，有的课堂因知识较浅易，根本不需要讨论或辩论。

③"问题"贯穿于各个环节之中，所以教师一定要做到设计问题的科学性，创设问题的启发性，把握问题的层次性，注意问题的广泛性，设置问题的开放性，解决问题的彻底性。教师还可根据实际情况（如某课知识点较多或各知识点之间联系不紧密时），设计自探1、自探2；合探1、合探2。

④教师的"三讲三不讲"。"三讲"即讲学生自学和讨论后还不理解的问题，讲知识缺陷和易混易错的问题，讲学生质疑后其他学生仍解决不了的问题；"三不讲"即学生不探究不讲，学生会的不讲，学生讲之前不讲。

当然，"三疑三探"教学模式的推广和应用都必须因时间、内容、教师而异，不能生搬硬套，使教学模式走向教条化。这就需要根据实际情况不断进行调整、改造和完善，让每一位学生都能在民主和谐的氛围中想学、会学、学好，全面体现学生在学习过程中的主体地位，真切感悟到生命的价值和创新的快乐。这样才能使模式的实行落到实处，达到课程标准要求的既教会学生知识，又能提高学生自学能力的目的。我们现在正处于摸索阶段，以上的思考仅做参考，不当之处敬请批评指正。

"三疑三探"教学模式：
提高高中英语大班口语教学质量

■ 杨贝贝

随着新课改的不断深化，对英语口语的要求也不断提高。高中英语新课程标准中对英语口语的技能培养目标、考试要求以及口语考试的评分标准等提出了具体的要求。从新课程标准实施开始，考纲对学生口语的要求为"要求考生根据题示进行口头表达。考生应能：①询问或传递事实性信息，表达意思和想法；②做到语音、语调自然；③做到语言运用得体；④使用有效的交际策略……（注：各省区可以根据本地实际情况在《考试说明》中对词汇量进行适当调整，但不得低于 2 000 个单词；同时，应制订计划，在一定时间内分期、分批增加至 3 500 个单词。）"有意报考英语语言、新闻、涉外会计、国际贸易等专业的考生，必须参加高考英语提前进行的听力与口语合二为一的听说考试。听说考试成绩将被视为报考这些专业的门槛。除此之外，与国际接轨成为对当今人们的迫切要求，我们会面对更多使用英语沟通的机会，因此，英语口语教学的作用越来越重要。然而，英语教学目前仍处于大班教学的状况，并且大班教学这一状况仍将持续下去。有效解决大班中的口语教学问题将有利于我们教育教学的改革和教学质量的提高。本文结合我国英语教学的实际情况及新课程标准所蕴含的教学理念，用"三疑三探"教学模式充分调动学生自主学习的积极性，探索高中英语口语教学的新路子。

一、"三疑三探"教学模式

所谓"三疑三探"是指课堂教学过程的三个主要环节，即"设疑自探、解疑合探、质疑再探"。但就整个课堂操作步骤来说还应包括对知识的运用拓展环节，所以用八个字更能全面地涵盖这一教学模式的全部过程，即"三疑三探，运用拓展"。

第一步：设疑自探。是指在课堂的开始阶段，根据教学实际创设问题情境，激发学生强烈的求知欲望，在此基础上围绕学习目标，引导学生提出问题，共同归纳梳理问题，从而形成需要解决的主干问题（自学提纲），让学生通过阅读教材或其他方式独立自学探究问题，并尝试解答问题。

第二步：解疑合探。是指通过师生或生生互动的方式检查"自探"情况，合作解决自探难以解决的问题。

第三步：质疑再探。是指在基本完成本节主要学习任务的基础上，鼓励学生质疑问难，标新立异，甚至异想天开，勇于向课本、教师以及其他权威挑战，针对本节知识再提出新的更高层次的疑难问题，再次进行深入探究解答，从而达到查漏补缺、深化知识、发散思维、求异创新的目的。

第四步：运用拓展。是指学生针对本节所学的"新知"，围绕学习目标，尝试编拟一些基础性习题和拓展性习题，展示出来供全体学生训练运用，如果学生编题达不到目标要求，教师要进行补充，在检查运用情况的基础上予以订正、反思和归纳。

以上为基本模式，根据不同课型，可调整各个环节，可拆分，可整合，灵活运用，达到既有模又无模的境界。

二、高中英语大班口语课堂中应用"三疑三探"教学模式的可行性

我国高中英语教学虽然已经取得了很大的进步，但高中英语教学中对口语重视不足，"哑巴"英语现象仍然普遍存在，除了考试制度等因素外，传统的教学方法的不足以及实用有效的新的教学方法的缺乏是主要原因。纵观整个高中英语教学，很少设置口语课，在大多数课堂上，英语教学忽略了加强学生运用所学语言进行交流的能力。尽管新教材为口语交际提供了很好的语言材料，有些老师也设法提高学生的口语水平，但对大班制课堂教学如何有效地开展口语交际活动颇感困惑，因为口语教学不得不面对大班型教学所存在的一些问题：①班级过大，难以有效开展口语教学活动；②学生人数过多，参与实践的机会受影响，不能确保学生的学习效率；③学生基础参差不齐，新教材难度相对增加，难以因材施教；④课堂气氛难以控制，师生之间的配合受到影响；⑤难以保证所有学生的兴趣，只有一部分学生积极回应。

笔者认为，在大班教学中使用"三疑三探"教学模式，正可以弥补大班教学中上述的不足。"三疑三探"教学模式中重视小组合作，与任务型教学相似，小组活动的形式利于学生自主、互动学习，使学生产生成就感和自豪感，增强交际信心，让所有学生都有表现的机会，让学习好的学生充分发挥小老师的带头作用，既有效地减轻了教师的负担，又提高了教学效率。

而且，大班型口语教学也有其自身特有的优点。Penny Ur 所做的研究认

为，大班众多学生不同的经历、多样的意见、广泛的兴趣和开阔的思路，都可以为课堂的口语活动提供更多的资源；更多不同的学生进行实际接触，可以让学生认识更多人的价值观和各种类型的人格特征，增加对人的了解；大班的教师不能关注班里的每一个学生，这就意味着教师必须营造合作的氛围，促进学生共同合作，互相帮助，从而培养合作互助精神，这也是符合新课标理念的。综上所述，笔者认为，"三疑三探"教学模式在充分发挥大班优势的同时，又弥补了大班教学的不足，因而在大班中实施"三疑三探"教学是可行的。

三、"三疑三探"教学模式在高中英语大班口语课堂中的应用

1. 针对口语课堂的模式变式

在设疑自探环节，学生根据教师提供的话题自设问题并自学解答，教师引导并筛选符合学生年龄、与学生生活息息相关、学生感兴趣并有话可说的问题，教师根据学生设计的问题设计教学任务，并且分配任务以进入下一环节——解疑合探。考虑到课堂时间极为有限，自探环节可作为课前作业完成。若学生初次体验该教学模式，无法掌握该话题所涵盖的范畴和重点，对问题的设置无从下手，可由教师提问引导，引入课堂，直接设计任务而省去自探环节。

解疑合探这一环节其实就是一个小组共同完成所分配的任务。在完成过程中，学生需要学习、探讨、发表观点、接纳意见以及团结合作。该模式实施的前提是分组，分组前要充分了解学生，按照学生的性别、年龄、各科目成绩、偏科程度、是否学困生、不同的学习习惯、性格等，每个组里五个或者六个学生，男女都有，年龄大小不一，各科成绩高低搭配，优等生和学困生搭配，学习习惯、性格各不相同。而完成任务的过程中，每个学生都有发言的机会，从而获得学习的成功体验，增强自信。其中要求学困生先发言，中等生补充，优等生提出深层见解并组织展示。展示过程中，学困生担任主要发言人的小组可获得奖励分。每个小组分配不同任务的时候，为了避免小组成员只专注于自己小组的任务而无法集中注意力于他人的展示，可设计其他小组评价或质疑答疑奖励制度。

而质疑再探环节可作为优等生对该话题的深度思考与总结。可与解疑合探环节穿插，这样，不同层次的学生都得到口语能力的练习与知识面的拓展。由于课堂时间的限制和口语练习的独特性，运用拓展在此课型可省去。

2. "三疑三探"口语课堂案例简介

以必修一 Unit3 Travel journal 为例，旅游是学生比较感兴趣的话题，但是

现在的高中生课业繁重，课余时间少，甚至还有假期补习的学生，旅游的机会甚少，去过的地方也不多，因此口语课上，按照老路子让学生来讨论去过哪里这些经历之谈，几乎没什么新意也没什么可说的，故教师可以让每个小组设计一个旅游计划，其中包括参与人员、旅游路线、交通工具、携带物品、出行时间和注意事项。学生在"解疑合探"的过程中会以对话的方式来询问和确认这些信息，主要练习讨论未来的计划，这也是本单元的教学目的之一。学生制订好计划后，选择几组学生来展示，讲解他们的计划。然后其他小组点评，指出该组学生的优点、提出不合理的地方并给予建议。

以必修四 Unit4 Body language 为例，学生对于本民族肢体语言较为熟悉，但对于其他国家的肢体语言了解甚少，因此直接让学生来讨论不同国家肢体语言的差异，太过困难，故教师可编写几个因为肢体语言而产生尴尬或误解的小故事。让学生以组为单位，进行角色扮演，学生准备的过程也就是"解疑合探"的环节，会涉及角色安排、故事进展中的对话。然后进入"质疑再探"环节，学生会质疑为何会出现这样的误解，而让学生意识到文化差异，以小见大，话题升华，让学生具有跨文化意识，明白文化无好坏，学会尊重不同文化，最后实现情感态度及价值观这一教学目标的完成。

以选修七 Unit2 Robots 为例，现在的学生对数码电子产品甚是感兴趣，尤其是男生，对机器人也是格外钟情。因此教师要利用这一切入点，让每组学生设计自己的机器人并介绍机器人的用途。"解疑合探"环节中，学生会充分发挥想象力和创造力，发表自己的设计理念并询问他人的建议，还可以手绘机器人外观图。然后教师安排几个小组来分别开"新闻发布会"，向同学们介绍自己设计的机器人，其他小组的同学对该新产品提出质疑。这样的教学可以让学生充分发挥主观能动性，并且实现学生的"发明梦"，让他们极具成就感，练习口语的同时也进一步激发他们学习英语的兴趣和使用英语的欲望。

一般说来，我们的教师总是抱怨大班英语教学的弊端，但大班教学是我们大多数教师不得不面对的现实。尽管班容量的大小不是影响教学质量的决定因素，但如何采取有效的教学策略，充分挖掘大班课堂教学优势，是当前新课程背景下高中英语教学中必须认真研究的一个现实课题。许多学校已经实施了教改，我校教改中，运用"三疑三探"的教学模式，提高了口语教学效果。

"三疑三探"教学：模式与理念双落实

■ 曾令冲

随着学校对"三疑三探"教学模式不断学习、研究以及积极深入的实践，其科学性、实效性逐渐得到教师们的认可。课改实践也逐渐由自上而下的被动行为变成教师们自觉的课堂渗入。感动于教师们谦虚好学、积极乐观精神的同时，更多了一些理性的思考，一些教师的新模课从外表看，已对传统授课方式动了大手术，课程结构有了"三疑三探"的骨架，但是课堂改革似乎还只是形似，而非神形兼备。

就上述问题，我以为症结还是在于对模式的学习不够深入，对"三疑三探"模式的学习还是停留于结构的模仿，并没有实现模式与理念的双重转变。从教学规律来讲，教学要有目标，要渗透一定的教育理念，要遵循学生的认知规律。而教育理念是核心，是根本。课改中，我们不仅要学习体味结构上的创新，更要学习新模式的教育理念。"三疑三探"模式，从本质上说，既是一种教学模式，更是一种教育理念。这个教育理念体现了三个方面：一是推动学生主动去"学会学习"；二是使教学从"教学生学知识技能"变为"教会学生学习"；三是建立以学法为中心的教学实践模式，注重对学生的学法指导，不断推动学生去进行"自主质疑合作探究式"学习。要摆脱"三疑三探"新模课学习中形似神异的问题，关键在于实现理念转变与模式学习的齐步走。具体讲就是要在备、授课过程中真正把握好三原则：主体性与主导性相结合的原则，感受性与思辨性相结合的原则，基础性与创造性相结合的原则。

一、主体性与主导性相结合的原则

随着"三疑三探"模式的深入，我校许多教师转而开始深入研究"学法"。应该说，这个转变无疑是教学发展的一大进步，因为这一转变打破了传统"教会学生"的定式做法，欲化学生之被动学习为主动学习，欲彻底改变教师"一言堂"的教学局面，以形成民主的、现代的教学氛围。但是，在实际的课改实践中，却又出现了其他遗憾。比如，有的老师在面对学生设疑自探时，不知道应该把自己摆在什么位置，于是出现了一切放手让学生自学的

"放野马"的课堂情形；有的老师在让学生进行解疑合探时，只要是学生的发言，一律"有道理"，于是把自己等同于毫无主见的"好好先生"，等等。表面上学生自探自究，实际上不仅没有实现学生的主体地位，更流失了教师的主导地位。"教学"一词本身已经包含了教师的"教"和学生的"学"。教学活动就是教师的教和学生的学的双边互动活动。如此过于偏重"学法"的举措也是不妥当的，并没有合理地处理好主体性和主导性的关系，最终导致设疑自探的环节流于形式。

二、感受性与思辨性相结合的原则

学习教材，不仅要注重感受，还要注重思辨。例如在一些语文课堂上，不论是老师梳理归纳的问题还是学生自设的问题，大多停留在对文本的浅层次思考，所提问题只是一些感受性的问题，没有深入挖掘文本让感受性的问题与思辨性的问题相结合。当然，设置感受性的问题，学生能在阅读中感受到作者喜怒哀乐的情感，感受到文章的思想意蕴，从而产生共鸣，实现与文本、与作者精神上、心灵上的沟通与交流，但这还是远远不够的。由于入选高中语文教材的文章大多极富思辨性，我们在阅读教学中还要关注对学生思辨能力的培养，以使学生"通过阅读和思考，领悟其丰富内涵，探讨人生价值和时代精神。养成独立思考、质疑探究的习惯，发展思维的严密性、深刻性和批判性"。虽然客观上，学生受自身学识、阅历、质疑习惯、教材本身等因素的限制，不可能课课或堂堂都产生思辨的火花，但是，我们必须明白，对教材进行思辨是不可舍弃的。而思辨性问题往往更能激发学生的学习兴趣。例如裴军喜老师在运用"三疑三探"模式讲授《巨翅老人》一课时，学生们通过设疑、解疑环节有效完成了对文本的基本理解感知后，他巧妙地介入引导，向学生提出了一个颇具思辨性的问题："人们对巨翅老人的态度和蜘蛛女孩的态度为什么不一样？"学生哗然了。是啊，为什么不一样呢，许多同学都开始了深入思考。有一个男生是这样回答的：巨翅老人的突然出现给人们带来了恐慌和害怕，而蜘蛛女孩却由于外在的弱小和较长时间的相处而变得没有威胁。类似的精彩答案纷呈不断。在学生的精彩回答中，我们已经发现：以学为主不能抛舍老师的引导，如果一味停留在浅层次的发问质疑和文本解读上，反而不利于学生质疑能力的培养和提高。

三、基础性与创造性相结合的原则

"三疑三探"教学模式不仅体现了对全体学生基本能力的关注，而且体现了对学生创造性能力的培养。创造性能力培养主要指在教学中，引导学生注意观察语言、数字关系、文学和生活现象，学习从习以为常的事实和过程中发现问题，培养探究意识和发现问题的敏感性。对未知世界始终怀有强烈的兴趣和激情，敢于探异求新，走进新的学习领域，尝试新的方法，追求思维的创新、表达的创新。基础性知识的落实相对容易实现，但对许多年轻教师而言，如何落实创造性能力的培养就显得力不从心。照搬钱梦龙、魏书生等先生的教学模式，不行。同样，照搬"三疑三探"模式也不行。我们如何提高自己在课堂教学中培养学生创造性的能力？叶圣陶先生说过：一个好的教师就是用一本质量不高的教材，也能取得很好的教学效果。反过来，一个不好的教师即使用一本非常好的教材，那也是教不好的。从这句话我们也许可以找到答案，要想有效培养学生的创新性，就必须注重提高教师素养。而提高教师素养的唯一途径便是读书。在书香卫中读书交流会上，在教学上各有特色、各具所长的老师们，如王玉虹、张习芳、房继农等，也为我们进一步阐明了这个道理。

走出课改的迷区，离不开对教学规律的研究。坚持科学的原则有利于完善我们的课改模式。如果说个人的积极探索如大海中的冰山一角，那么我们所有人共同发力，就能让冰山露出海面更多的部分，甚至是更为庞大的，还潜藏在深深的海底的部分。希望越来越多的教师积极参与到课改中来，通过我们的共同努力，形成具有卫中特色的课堂教学新模式，从而促进我校的教育教学快速发展。

"三疑三探"教学：带着信仰做教育

■ 肖文英

记得2013年深秋，在王校长的带领下，我校第一批老师赴河南西峡一高学习"三疑三探"教学模式，经过近两年的实践运用，"三疑三探"模式已在我校生根发芽，初见成效。

通过对《中卫中学教研》课改案例和文章的学习，我基本了解了"三疑三探"教学模式的流程，而后进一步观摩学习了一些老师的示范课，自己也照猫画虎上了几节课，但总感觉不得要领，甚至觉得依照这样的方式上课挺麻烦。学生的学习习惯在小学与初中的学习中已经定型，独立思考的意识不足，想让他们提出有价值的问题比较难。在合探与展示评价时，我只能看到部分优秀学生的影子，程度弱的学生即使被"逼"上讲台，也是抓不住要点，说不清楚，课堂效率非常低，对于质疑再探与运用拓展环节，学生更是难以适应。按照这样的模式上课有成效吗？我的心里打了一个大大的问号。但是，2015年9月的西峡之行让我深刻而真切地重新认识了"三疑三探"教学模式。

一、"三疑三探"教学模式是科学的理论

"三疑三探"是课堂教学过程的"设疑自探、解疑合探、质疑再探、运用拓展"四个主要环节的简称，完整的称呼是"三疑三探，运用拓展"八个字。"三疑三探"教学模式的基本思想，主要是从建设创新型国家需要培养具有创新能力的合格公民出发，从学生终身发展的需要出发，依据新课标的要求和学生的认知规律，让学生学会主动发现问题，学会独立思考问题，学会合作探究问题，学会归纳创新问题，同时养成敢于质疑、善于表达、认真倾听、勇于评价和不断反思的良好品质和习惯，让每一位学生都能在民主和谐的氛围中想学、会学、学好，全面体现学生在学习过程中的主体地位，真切感悟到生命的价值和创新的快乐。

二、"三疑三探"教学模式具有普遍适用性及强大生命力

任何一种教学模式，只有掌握其理论精髓，不断优化，灵活运用，才能构建高效课堂，达到既有模又无模的境界。新授课、试卷（习题）评讲课、作文评讲课、复习课、阅读课都可以以"三疑三探"教学模式为依托。

如试卷（习题）评讲课有以下流程：

设疑自探：①教师公布习题答案，点评学生答题情况，指出存在的共性问题。②学生根据考试情况提出探究重点，师生归纳形成自探提纲。③学生对照答案自探纠错。

解疑合探：①小组内合探自探中未解决的问题，并交流纠错心得。②教师出示展示和评价分工，各小组按分工做好准备。③学生展示解题过程，讲解做题思路，点评的同学对展示情况进行客观评价，提倡发表不同见解。④教师针对学生展示、评价情况，进行必要的补充、归纳。

质疑再探：学生根据本节内容，提出新的更高层次的疑难问题，由其他学生共同解决。学生难以解决的问题，教师点拨或亲自解答。

运用拓展：①学生自主编题，提倡学生变式练习。②组内展示，择优向教师推荐。教师有选择地让全班同学练习，可由编题者评价答题情况，或讲解编题意图。③根据编题情况，教师进行必要的补充。④教师引导学生进行反思与总结，学科班长评价本节活动情况。

在几天的听课学习中，我发现西峡一高的老师在这样的流程中依据学生程度与课堂需要有许多创新之处。如高二语文组的徐老师非常巧妙地将一道广告欣赏题与一道漫画题运用于教学中。在上这堂课前，她提前批阅习题，对学生的错误共性做到心中有数。在解疑合探环节中，她未告知学生习题答案，而是让学生在讨论中优化自己的答案，并让犯有典型错误的学生展示自己原有答案及本组的讨论成果，讲解自己错误的原因及做题思路，归纳做题方法，其他小组的同学再进行补充，最后老师展示正确答案并通过迁移练习巩固答题方法。徐老师这堂课的创新之处在于以错例给学生做引导，使学生知道自己错在何处，应如何纠错，避免再犯同类错误。

还有一堂课是邹海晓老师的《装在套子里的人》，在质疑再探这一环节中，当学生没有发出质疑时，她及时出示其他班级提出的有特点、值得探讨的新问题让学生思考，哪怕是一个关于标点符号的问题。学生看到问题有耳目一

新的感觉，这样做又一次激发起学生思考与探讨的兴趣。在这样一个创新性的细节里，学生的视野变宽，对文本的思考更加深入。整堂课中，学生探讨时，邹老师也不失时机地与学生交流；学生展示时，她如学生一样特别正式地发表与学生不同的见解，我从学生的眼神中看到的是他们求知时的认真，看到的是他们对邹老师的认可与敬佩。

"三疑三探"教学模式在充分展现以学生为主体的教学理念的同时，其实对教师素养有了更高的要求。教师在熟练掌握这一模式的前提下，须在课前充分准备的基础上，进一步对教学环节进行优化与创新，激发学生的学习兴趣，构建合理高效的课堂，达到既有模又无模的境界，真正发挥教师的主导作用。

三、教学相长，高效课堂的完美阐释

西峡一高的高效课堂是"站"出来的。学生训练有素，站立速度极快且将噪音降到最低，井然有序。讨论时发表意见的学生声音洪亮，精神饱满。课堂上的种种现象表明站着讨论会让学生更加兴奋且注意力集中，效率高，能提出更多有新意的想法。

采用多种展示方式，节省课堂时间。起初运用这一教学模式时，老师会觉得在展示这一环节中极耗费时间，这就需要我们在展示方式上做出调整，除板书展示之外，可以加入口头展示、自由展示等。较为简单的问题直接口头展示，自由展示可以用到较为复杂或有多种解题方式的问题中，让学生各尽其才。各种展示方式交错使用，避免组组板书或一组拖延时间等现象，节省课堂时间，完成课堂教学目标。

营造民主课堂，增强学生信心。在这一教学模式的实际操作中我们会遇到这种情况，比如提问、发言、展示、评价的总是那么几个同学，西峡一高的老师就这一问题也进行了指导。每一组同学都依据学习程度进行对应编号，发言展示时，程度弱的同学发言比优秀的同学发言得分高，或教师指定每组的"×号"同学发言展示，以此激励组内同学互帮互助，为小组赢得荣誉。这样做程度弱的学生才会勇于表现自己，提高质疑能力、表达能力，整个课堂才会变成所有同学展示自己的舞台。

无论运用何种方式，都是为了提高课堂效率并让学生在民主和谐的氛围中想学、会学、学好，对于这一教学模式需要适应的不单是老师，学生亦然。在适应中我们更需不断摸索，在摸索中完善自己的课堂。

　　总之，西峡之行让我受益匪浅。"三疑三探"教学观摩课亮点不断，精彩纷呈，课堂教学设计完美，晓之以理。授课教师语言精练，学生发问巧妙，回答精彩，点评干练，气氛活跃，体现了真正意义上的"教"与"学"。与课改前辈的交流让我体会到了他们真正是带着信仰做教育，自己享受着教育的幸福，让学生享受幸福的教育。

"三疑三探"教学模式在政治课教学中的应用

■ 刘清秀

传统的高中思想政治教学存在着诸多弊端，特别是课堂教学中学生兴趣不高，主动参与意识不强的问题一直困扰着我们政治教师，而高中思想政治课程新标准的试行却为我们解决这一弊端提供了机遇。当然，随着高中思想政治教学改革的深入，我们教师在课堂教学实践中又会遇到新的问题。那么，我们如何才能在新课程理念的指导下解决传统高中政治课堂教学的弊端和实践中遇到的新问题呢？为此，我校为了适应新形势下的教育教学，培养具有改革创新精神的时代新人，体现以人为本的教学理念，让学生真正成为课堂教学的主体，激发学生的学习积极性、主动性、创新性，推广了"三疑三探"教学模式，在此过程中老师们观摩了"三疑三探"教学模式在不同学科的应用，有成功的，也有不尽如人意的，我和我的同仁们也相互探讨，怎样才能在不同班级、不同层次、不同学科中将"三疑三探"教学模式有效应用，在多次课堂实践和探索中我对"三疑三探"教学模式在政治课中的应用有了自己新的认识。

我认为"三疑三探"教学模式的灵魂和核心在于在疑探中激发学生的学习主动性和积极性，让学生真正成为课堂学习的主体，彻底颠覆了我们以往填鸭式的教学模式，即知识是老师教会的，而不是学生学会的。在以往的教学模式中学生渐渐失去了对问题的求知欲和对世界的探索精神，因此也便没有了创造力。"三疑三探"教学模式能促进学生的全面发展，那么我们在课堂教学中是不是把"三疑三探"教学模式照抄照搬呢？我想任何一种教学方法只有适合自己的才是最好的，最主要的是学情不一样，"三疑三探"教学模式应该在教学中结合实际情况进行变通应用。

例如，我在讲《经济全球化》这一课时，在"设疑自探"这一环节中先展示课标要求，让学生了解课标的同时阅读教材，并找出本课所要解决的问题，在此过程中老师给予及时引导。学生通过看书提出了本课要解决的七个问题，即经济全球化的含义、表现、载体、积极影响、消极影响、实质和发展中国家如何面对经济全球化，这些课标要求掌握的知识点都提了出来，也就提高了学生看书的效率，而且培养了学生的问题意识和提出问题的能力，我认为让学生提出问题比老师直接给出自探提纲更能开拓和锻炼学生的思维，培养学生的质疑能力。

在"解疑合探"中就学生提出的问题让学生前后四人一组进行讨论交流，解决每一个问题。在讨论前我没有提前去分组，在讨论中也没有规定每组要回答的问题，因为根据各班的不同学情，每周都要轮换座位，有的班人数较多，分组讨论在教学中无法实现，也会耽误教学时间，而规定每组要回答的问题实际上给了一部分学生偷懒的机会，让每一组都去讨论提出的七个问题，这样使学生对知识有了更为全面的掌握，在学生讨论解决问题的过程中我会注意观察每一组学生的讨论情况，根据问题的难易程度我会让不同层次的学生回答他们讨论的结果，例如经济全球化的含义、表现、载体、实质这些相对简单的问题可以让程度差的学生来回答，经济全球化的影响和发展中国家如何面对经济全球化这些较难一点的问题让程度好的学生来回答，学生讲不清楚的我加以指导讲解，再配有不同难度的题让学生练习。在这个环节中我去掉了在"三疑三探"课堂中让学生把答案写在黑板上的环节，这样就节省了一部分时间，让学生有了充分的练习时间，也适合大容量的课堂教学。

在"质疑再探"中学生提不出的问题，例如，经济全球化就是风险全球化，经济全球化使世界各国普遍受益，跨国公司进入中国不利于中国民族工业的发展。这些认识中容易出错的知识，我以误区的形式展示在多媒体上让学生加以辨别再给予精细的讲解。这样一节课下来学生对于这节课应掌握的问题有了比较清楚的认识，对于易混淆的概念有了清晰的掌握。

这节课从问题的提出到问题的解决再到基础题的练习巩固以及高考题的拔高，几乎使不同程度的学生都参与其中，而且学生主动起来回答问题的人数比较多，使不同程度的学生在这一节课中都有所收获，也真正体现了课堂的开放、民主、高效。"三疑三探"教学使学生在大容量的课堂中得到了锻炼和成长，而不是就模式去套模式的走过程的疑探教学。

课改反思篇

教师要树立教学反思意识

■ 徐永霞

一、对教学理念的反思

传统的化学课堂教学只关注知识的接收和技能的训练，把学生当作灌输的对象、外部刺激的接收器，甚至连一些化学实验现象都只是教师口述，而不给他们亲自动手甚至观看演示实验的机会。这样的结果就导致我们的绝大多数学生养成了一种不爱问、不想问、也不知道要问"为什么"的麻木习惯。新课程的课堂教学就是为了改变这种对学生发展不利的模式，采取集知识、技能、过程、方法、情感、态度、价值观于一体的教学模式。而教师教学理念的更新是课堂改革成败的关键。因此课堂改革付诸实施中，教师必须要更新观念，不能守旧。

二、对教学方法的反思

刚工作的时候，因为教学条件的限制，我们很少使用多媒体辅助教学。所以，大多数时候都是"一张嘴、一本书、一支粉笔"。这样的模式下，可想而知，教学内容和教学信息上肯定受到了很大的限制。在现代化学课堂教学中，我们可以用多媒体动画、实验视频使很多抽象的化学问题简单化，使静态的理论动态化，从而化难为易。

在我校"三疑三探"教学模式的大力推广下，我在这一年多来的课堂教学中一直在尝试着将"黑板、粉笔、多媒体设备、化学实验"尽可能地交给学生，让学生由被动学习变为主动学习，真正成为课堂的主人。比如在比较取代反应和加成反应这两个概念时，动画模拟甲烷和氯气之间的断键和成键以及乙烯中碳碳双键断裂，两个氯原子分别接到两个碳原子上。动画直观地展示了两个不同的反应机理之后，将学生小组代表分为两组分别写出这两种反应方程式，再让其他同学观察对比，然后进行评价、点评。通过这种方式，显然比老师口干舌燥地讲解要有效得多。

三、对教学过程的反思

以前我总是把课堂当作自己的舞台，想方设法使语言精练、问题设置巧妙、条理清楚，自我感觉良好，但学生反应往往不尽如人意。究其原因，还是没有将学生作为课堂的主体。通过课堂改革，我不再把注意力放在自己身上，而是逐步引导学生自己动起来。学生能从课本中自己看明白的部分坚决不再废话，学生能独立练习的要在规定时间内完成，能让学生板书展示的就鼓励他们上黑板。根据问题的难易程度有时会点名让学生回答，结果的评价也尽可能让学生完成。

当然，作为高中化学教师，我始终认为课堂中重要内容的板书必须要由老师规范，所以，我每节课一定会留出黑板的一部分用来板书，这样在学生做笔记和回顾整堂课的核心内容时就起到了重要作用。课后的作业布置同样也非常重要，我们所用的人教版教材课后习题很少，对于以后要参加高考的高中生来说，课后有针对性的习题是很有必要的。这就要求老师在布置作业时一定要精挑细选，切合学生实际，兼顾学生差距。

有位教育学家说过："一个教师写一辈子教案不一定成为名师，如果一个教师写三年反思就可能成为名师。"课堂改革必须要适应新形势的发展，只有不断地实践、积累、反思、总结，我们才能在课改的道路上走得更远。

语文课，"动"起来最有效

■ 赵 蕾

陶行知先生提倡"行是知之始，知是行之成"。人的能力不是靠"听"会的，而是靠"做"会的，只有动手操作和积极思考才能出真知。因此，我们不能让学生在课堂上做"听客""看客"，要让学生做课堂的主人。

一、敢于放手，创建民主氛围是学生动起来的重要保证

苏霍姆林斯基说："教师工作最重要的是把学生看作活生生的人，师生间是活生生的人的相互关系。"一个人的创造力只有在其感觉到"心理安全"和"心理自由"的条件下，才能获得最大限度的表现和发展。教育研究也表明，学生在没有精神压力和心理负担，心情舒畅、情绪饱满的情况下大脑皮层容易形成兴奋中心，激活神经系统，使感知、注意力、记忆、想象等心理活动处于积极状态。只有在活跃、宽松、民主的课堂氛围中，学生潜在的问题意识才会表露出来。因此，在"作文拟写标题"这堂课中，我在导入中给出了"书包减肥记""我爱你，就像老鼠爱大米"这样的题目以引起学生的兴趣。乌申斯基说："没有丝毫兴趣的强制学习，将会扼杀学生探求真理的欲望。"学生一旦对事物产生了兴趣，自然会打开话匣子，讲出他喜欢和不喜欢的理由。其实这种不强行灌输自己意见的方式，恰恰能给学生空间，让他们愿意并敢于去表达自己的想法，从某种意义上说，民主程度越高，学生自觉学习的热情就越高，热情高了，学生自然就成了课堂的主人。

有时，我也会在课堂上让学生自己提问，而且让学生指定同学来回答，最后提问者予以分析评判，归纳总结，让学生做老师，让同学做学生，共同享受成功的喜悦。老师要敢于放手，给学生一个展示自我的平台，既省时又省力，何乐而不为呢？可更多的时候，我们往往会对学生不放心，又像絮絮叨叨的唐僧自己唱起了沉闷、乏味的独角戏，何苦呢？所以，大胆放手，为学生营造一个民主的、宽松的氛围，是让学生动起来的重要保证。

二、创设情境，渲染气氛，重视情感教育是学生动起来的前提

刘勰在《文心雕龙》中说："夫缀文者情动而辞发，观文者披文以入情。"语文教学中所表现的丰富情感内涵是语文的本质属性，而人的情感总是在一定的情境中产生的，所以创设与教学内容相应的情境，可以缩短教学内容与学生之间的时空距离，清除认知障碍。

"作者胸有境，入境始与亲。"在教学中，运用图画、音乐、语言描绘和动作演示等方式创造与渲染气氛，调动学生的感觉器官和思维器官，使他们耳濡目染，进入课文中所描述的情境，努力触摸作者的思想感情。如在《雨巷》《念奴娇·赤壁怀古》《汉家寨》等课文中，我都是用这样的方式让学生走进作者，感受作者的情感。对写人叙事的课文，再现人物活动的场景，想象人物的音容笑貌，展示人物的内心世界，有一种如见其人、如闻其声的感觉。在讲《雷雨》《窦娥冤》时，我让学生当堂进行的戏剧表演就收到了极好的教学效果。除此，我在讲《论雅俗共赏》时，课前让学生预习文章，了解基本内容，然后分组讨论，在学生完全明白课文内容、作者观点及论证理由后，组织学生进行了一场辩论会。结果正反两方各执一词，针锋相对。不仅提高了效率，激发了学生学习的积极性，也培养了学生的合作意识、团队精神和集体观念。总之，创设情境，注情于物，移情于景，引导学生把心放进去，入其境而知其事，明其境而同其情。

在各课进程中，结合自己和学生的生活经验去体验课文，努力把握教学内容的情感因素，如《陈情表》中委婉畅达倾苦情，《琵琶行》中韵富变化郁愤情，《声声慢》中哀景营造悲苦情等。我们要善于把握住教材中作者的情感因素，去撞击学生的心灵，引导学生体会、领悟、反思。这样，学生的心灵必将随之震动，情感必将随之勃发。

三、改进教学方式，营造开放、合作、探究的氛围是学生动起来的关键

爱因斯坦说过："提出问题比解决问题更重要。"在"三疑三探"的教学模式中，"设疑自探""解疑合探""质疑再探"就是最好的表现。先引导学生通过阅读文本进行思考，懂得发现问题并提出问题，然后针对学生提出的问题全班集体思考，集体讨论，共同解决问题。最后通过个人的体验与感悟，对

课文内容提出与众不同的、新颖的、科学的见解，这样就达到了叶圣陶所说"语文学习是把思想、语言、文字三项一起训练，使之相辅相成，给学生打下扎实的语文基础"的目的。

在这个前提下，我们还要关注学生参与的主动程度，探究的深度及广度。作为老师不应唯我独尊，大包大揽，侃侃而谈，而是要把学生放在主体位置，自己只做个引导者。为了避免优秀学生尽得风头，普通学生被冷落一旁，我采用"按座次回答"的方式同时督促每一个学生都参与思考。还有"指名必须答"这种方式可以照顾那些性格内向、平时不善言谈的学生。这些学生由于疏于锻炼，经常是"茶壶煮饺子，有嘴说不出"，还可以照顾和督促那些学困生，留给他们展示的空间，不把他们丢在被遗忘的角落。同时，刺激他们的思维，不给他们偷懒的机会，使之不要掉队。这几种方式的综合运用，增大了学生的思维量，扩大了学生获取的信息量，加强了学生课堂的训练量，充分体现了以学生为主体，教师只是引导者、促进者。

叶圣陶说："一个教师，四五十个学生，心好像融化在一起，忘记了旁的东西，大家来读，来讲，老师和学生一起来研究。"的确，当语文课堂教学充满了围炉夜话般的宽容性时，情感的陶冶便变得自然了，知识的传递就轻而易举了。这样，语文课堂才会像一个人的脉搏一样正常跳动，才会显示出勃勃生机，才会扎扎实实，才会永葆青春。

少教，才能多学

■ 李旭晨

北京外国语学院邓昌炎教授说过，"课堂是一个舞台，在课堂上老师只能是一个导演，绝不是主角"。教师在课堂讲得过多可能造成学生的思维被限制，从而缺乏创造能力和实践本领，使他们不再想什么，也不去想什么，最后懒得想。反之，把课堂时间和课堂空间还给学生，把思维的过程还给学生，让学生感到课堂心理时间短暂而快乐，课堂心理空间广阔而丰富；给学生充分的时间自学、讨论，开展自主合作学习，让学生多学，教师尽可能少讲。这样既能使学生快乐地多学，又能体现老师的主导地位，发挥学生的主观能动性，让学生真正成为学习的主人，从而实现"少教多学"的双赢，那么，在英语课堂中如何去实现少教多学呢？

一、让学生有机会参与教学活动

"少教多学"的课堂教学应当是富于思考的，学生应当有更多思考的余地。学习归根结底是学生自己的事，教师是一个组织者和引导者。学习的效果最终取决于学生是否真正参与学习活动中，是否积极主动地思考。而教师的责任更多的是为学生提供思考的机会，为学生留有思考的时间与空间。"少教"的课是学生积极参与课堂，学生敢于去探讨问题和解决问题，甚至提出自己的问题。为此，课堂上我总会"抛砖引玉"，从而让学生大胆设疑，一石激起千层浪，这些问题的提出与解决不仅活跃了学生的思维，而且使他们将共性的疑难点通过质疑的方式记忆得更深刻了，把知识真正意义上内化成自己的东西了。所以，"少教多学"的课也是解决了学生问题的课。问题解决了，就是好课，是有内容的课，有效率的课，也就是充实的课，是关注学生发展的课。在具体教学中，我本着疑探结合的教学理念，上课有针对性地设计不同层次的问题、不同类型和不同水平的题目，全班学生都有机会参与教学活动，都能在学习过程中有所收获。在课堂中他们积极活跃，团结互助，在合作中共赢。有一次，我抱着试一试的心态在考单词的过程中以抢答的形式，鼓励人人参与其中，课堂气氛活跃非凡，学生兴趣盎然，有效杜绝了学生上课睡觉、玩手机等不良现象，并且增强了他们的集体荣誉感，对此，我感触颇深。

二、让学生进行有效的合作学习

"少教多学"的课堂中，小组合作学习是一个非常重要的组成部分。小组合作学习是利用教学动态因素之间的互动，促进学生发展的一种教学活动，是新课程理念下课堂教学活动的一个重要环节。对各小组在自学、合作学习中存在困惑不解的问题以及新知识中的重点、难点、疑点，我都会假装不知道，不急于作讲解、回答，针对疑惑的实质给以必要的"点拨"，让学生调整自己的思路，让全班学生合作议论，各抒己见，集思广益，互相探究，取长补短，通过再思、再议达到"通"的境地，解惑释疑。因此，在每节课上，我会对积极发言的学生予以表扬，对有独到见解的给予肯定、鼓励，以加分制的模式调动他们的积极性。这样的一节课，既调动了学生参与教学活动的积极性，促进了学生创造性思维的发展，又培养了学生表达问题、展开交流的能力和合作精神。

三、让学生进行及时的教学评价

学生的学习评价是教学评价的重要组成部分，是课程评价的重要内容，也是实现课程目标和进行质量监控的有效手段和方法。英语课堂上能及时进行练习反馈，就是对新知识的巩固和查漏补缺，因此，要给学生足够的时间独立练习，这样更有利于因材施教。为了节省大量的等待时间，我在每节课上都会根据不同的学生设计不同的练习让他们能有选择地去做，在做完必做的题目之后，再来做选做题。这样不但有利于优等生吃饱，而且可以让后进生吃好，达到双赢的教学效果。做完练习题后，学生有能力点评的，我会大胆放手，让学生完成，在大家交流讨论中找出彼此的闪光点。在各个小组的共同努力下，学生成绩有了突飞猛进的变化，他们都动起来了，课堂也活了。

四、让学生对课堂小结印象深刻

课堂小结，就是对所学内容进行归纳整理，巩固深化所学知识。教师让学生谈学习体会、学习心得，谈学习中应注意的问题后，再予以"画龙点睛"，这样的教学效果肯定好。学生之间交流自身学习的体会，往往能击中知识和方法的关键点，更易于被同伴接受，起到教师单独小结不能达到的功效，同时也能体现师生合作贯穿于课堂教学的全过程。所以在每次课堂教学任务即将结束时，我都会留一定的时间，随机抽取一名同学对本节课进行总结反思，现在本班学生都能以简单的英语对每一节课进行小结，反思内容则是对所学知识、课堂合作学习的表现的评价，也可以谈学习体会、谈学习困惑以及对将来课堂中应该注意加以完善的地方提出建设性的意见，他们不再害怕说英语了。

捷克大教育家夸美纽斯说："教学就是为了寻求一种有效的方法，使教师因此而可以少教，学生因此而可以多学，学校因此少一些喧嚣与劳苦，多一些闲暇、快乐与坚实的进步。"高效课堂改革是一个蝴蝶破茧、凤凰涅槃的过程。它作为一个新生事物，前途是光明的，如探究创造机会，同时还可以增加课堂教学的容量和密度，对培养学生的健全人格起着关键的作用。因此，给学生充分的时间自学、讨论，开展自主合作学习，要让学生多学，教师尽可能少教，两全其美，何乐而不为呢？

课改：落实学生主体地位

■ 李 正

经常听到老师们说这样一句话："这道题我讲过好几遍了，学生还是做错，真没办法，他们怎么这么笨呢？"其实静下心来想一想，我们老师讲过的学生就一定会吗？这是什么逻辑？讲得好与做得对并没有必然的因果联系，细心琢磨主要是我们的教学理念和教学方法还存在问题。王校长带领大家进行课堂教学模式的改革，提出"三疑三探"教学模式和五步教学法，我也在不断揣摩着、体会着、实践着，启发很大，感触很深，收获很多。尤其是如何体现"学生的主体性"、激发学生的学习兴趣、培养学生动脑和动手能力的探究对我很有吸引力。在课改过程中我自己曾做了一些尝试和摸索，有喜悦也有困惑，上课之余想把自己的实践方式与浅显感悟与大家分享。

一、要创造出学生活动的时间和空间

传统的单一传授式教学模式"一言堂""满堂灌"难以让学生获得体验、研究和发现的机会。新课改形势下高中生物课的教学方法应由重视结果教学向重视过程教学转变，由程序化教学向个性化教学转变，使学生每节课都有实实在在的知识收获与科学感悟。例如生物必修二《减数分裂》的教学中，以前虽也运用了多媒体教学手段，但是教学方法比较传统，就是给学生先播放减数分裂的变化过程，再由老师指出变化过程中的特点，板书出来让学生记忆即可。这样，上课过程中就会出现学生打瞌睡、注意力不集中的现象。在记忆过程中，由于学生没有经历自己整合知识的过程就直接记忆，效率不高。认真体会学生为主体的课堂教学后，我重新调整了这部分知识的教学方式，让学生先自己阅读课本中减数分裂过程中的各时期变化的特点，然后给学生分发提前准备好的染色体模型，让学生分组阅读理解再制作出分裂过程的模型来。这样学生的课堂情绪高涨，都积极主动参与到小组合作讨论的过程中，学习较被动的学生一改以前懒散的学习习惯，积极参与同学的讨论，听取大家的意见，认真观察制作出的模型。在评价环节中先带领学生一起阅读并理解分裂过程的变化特点，等到学生有了一定的理解之后，将之前学生讨论制作的模型全部展示，学生看到自己的成果被展示都很激动，教师出示正确的模型图，让学生从知识层面上找出自己制作出的模型中的错误，通过比较强化理解相关知识点，记忆更加牢固。在这样的娱乐学习中，学生有了自己整理、整合知识的过程，对于知识理解得更透彻，掌握得更牢固。学习的环境轻松了，学生学习由被动接受变为主动探究，创新精神、实践能力在丰富多彩的自主探究活动中充分实现。

二、有效整合资源，端正学生学习动机，激发学习兴趣

学生年龄小，知识储备有限，社会经验不够丰富，这也是导致学生对一节课要学习的知识认识和理解不透彻的原因之一。传统的教学过程往往只注重知识的传授而忽略了学生认知水平的构建过程。生活本身就是五彩斑斓的大课堂，所以在教学中融入生活味，教师将生活中的教学资源与书本知识相融，学生就会感受到学习书本知识的乐趣和重要价值，就会激发学习兴趣和动机，从而更加主动、深入地进行探索。导入新课也是教学过程中的重要环节，所以导入新课的情境要新颖、生动，来自社会生活。例如，在处理《激素调节》这节课内容时，如果开始直接告诉学生"今天学习激素的调节，先来了解一些主要激素的作用"，学生可能就会机械地进入本节课的学习过程中，有些习惯好的学生知道要记忆有关内容，有些习惯差的学生就进入到了一记忆就打瞌睡的状态中。对于这种情况，我先展示了几幅精彩画面，有动物求偶、运动员在赛场上拼搏、胜利后欢呼雀跃、公鸡鸣叫等生活中常见的情景，学生看到多彩的画面和生动的图片就来了兴趣，消除了学习中的疲劳，而教师过渡到"上述这些生动的行为是生命系统通过复杂精巧的调节使全身器官保持高度协调的结果，这里就离不开各种激素的调节作用"，学生就明白了为什么要学习激素调节，并且很自然地明白了《激素调节》一课中激素的作用是教学的重点，激素是如何相互作用调节生命活动的是这节课的难点，同时学生也会带着这份好奇心去积极探索其中的奥秘，学生有心去主动探究，教学的效果自然就大大提高。还有一些口诀的使用不但有利于学生的记忆，而且能够激发学生的学习兴趣，收到事半功倍的效果。如在必修二《伴性遗传》中，判断遗传病的方法有"无中生有是隐性""有中生无是显性""隐性看女病，女病男正非伴性""显性看男病，男病女正非伴性"。在必修三《细胞生活的环境》中提到内环境是联系人体和外界环境的桥梁时，引用"我住长江头，君住长江尾。日日思君不见君，共饮长江水"作比喻，这里的水就指中间媒介细胞外液，学生对内环境作用的理解更加明确。

三、教师要不断更新教学理念，站在科学课改的前沿

在课改的路上还有很多困惑存在，尤其是在全班交流环节，各小组轮流发言耗时很长，教学时间不够用；在小组活动中，有的同学始终很活跃，占主导地位，有的同学坐冷板凳，越来越消极。面对这种问题我采用多种教学形式和教学方法尝试改善，后来感悟到，改善这个问题，作为教师要先更新自己的教学理念。生物教师要明确生物学科是科学课，自己是科学课教师，是科学教育在生物课上的代言人，不能再仅仅热衷于对生物学科知识体系及知识的细枝末节的传授，而要更注重对科学的共性和本质、科学的研究方法和研究过程的指导以及在此过程中引导学生对科学研究的感悟，对人与自然和社会和谐关系的认同，帮助学生树立正确的态度、价值观，把握好自己的行为准则，由此逐渐养成良好的科学素养。

以上是我在课改路上一些浅薄的思考和感悟，对于新课程理念的实践还需要继续深入研究学习，不断地积累和总结教学经验，结合自身的特点，争取每堂课都是高效课堂的演绎。

教学《汉家寨》：坚守·反思·成长

■ 孙　薇

　　《汉家寨》是一篇意蕴丰富的散文，文章的脉络非常清晰，"走近汉家寨"部分重在写景，作者以凝练沉郁的笔墨写出汉家寨环境的"封闭""荒凉""死寂"；"走进汉家寨"部分重在写人，无言的一老一少是汉家寨的代表，是生命的奇迹；"离开汉家寨"部分重在写作者的感受和思考，写汉家寨人的"坚守"精神对作者产生的深远影响。

　　虽说行文思路很清晰，但对学生来说，阅读并理解这篇散文是有难度的。

　　难点之一：学生缺乏相应的生活阅历，文章中所写之景、所写之情很难调动学生的内在经验，引起他们的共鸣。对生活在城市里的孩子来说，作者笔下"封闭""荒凉""死寂"的汉家寨，无疑是一个陌生的世界，仅从电视网络上获得的零星片断的认识，难以取代切身的实际感受。没有这样的内在经验，文章中的"景"就很难读懂。

　　难点之二：文章风格比较沉郁凝重，透着几分神秘。不似冰心散文的委婉明丽，不似朱自清散文的清丽隽永，张承志的散文颇具李商隐的诗的味道，凝重、含蓄、深刻。"这个地点在以后我的生涯中总是被我反复回忆，咀嚼吟味，我总是无法忘记它……仿佛它是我人生的答案"，"人生的答案"是什么呢？"直至当年走过汉家寨戈壁时有过的那种空山绝谷的难言感受充盈在心底胸间"，"难言感受"又怎么理解？这样含义深刻的句子需要读者花工夫去反复揣摩。"我"向老人问路，老人却不告诉我，汉家寨的人又靠什么存活了几千年……这都是文章留给我们的谜。读懂《汉家寨》并不容易。

　　难点之三：文中的"坚守"精神难以理解。文中以"一老一少"为代表的汉家寨人，世世代代生活在这样一个环境极其恶劣的地方，作者把这种在"荒凉悲绝的境地中衍生出来的坚忍不拔的生命力"，这种"安土重迁的乡土情结"，这种"对祖先文化传统、生活方式、信仰的继承"定义为"坚守"，而这种"坚守"是对作者心灵的抒写，即"一切景语皆情语"，汉家寨的"坚守"并不是客观上的坚守，而是带上了作者浓厚的主观色彩。解读文本还需要对作者有一个较为全面的认识。

　　针对课文的难点，在上课前我做了这样几项工作：一是让学生读了几遍课文，熟悉文本内容，并提出自己的疑问，根据学生的提问进行简单的学情调查和分析；二是让学生自己查找了有关汉家寨的资料和图片，我也找了一些汉家寨的图片作补充，目的是让学生对汉家寨有一个视觉印象；三是让学生查阅了张承志的生平经历，并结合文本，做到知人论世。尽管课前准备充分，教学效果却不尽如人意。

究其原因，一是学情分析还不够充分，忽视了学生对文章的理解能力，课前预习虽然很充分，但学生对文章的理解还存有障碍，汉家寨的环境特点难以引起学生共鸣；二是在课堂教学中留给学生的整块思考时间被"引导性"的碎问碎答肢解，以老师的理解代替学生的理解，学生丧失了学习的主动性和积极性；三是学生对作家了解较少，对作家文章中的"坚守"精神理解不透彻。

这三个问题该如何解决？

我想第一个和第三个问题的解决要视情况而定，简单来说就是要因材施教。对于语文素养较好的班级，学习《汉家寨》，让学生充分预习就可以突破疑难，对于语文素养较差的班级，把《汉家寨》作为一篇略读材料，不必精讲。有的文章，教师要在充分把握学情的基础上敢于取舍。学生怎么读都读不懂的文章，怎么体会也体会不了的情感，对学生来说是硬伤，因为他们的生活经验有限。在各类信息充斥的时代，学生更能理解和接受的是和他们的生活密切相关的知识。所以语文还是要生活化，联系学生的生活实际。比如，《赤壁赋》中所抒发的情感，是经历了多少风风雨雨后的人生感慨，生活一帆风顺的学生也必然难以理解，给学生大谈苏轼的思想和人生感慨不切实际，《赤壁赋》的教学，完全可以侧重于文言知识的积累和背诵，其中的情感学生在多年后或许可以理解。根据学生的学情来选择适合的教学内容，敢于取舍，让语文更贴近学生的生活，是一个语文教师的智慧。

解决第二个问题，得思考《汉家寨》这类的现代散文该怎么教。

无论是初中的散文名篇《背影》，还是高中的散文名篇《荷塘月色》，抑或其他散文，教法常常走入这样一个误区：不是让学生自主体验、感受散文之美，而是以老师的解读代替学生的解读。在课堂的碎问碎答中，散文被肢解得支离破碎，美感尽失。老师用环环相扣的问题把学生一步步引向自己的板书设计，随口而至的问与答也成了桎梏学生创新思维的网络。这样的散文教学失去了本真和生命力，成了语文教学中的弊病。

散文教学要让学生去体验感悟，这就意味着教师不能多讲，而是要留给学生充分的时间去品味思考。散文教学可以采用新的方式。比如，可以采用"三疑三探"的教学模式，让学生在质疑探究的过程中解决阅读中遇到的困惑，这样既能让学生有所收获，也能让学生锻炼自己的思维能力。也可以用点拨法，需要教师在充分了解学生学情的基础上精心设计教学环节和问题，用粗犷的提问调查学生对文本的理解，用细致的问题让学生细细品读文本，感悟情思。课堂留给学生大量的时间去思考感悟，在学生遇到思维的瓶颈时相机点拨，解开困惑；或者读写结合，让学生在阅读之后，写下鉴赏性的文章。散文如何教，还要请各位同仁多指教。

　　总之，上一堂好课不容易，需要多年的积淀和努力，优秀的教师花几年或者十几年甚至半辈子的时间来备好一堂课。不断反思，不断探索，才能进步。

用好物理课本 落实课堂教学改革

■ 冯银寿

在 2015 年全国教育工作会议上，袁贵仁部长用了 64 个"改革"、70 个"新"等字眼，显示我国教育改革的重要性和紧迫性，并强调要坚持教育优先发展战略，培养更多创新人才。

在这种大背景下，全国多地从小学到高中都在着手或已开始进行教改。如云南省元江县第三中学试点的"乐学成才"教育改革，河北衡水中学提倡的课堂常规以"教师为主导、学生为主体、问题为主轴、训练为主线、思维为主攻"的"五为"原则。特别是河南西峡一高经过长达 6 年的实践与探索，已形成了一套行之有效的"三疑三探"教学模式。实验证明，它能够提高课堂教学的效率，减轻学生的负担，培养学生的创新精神和自学、合作能力。

我校教改在课改领导小组的引领下正逐步推进与深化。教师借鉴"三疑三探"教学模式，在实践中锐意改革、与时俱进、大胆创新，探索着适于本土的新的课堂模式。那么，物理教学在新课改下如何顺势而上，结合我个人的教学实践，谈谈粗陋见解。

高中物理新课程要求"以人为本"，实现学生全面发展，提高学生的科学素养，满足全体学生终身发展的需要和不同学生的个性发展需求，促进学生自主地、富有个性地学习。正如课本所述："从你打开物理课本起，你已经投身于一项激动人心的探索活动"，"你周围的世界发生的事情几乎都与物理学有关，文明社会的许多技术进步都源于对物理规律的理解和应用"等等，课本的文字叙述以一个学习者的主体身份进入并探索体验物理学的多彩世界。如何用好课本，要看教师的导，学生的演，师生间的互相配合。要真正落实课本所体现的新课改的理念，前面所说的课堂常规要求"五为"原则和"三疑三探"教学模式一定程度上为我们指明了方向。

一、引导学生阅读课本，培养学生的读书习惯和读书能力

指导学生如何读书，是新课改的要求，是改变"教师讲，学生听"的重要方式之一。物理教材是学生获取物理知识的重要的、基本的工具。因为教材

体现了物理科学最重要、最基本的知识及技能和研究方法。课本多数章节开头部分都有一些物理概念或规律建立的物理背景，或呈现物理知识在生活生产中的应用以说明其重要性的介绍，结尾的总结或引申段落等，一定要引导学生自己去阅读，教师不能代劳。指导学生读书时，重点应放在每个概念或物理规律是怎样形成的问题上。教师引导学生阅读时可紧扣课本上的问题，或教师根据本节内容设置的启发性问题，通过探讨、概括、归纳去独立解决。

二、指导学生动手做实验，培养学生的实验操作和动手能力

物理学是以实验为基础的自然科学，而物理实验对于建立物理基本概念和基本理论及加强对基本概念和基本理论的理解有着不可取代的作用。

在演示实验中，除引导学生观察、猜想、分析、归纳总结外，要增加学生的参与，让学生充分了解实验的内容，多次重复，加深印象，巩固记忆，同时也提高了学生的兴趣。

在分组实验中，要积极创造条件，让学生尽可能多地到实验室亲自动手操作完成。课本上只是提供一些实验方案让学生选择，教师应该引导学生自己制订具体的实验方案，从实验目的、实验原理、实验装置或电路、实验步骤到数据处理、误差分析、实验结论等全部让学生自主完成。

在小实验方面，除了教材中规定的实验外，也可以设计一些操作方法简单易行的实验，对有些难于理解的物理概念或理论、比较抽象的物理知识，通过设计、开发一些有创意的新实验，使学生感知物理情景从而建立恰当的物理模型。教学实践中，我经常自制自创教具，为课堂创设生动情境，大大激发了学生的兴趣，这也成为学生喜欢听我上课的重要原因之一。

三、引导学生分析论证得出物理学规律和公式

通过学生自主分析推理，学生明确物理规律建立的目的，弄清规律的形成过程、规律的表述和规律的适用条件。如讲机械能守恒定律时，先给出两种情景：物体在空中下落过程中途经 A、B 两点，不计空气阻力和计空气阻力时，引导学生用学过的动能定理表述此过程，再移项得 A、B 两点的机械能的关系，很容易看出机械能是否守恒和在什么条件下守恒了。

四、指导学生进行知识和规律的概括与归纳、巩固与迁移，培养思维能力

教师要精选一些很好的例题（特别是能联系实际的），一定要引导学生自己分析思考，或相互讨论，或独立思考，理出解决思路，运用数学等手段求出结果，并交换方法，取长补短。且要把生活中的现象与物理概念和规律有机地联系起来，以达到学以致用。

五、重视"多学一点，信息浏览""STS"栏目等

教师要一方面多多关注并收集相关的科技新闻，如中央十套的《原来如此》节目；另一方面布置一些与教材学习相关的课题，让学生自己去查阅相关材料，写小论文等，在获得更多感性知识的同时，加深了对所学知识的理解，激发了兴趣，也开阔了视野，锻炼了能力。

"三疑三探"模式下高三生物课的点滴思考

■ 王海雯

2014年2月28日在学校的组织安排下，我校高宇教师为我们展示了"遗传基本规律专题系列（一）"示范课，生物组全体教师在王校长的带领下观摩学习了"三疑三探"教学模式。通过听课观摩、座谈交流，全方位感受了"三疑三探"教学模式在高三生物复习教学中的运用，感触颇深，现与大家共享。

一、"三疑三探"在高三生物复习教学中的现实性

"三疑三探"的教学模式共有四个教学环节：设疑自探—解疑合探—质疑再探—运用拓展。"三疑三探"的好处就在于紧扣了一个"疑"字和一个"探"字。在没有类似新课教材的情况下如何设疑、如何探究，这是许多教师在复习课中应用"三疑三探"教学模式存在质疑的原因。在本次示范课中，高宇教师首先利用学案展示2013年宁夏高考理综试卷第32题来创设设疑情境，引导学生发散思维、提问、确定自探提纲：

（1）如何判断生物性状的显隐性？

（2）如何判断基因是位于常染色体还是性染色体？

由于自探提纲内容宽泛，不好回答，为了让学生的思考、回答更有针对性，高宇教师用学案展示了个人自探和解疑合探提纲及活动要求：

（1）某植物的一对相对性状（红花和白花），请你写出判断显隐性的推理过程。（要求：写出方法、结果及相应结论）

（2）已知果蝇的长翅和残翅是一对相对性状（长翅A、残翅a），且雌雄果蝇均有长翅和残翅类型。

①若控制这对相对性状的基因位于常染色体，请你写出可能的基因型组合和其中一组合的一次杂交的遗传图解。

②若控制这对相对性状的基因位于X染色体，请你写出可能的组合和其中一组合的一个一次杂交的遗传图解。

③现利用上述果蝇进行一次杂交实验，确定该等位基因是位于常染色体还

是 X 染色体，请你写出判断的推理过程。（要求用遗传图解及相关的文字表述）

然后组织学生分组讨论并展示结果，其他学生评价、补充，教师点评。

在质疑再探的环节，由于遗传部分难度较大，在预计到学生可能不会提出有价值的问题的情况下，高宇教师再次设置提出了探究提纲：

（1）纯种中的一个基因发生突变如何来判断显隐性？

（2）显隐性未知时，又该如何判断基因位于 X 还是 Y 染色体？

由此提出新的更高层次的疑难问题，诱发学生深入探究，起到了深化学习目标的作用。最后通过学案展示拓展应用，针对本节课所学知识进行针对训练，对本节内容进行反思和归纳，达到学以致用的效果。

通过以上环节设置，本节课很好地突破了复习课中"疑"和"探"的问题，使"三疑三探"教学模式在复习课中得到较好的应用。

二、"三疑三探"激发高三学生学习生物的积极性

以往教师在复习课中为了追求知识的全面性，节约时间，往往采用"容器灌注"的方法，既剥夺了学生参与的时间，也把学生置于被动学习的境地，学生的学习积极性和学习效率受到极大限制。但在本堂复习课中，学生通过设疑—解疑—质疑在课堂中不断提出问题、解决问题，一波刚落，一波又起，环环相扣，有序推进课堂教学的进程。"为什么—是什么—怎么用"的过程，充分体现了学生在学习活动中的主体地位。整堂课，学生在不知不觉中巩固了基础、拓展了知识、发散了思维、品尝了学习的乐趣，激发了学生学习的动力和兴趣，让枯燥的复习课堂充满了生机和活力。

三、"三疑三探"对高考生物备考提出了挑战

整堂课中教师的引导、讲解时间总共 8 分钟左右，其余时间都是学生进行自探、合探、表达、交流。整个课堂活而不乱，秩序井然。这与传统高三复习课堂中教师苦教、学生苦学有了很大的不同。"三疑三探"教学模式从根本上颠覆了传统的教学方法，摒除了课堂上教师喋喋不休地传授知识的模式。课堂上的问题是让学生自己提出，答案又是让学生自己得出，看似在课堂教学中教师得到了解放，但在实践中会不会出现学生无"疑"可"质"的情况？因此教师如何启发诱导学生提出有价值的问题是课堂有效开展的关键，这就要求教

师要熟悉课程标准和考纲要求，精心设计课堂教学环节。同时这样开放的课堂还需要老师有渊博的知识、独到的见解，才能驾驭课堂。又由于学生可以向教师提出各种有挑战性的问题，这就迫使教师要不断地学习，不断地提高自身的素质，只有认真研究教材，开阔视野，才能上好每堂课，才能回答好学生的各种问题。

这次课堂授课对象是高三学生，而授课内容具有一定专业性，在课堂中学生表达出现欠规范的问题，例如学生在讲述"杂交过程"时用了"遗传图解"一词，教师没有及时纠正，这样混淆两者的概念，有可能影响高考中相应题目的得分率。此外，在自探提纲出示之后，应留给学生充分的时间进行自探，然后再进行交流表达，这样才能让学生在解疑合探中有话可说。

总之，本次活动为所有观摩教师提供了一个难得的学习机会，更新了教学理念，为"三疑三探"教学模式在高三复习课中的应用提供了一个可资学习的范例，更为学生的发展提供了更大的空间。

"三疑三探"：唤醒学生的求知欲

■ 李旭晨

　　走进教室，一种浓厚的学习氛围将我紧紧包围其中，这完全得益于我们高一（10）班和（21）班开展的"三疑三探"新型学习模式。

　　"三疑三探"教学模式是指一种疑中有探、探中有疑、疑探合一的教学模式。在老师的组织下，全班分为十个小组，小组长由同学们毛遂自荐。每位小组长自由挑选组员，每个小组成员的挑选按照三男三女的原则。挑选结束后，老师协调小组成员的学习能力，确保每个小组能力相当。小组长按照实际情况安排小组内部座位，座位按照男女搭配以及优劣搭配的原则。每一位组员必须绝对服从小组长，小组长要管理小组内部纪律，带领小组成员学习。在课前，同学们会利用自习课的时间自觉对将要讲的内容作初步了解，独立思考，并对自己提出一些问题，努力运用手头的资料进行解答，自己无法解决的问题做好批注。在课堂上，老师会让小组内部自由讨论。小组长带领小组讨论。讨论时，小组长要照顾到每一个成员，使小组成员相互配合，相互信任，不能使成绩较差的同学坐享其成，不能使成绩较好的同学独领风骚，要让每一个成员积极发言，介绍自己归纳的知识点。介绍结束后，其他人对知识点进行加工和修正。当有自己无法解决的问题时询问小组成员，小组群策群力帮助解决问题，意见不统一时，小组寻求其他小组帮助和老师的协助，必须做到小组内部意见统一。讨论结束后，老师随机抽选小组上台展示和评价，小组长要尽量让每一个成员都得到上讲台发言的锻炼机会。所以在小组发言结束后，老师对同学们的讨论结果进行补充和评价。之后同学们可以针对所学知识，再提出新的更高层次的疑难问题，之后师生一起参与讨论。

　　"三疑三探"教学模式是一种真正激发学生创造力，唤醒学生生命力、价值感的学习方法，它使我们每一位同学都受益。它提高了学生对学习的自主性，让他们明白学习不只是在课堂上看老师唱独角戏，在课下完成作业而已，而是应该积极融入课堂，在课下主动探索。它让学习能力较差的同学也能融入课堂，让成绩较差的同学也能站上讲台大胆发言，它提高了学生对学习的积极性，使课堂氛围变得活跃起来，使课堂变得充满趣味性，让他们爱上每一堂课。它使学生变得勇敢起来，让他们勇于质疑，让他们找出自己的问题并且说出自己的问题。让他们敢于表现自己，提高了学生组织和表达语言的能力，增强了他们的合作意识，使他们懂得团结的重要性，让他们可以合作学习，收获一份真挚的友谊。

尽管我们班级开展"三疑三探"英语课堂模式的时间还不长，但我看到的变化是巨大的。它让我发现原来教学是可以如此快乐，让我可以勇敢、自信地站在讲台展示自己。它让我看见了一些同学身上以前不曾发现的闪光点，让我看见了一双双充满活力和求知欲的眼睛，让我看到一些文静的同学因为激烈的讨论而殷红的脸颊，让我看见一张张自信的笑脸，让我看见了同学们之间深厚的友谊。

"三疑三探"模式运用中存在的问题及对策

■ 拓万平

"三疑三探"教学模式，是从学生终身发展的需要出发，让每一位学生都能在民主和谐的课堂氛围中学习、思考、探究、创新，全面体现了学生在学习过程中的主体地位，实现了教学方式的彻底改变，走出了一条切实可行的、推进课堂教学改革之路。下面，我将结合自己在运用"三疑三探"教学模式过程中出现的问题及对策谈一些体会和认识。

在"设疑自探"环节中，让文科学生看到课题就直接提问题，或许可以发散学生的思维。但是我在这一环节尝试过很多方式，如《金属防护》，我在第一个班里采取看到课题就提出问题。学生提出的问题很多，比如：什么是金属防护？金属防护的方法？防护的原理？提出的问题多数不是重点。当在另外一个班里上课时我就先展示几幅图片——废旧的船只、掉漆的栏杆，从而引入新课，然后给学生几分钟时间，让其浏览课本，经过快速思考再提出问题。这时学生提的问题就很全面，比如，什么是金属的腐蚀？钢铁腐蚀的分类？如何防止金属被腐蚀？因此我认为对于理科学生创设情境引入新课后，先让学生浏览课本再经过思考提出问题，这样可能提出的问题质量会更高一些，也更能靠近教学目标，然后由我整理补充确定自探提纲。当然我整理、补充的自探提纲也是在学生问题的基础上整理、补充，而不是另外设定问题。然后让学生详细阅读课本同时进行自探环节。

在"解疑合探"环节中，我刚开始就确定每个小组的任务，由于很多学生还没有养成良好的学习习惯，很多小组就只讨论自己小组的任务，一旦自己小组的问题讨论出结果，有的学生就偷偷聊天或无所事事，浪费了时间。后来我在教学中对这一环节做了如下调整：进行这一环节时先给学生一定的时间让小组讨论自探中没有解决的问题，然后再确定每个小组的任务，同时我在小组讨论过程中不断地巡视督促学生讨论，这样做就可以防止有的学生在这一环节中做其他事情。

在"质疑再探"环节中，学生刚开始提不出有深度的问题，可以由教师先提出。化学学科的很多问题可以以习题的形式或实验的形式出现。如在《有机化学》的教学中，有很多关于溴水和酸性高锰酸钾溶液褪色的题型，我就拿出苯、甲苯、四氯化碳、乙烯分别加入酸性高锰酸钾和溴水中进行实验，然后通过实验现象让学生解释归纳，这样用实验提问更有说服力。如果有学生提出的问题很难，教师要给时间让学生讨论，思考成熟后再回答，确实解决不了的，我经常就以师生合探的方式来完成这一环节；如果这节课内容确实没必要再次质疑，这一环节完全可以省略。

在评价环节中，刚开始我只让评价小组对展示小组评价，并给出分值。有一节课，我打破了单一的评价方式，让全班同学都参与评价。评价小组给展示小组打分，全班同学再对展示小组打分，如果其他小组解决了或提出了更深层次的问题就给该小组加上一定的分值，结果那一节课大家真的是积极参与进来，效果很好。同时，在学生的评价环节中要重视训练学生评价语言的多样性和逻辑的严谨性。

总之，"三疑三探"教学模式有其自身的优点，在实操过程中也出现了一些不容忽视的问题。如时间的分配不合理，我认为造成这一现象的主要原因有两点：一是教师不放心，经常把学生讲清楚的问题再次强调；二是学生的评价不准确。因此，在今后教学中一定要相信学生，做到三讲三不讲。另外，学生评价不到位的问题只能在今后的教学中不断训练，慢慢可以有所改善。

"三疑三探"教学模式：为学生带来微成长

■ 李旭晨

21世纪教育改革的一个热门话题是如何运用高效的教学策略，不断提高课堂教学的有效性。因此，有效的课堂教学应是高质量完成教学任务的教学，是动态生成教学智慧的教学，是关注师生双方生命健康发展的教学，是"师生共同参与、相互作用，创造性地实现教学目标"的教学。"三疑三探"教学模式的创建，无疑是教育改革时代召唤的产物，为新课改注入了活力。"三疑三探"教学模式在英语学科的教学过程中大致可分为五个步骤：设疑自探、解疑合探、质疑再探、运用拓展、总结反思。五个步骤的核心就在于让学生通过运用合作、探究、体验等学习方式，从而通过激发创造力，唤醒生命感、价值感，提高语言运用的能力，最终培养其独立学习的能力、合作交流的能力和终身发展的能力。下面，我将结合自己运用"三疑三探"的实践，谈一些学生在学习中的变化。

新课之初，我会根据本节课的教学内容创设问题情境，激发学生强烈的求知欲望，在此基础上围绕学习目标，引导学生大胆提出问题，然后对所有问题进行归纳梳理，从而形成本节课的自学提纲，让学生通过阅读教材或参阅相关学习资料，独立自学探究问题，并尝试解答问题。这一环节的运用，激发了学生学习的积极性，提高了学习的兴趣，改变了过去的"填充式教育"，让课堂充满趣味性，能从根本上改变高分低能的现状，让学生明白独立思考的重要性。学生可以做到运用手头资料认真自学自探，真正做到了独立思考，自主学习。同学们经过尝试自主设置和自主解答问题，一改过去英语教学枯燥难懂的局面，开始爱上英语，乐于学习。

解疑合探环节主要解决前一环节遗留的问题，尤其是学生自探难以解决的共性问题。可以先通过小组合作分类整理出重点句型、短语及近义词，这一环节最好配上例句，引导学生在语境中加深对单词、短语的理解。通过对语言点的感知、辨析，有利于进一步提高学生准确运用语言的能力。我要求学生工整有序地把知识归纳到黑板上，让其他同学做知识点评。这样训练为写作、口语训练打下基础。在一次次的实践中，我渐渐发现班里平时不敢举手回答问题的同学竟在小组内侃侃而谈，平时不爱学英语的同学也乐于在黑板上总结知识点，从不敢大声回答问题的同学可以大大方方站在讲台上口若悬河。我从他们眼神中看到了智慧的光芒，那是一种自信、勇敢、求知的光芒，那是一种能够照亮未来的光芒。

在完成前两个教学环节之后，我会鼓励学生大胆质疑，敢于向课本、教师以及其他权威挑战，针对本节课的知识再提出新的更高层次的疑难问题，再次进行深入探究，合作解答，从而达到查漏补缺、内化知识的目的。这一环节有效地解决了学生"课上听懂了，课下自己不会做题"的难题，让学生在不停的疑问与探索中寻找问题的答案，在不断的思考和释疑中提高自身的能力，将知识内化为能力。在一次次的作业中，我可以明显看到学生的变化，以往学生总习惯运用旧知识完成英语作文，但现在可以逐渐做到熟练运用新学的知识来完成句子、写作。

语言是用于人类交际的符号，所以在运用拓展这一环节我会选择一些重点句型、高级词汇，创设问题情境，让学生对话练习、感受知识，起到让游泳者下水去练习泳技的效果。在这一环节中，我看到学生渐渐从"旱鸭子"变成"游泳健将"。而学生也因为能力的提升大方踊跃回答问题。同时，我和学生共同参与编题练习活动。试题涉及基础题和提升训练题，适应于各个层次学生的需求。鼓励成绩优秀的同学带动成绩较差的同学，让每一个成员积极主动学习，起到示范带动作用。我经常激励成绩较差的同学，哪怕每天进步一点点，量变会达到质变，久而久之，达到质的飞跃。

"学然后知不足，度然后知长短"，是说在实践过后，才体会到实践中的不足，教学活动更是如此。一节课即将结束时，我会随意抽取几名学生用英语对本节课所学内容进行点评，总结优缺点，为下节课打下基础。在总结的过程中提升了学生的英语口语能力和语言组织能力。从他们刚开始结结巴巴、语无伦次到现在自信大度、神采飞扬，我体味到了学生成长的快乐。

总之，语言是人类交际的、任意的、有声的符号系统，通过运用"三疑三探"教学模式可以有效训练学生听说读写的能力，让学生发现问题、提出问题、解决问题，从而更好地培养学生的创新精神。

"三疑三探"在课堂实践中的尝试与思考

■ 贾 涛

"三疑三探"教学模式的基本思想，主要是从学生终身发展的需要出发，依据新课标的要求和学生的认知规律，让学生主动发现问题，学会独立思考，学会合作探究，学会归纳创新，养成敢于质疑、善于表达、认真倾听、勇于评价和不断反思的良好习惯，让每一位学生在民主和谐的氛围中学习，彻底把"要我学"引向"我要学"。

西峡交流学习归来，对西峡一高教学成绩赞叹震惊之余，内心难以抑制激动。经过一段时间的英语课堂尝试和实践之后，现就个人的一些观点和感受与大家共享。

一、"三疑三探"教学模式的优势所在

"三疑三探"紧紧抓住"高效课堂"这一关键环节，以提高优质教学为目标，改变传统的"灌输式"教学，采用"启发式"教学，激发学生主动探究知识的兴趣。

（1）突出学生主导地位，达到快乐学习效果。日常课堂教学活动，学生的主体地位不应该仅仅体现在口头上，更应该运用到实践中。"三疑三探"教学模式，尤其是"解疑合探"环节，学生的小组讨论、板书展示、小组评价以及补充探讨、评价等环节，把课堂"交还"给学生，学生真正体会到了"我的地盘我做主"的快乐。同时，对学生的书写规范、口头表达能力、自信心以及合作意识都起到很好的促进作用。

（2）课堂气氛活跃，师生全员参与。传统的课堂教学中，经常听到教师抱怨学生上课打瞌睡、走神，也会有学生抱怨教师在课堂中喋喋不休，语言乏味，然而，"三疑三探"运用后，教师会惊奇地发现，学生会为了一个问题在小组内热烈讨论，为了获得小组加分竞相抢答、仔细纠错，这些可喜局面的产生源于学生的课前预习和准备，强烈的表现欲望促使学生不甘于让自己的"有备而来"变成"竹篮打水"。对于教师而言，则要随时记录学生讨论中存在的不足和问题，强调重点难点，纠正错误及偏差，以便把握大纲要求，指引

方向。

（3）建立评价机制，形成良好学风。合理的评价机制可以对学生的自主学习意识起到激励作用，"课改、班改、校改"一体化建设和小组、班级文化建设等一系列机制的建立，针对小组成员的日常行为进行有效性评价，促进了小组成员之间的团结协作精神的发挥，也让学生与学生之间形成了互相监督、相互竞争的学习氛围，有效地促成了良好班风、学风的形成。

（4）发挥教师引导作用，激发学生参与兴趣。应用"三疑三探"教学模式，对教师的教学工作提出了更高的要求，"高"在必须要扎扎实实做好课前准备，深入细致地思考学生在心理、知识和智力水平等方面存在的差异性，更加全面地斟酌考纲、考点、难点之间的关系，这样，教师在课堂上就是一个"向导"，将学生引领到知识的海洋，通过认真倾听与观察，注重发现学生的闪光点和不足，为下一步的点拨做准备，对知识进行深化、提升。对于学生而言，有了预习的积淀，带着问题探讨，会更加有的放矢，也会更加热心地投入到课堂展示、小组间评价中，深刻体会为小组"争分"的乐趣。

二、实践中的困惑

在课堂教学实践中，在初步应用"三疑三探"教学模式时，教师和学生都尚未能从传统的模式中解放出来，还存在以下问题。

（1）容易挫伤自制能力较弱学生的学习兴趣。"三疑三探"教学模式对学生最大的改变和要求就是做好课前预习，这无形中增加了学生的课后工作量，尤其是一部分自制力差、对学习已经失去兴趣的学生难以自觉进入角色，以至于课堂上永远是配角，甚至沦为"看客"，极易挫伤他们参与学习讨论的积极性，最终导致恶性循环。

（2）对成绩优异学生的"拔高"力度有所削弱。传统教学模式里，教师对知识点的点拨都是亲力亲为，学生负责记笔记、课后背诵回顾。新的教学模式中，知识的重点、难点甚至考点都由学生小组展示，整个过程中总会有概括不全面或表述不到位的情况，而教师为了保证讨论的流畅和激情，学生发言过程中不能随意打断去进行纠正和补充，而学生展示评价完毕后，可能会由于时间不足等一些突发情况，无法及时有效地对重点难点进行点拨，这对成绩优异学生的提高有所弱化。

三、如何恰当地运用"三疑三探"教学

任何事物都具有两面性，对于"三疑三探"，也应辩证思考，理性取舍，在自己已有的教学风格上加以规范整合，形成新的独特的方式，变"有模"为"无模"。

（1）灵活运用，及时修正。为避免东施效颦，对于"三疑三探"切不可生搬硬套。并非所有的课型都适合使用该模式，也并非所有课堂都能够覆盖四个环节。因此，教师在备课时更应该仔细揣摩，对教材和教辅资料进行重组，课后及时反思总结，不断进行修正，循序渐进，逐步渗透，让"疑"和"探"真正渗透到教学中，让师生共同体会其中的乐趣。

（2）学教结合，以人为本。教改绝不是单打独斗，课改应以班改、校改、教改为前提，班改、校改要为课改保驾护航。班级管理要注重小组学习、小组合作，并对小组建设规范化、制度化；学校管理要降低重心、全程监控，采取"级部"制管理，从小组到班级，从班级到年级形成竞争机制；教育的改革要面向大多数，注重综合能力提高，以培养"人"为基础来塑造"才"。

（3）着眼未来，共同参与。改革之路困难重重，有阻力、有羁绊，改革的落实需要全校师生共同参与，全体师生必须着眼于未来，着眼于大局，不以暂时的落后和失败为理由阻挠课改，不以年龄的大小来排斥课改，更不能以实验中的失败对课改嗤之以鼻。人心齐，泰山移，课改需要我们的共同努力，并使之形成长效机制。

"三疑三探"教学模式的目标在于培养综合性人才，特点在于自探自究，过程在于引导点拨，操作中需要自上而下的机制和落实。任何一项改革都不是一蹴而就的，都将是一项系统的、长期的工程，教学改革也概莫能外，它也是一个循序渐进的过程，只要我们正视困难，问题终将迎刃而解，我们的教育事业也将迎来新的春天。

"三疑三探"教学模式在物理试卷评讲课中的应用

■ 焦艳琼

实际教学过程中，当我遇到比较难的知识点时，总会不自觉地多讲，生怕学生搞不明白。自从学校大面积推行"三疑三探"教学模式改革以来，我深切地体会到，讲的多并不代表学生会的多。"授人以鱼"，不如"授人以渔"。物理教学中我也更应该对学生多些信任，少些疑虑——舍得把时间还给学生，相信经过他们共同探讨能把握考纲要求，能够解决各种问题。

"三疑三探"课堂教学模式的前三个环节："设疑自探、解疑合探、质疑再探"是三位一体不可分割的。"设疑"是"探究"的前提，"探究"是"设疑"的目的。在探究学习中，"自探"是主题和基础，"合探"则是"自探"的补充和深化。"再探"是升华，是为了进一步解决个别学生的疑惑或探究个别学生提出的问题。"再探"或许在课堂上不能完全解决，需要延伸到课外，但是这一教学模式的显著特点和亮点是"质疑再探"，因此，无论是什么类型的课，在教学中都一定不能缺少这个环节。试卷评讲课是高中物理教学的主要课型之一，上好试卷评讲课对强化学生的学习效果、提高教学质量具有重要的意义。下面，我就结合自己的教学实际浅议"三疑三探"教学模式在物理试卷评讲课中的应用。

新课程的理念是以学生为本，让学生参与课堂教学是实施的核心。实施的前提是应尊重学生，还学生学习的自由，提高学生的学习兴趣，优化教学环境，加强交流与合作；给学生以激励，使其有成功感，并适当进行开放式教学。传统教学中，老师对于试卷中学生会的知识仍是"简单地重复"，对错误率高、难度较大的习题则反复讲解，学生被动接受，课堂气氛沉闷，学习效率低下，而"三疑三探"教学模式以"疑"为切入点，"探"为关键点，能力提高为落脚点，这样使我们的试卷评讲课源源不断地注入新的活力，学生首先通过自学将出错率高的问题整理归纳，然后再通过小组交流解决，从而不断地破疑，直到问题完全解决。

具体做法和操作过程：

第一步，设疑自探。这一步要课前准备，应在上课前把答案及评分标准交给学生，还要给学生留有一定的时间让学生自查存在的问题，为课堂做好准备，上课时老师将考试情况分析通报。然后学生在课堂上合作交流，小组内讨论解决每个同学各自存在的疑难问题，此时应注意每个小组的学生组成应好、中、差搭配，这样每个小组中存在的一般小问题在组内就化解了，因为每一份试卷不可能组内每个成员一道题也不会，这种兵教兵的做法，由于同学们的基础水平相近，有些问题可能学生之间就能化解、消化，但也不可能一份试卷中所有试题组内相互讨论都能解决得了，因此每个组都存在着解决不了的问题，然后教师集中反馈，把每个组内存在的疑难问题板书出来，就形成了"设疑自探"的问题。

第二步，解疑合探。这一环节主要是处理第一步形成的自探题目，它不同于新授课，应在学习小组内找学困生回答解决问题的切入点，中等生补充分析方法或原理，优等生解析并评价；如果不同层次的小组的同学都解决不了，此时教师可做必要的点拨指导，但在此环节中教师一定要遵守"三讲三不讲"，"三讲"即讲学生自探与讨论后还不理解的问题，讲易错、易出现认识缺陷的问题，讲在其他学生质疑后仍解决不了的问题；"三不讲"即学生已弄懂学会的不讲，学生未探究的不讲，学生讲之前不讲。

第三步，质疑再探。学贵质疑，试卷评讲课所谓"质疑再探"，就是学生对整份试卷的知识有新的看法，提出新的问题，此时，教师应该以鼓励为主，承认学生间存在差异，但是并不是不加评论，教师应有明确的价值导向，让学生明确哪个问题更有价值。最后进行小结时引导学生体会如何提出有价值的问题并且进行探究解决。

第四步，运用拓展。这一环节包括教师编拟习题和学生自己编拟习题两部分，这些题都应根据试卷进行变式训练，更要针对试卷中疑难问题进行巩固训练，教师编习题时既要有基础题，又要有提高题，更要对出错较多的题进行变式训练；既要照顾学困生，又要照顾优等生，但是题目不宜太多，同知识点的题型 1~2 道为宜。继而让学生自编习题，最好让每个小组根据本试卷试题，再编一份试卷，然后教师整理归纳出一份有价值的试卷，作为本节的检测题，这样既能很好地调动学生的积极性——使学生挖空心思，钻研试卷，钻研身边的习题，又能使学生对本试卷的知识点、能力点、重难点都得到实质性的领会，以及对学习方法、情感态度与价值观等方面也得到不同程度的拓展迁移。

总之，试卷评讲课既不能逐题讲，也不能只讲教师认为需要讲的地方，应让学生自己对本试卷的知识点、答题情况相互讨论，对解决不了的要设疑探究，然后教师归纳学生共性的问题，有针对性地进一步评讲，课堂效率大大提高。最后，再适当地给予拓展应用，从而使学生能真正做到举一反三。

高中政治教学："三疑三探"与情景教学结合

■ 马荣霞

我们常说"教无定法"，一节课采取什么样的教学方法因学科和学情而定，而每种教学方法既有优点，也有不足。"三疑三探"教学方法的优点是符合素质教育的核心"一切为了学生，为了学生的一切"，体现了学生是学习的主体，是课堂问题的提出者和解决者，同时还是创新者。不足之处是学生对知识的掌握尤其是重难点知识，只停留在识记的基础上。情景教学设置的情景来源于生活，与社会生活联系紧密，便于学生对重难点知识的理解和运用。那么，一节好的政治课怎样才能既充分地调动学生学习的积极性和主动性，又能提高学生的理解力，这就需要我们在教学中将"三疑三探"与情景教学结合。情景教学是根据新课程要求改变或进一步完善传统的教学方式和方法，打破封闭、单一、机械、以教师为主体的教学模式，建立起以情景为依托，以学生为中心，利用有效丰富的教学情景，激活学生自主学习的内在潜力，帮助学生迅速、准确地理解教学内容，锻炼学生的思维品质，培养学生情感，优化课堂教学的一种方式。因此在新课的导入和重难点的突破上都可以使用。

首先，导入新课的情景要新颖、生动，来自社会生活，贴近学生实际，符合学生的感知和认知能力，触动学生的感官，能激起学生的兴趣，调动学生思考，提高探索的积极性和主动性。如在讲《感知文化影响》这一课时，我设置的导入情景是中餐和西餐的图片，中餐色彩鲜艳，品种多样，使人一看就垂涎欲滴，西餐则颜色单调，品种单一。学生一看就会找出中西饮食的不同，经过简单的思考就会得出是由于文化的不同导致中西饮食的不同。"民以食为天"，中国的吃文化在世界上是数一数二的，"吃"是学生们比较热衷的话题，极易引发学生的兴趣。

其次，这节课学生要学习什么、探究什么，我们不要直接告诉学生，而是要通过课标的展示，重难点的展示，通过"三疑三探"中的第一个环节"设疑自探"，由学生归纳整理出来，学生归纳整理不完善的地方，老师再加以补充、完善，并且展现在黑板上。这样做既可以锻炼学生归纳整理的能力，又能锻炼学生提取有效信息的能力，更能培养学生提出问题的能力，从而有利于调动学生的积极性和主动性。问题提出来了，就要趁热打铁，继续发挥学生的主体作用，给予学生适当的时间，让学生根据问题在书本上找出答案，这个过程既是培养学生自学能力的过程，也是发挥学生积极性和主动性的过程。对于学生在自学过程中没有解决的问题，可以由学生以小组的形式讨论解决，这体现了"三疑三探"中的第二个环节"解疑合探"。这个过程是培养学生合作学习和探究的过程，也是激发学生思维火花的过程，合作讨论的过程是碰撞智慧火花的时刻。合作学习结束之后，学生对问题的讨论结果准确与否，我们要通过学生上黑板或口头展示，针对学生讨论结果正确与否，应由其他学生来点评，通过学生的自学，小组讨论、点评，学生对本课的知识基本都掌握了。以上过程是从学生终身发展的需要出发，依据新课标的要求和学生的认知规律，让学生学会主动发现问题，独立思考问题，合作探究问题，归纳创新问题，勇于评价问题，同时养成了学生敢于质疑、善于表达、认真倾听和不断反思的良好的学习习惯，培养了他们的组织、表达、思维等方面的能力，让每一位学生都能在民主和谐的氛围中学习、思考、探索、创新、快乐，全面体现了学生在学习过程中的主体地位。但是学生对知识的掌握尤其是本课的重难点知识只停留在识记的基础上，由于学生年龄小，知识储备有限，以及社会实践经验不够丰富，学生对知识的理解不够透彻，最终不利于学生对知识的掌握和运用，如何提高学生的理解力，这就需要将重难点知识融入情景教学中。

再次，通过情景教学突出重点，突破难点，提高学生理解力。情景在政治教学中的应用，改变了以往枯燥无味记忆式的学习方式，把枯燥的政治概念放在了逼真的环境中，为学生提供了理解运用的空间，使乏味的政治学习变得生动活泼，这迎合了学生的心理特征。但是我们在教学中需要注意教学情景应着眼于现实生活、突出体现学生的感受。教学情景的生成，从教学实践来看，情景要生活化，并且感受性强。如在《感知文化影响》的教学中，在讲到本课的重点知识"文化影响人们的交往行为和交往方式"时，为了让学生理解为什么文化影响人们的交往行为和交往方式，我用多媒体呈现了三个国家人们见面时的交往行为和方式的图片：中国藏族的献哈达、泰国人的合十礼、欧美人的拥抱，先让学生讲蕴含在其中的文化内涵，老师再补充，有了情景图片，有了学生、老师的讲解，学生对这一知识理解得就比较透彻。同样在《感知文化影响》的教学中，为了让学生理解文化具有潜移默化和深远持久的影响，我分别引用了"孟母三迁"故事的图片和海外华人过春节的图片，这些图片直观易懂，来源于生活。情景教学以其直观性、趣味性、生动形象的场景解决了理论与现实脱节的问题。

这些大大丰富了教学方式与教学手段，激发了学生的参与和学习欲望。激起学生学习和练习的情绪和感情的体验。

最后当本课结束时，学生如果对本课的知识还有不明白的地方，可以提出来，由其他学生回答，学生回答不上来的，老师补充，这体现了"三疑三探"中的第三个环节"质疑再探"。为了检测学生对本课知识掌握程度，需要设置相应的习题以巩固，习题也应由学生自己做并讲解。这样整个一节课将知识的识记、理解和运用有机地统一起来，并使理论学习与实践训练进入一个良性循环的互动过程，既有利于学生主观能动性的发挥，又有利于学生理解力的提高。

案例成果篇

"疑探式五步教学法" 在高三历史教学中的运用

■ 陈　立

伴随着全国新一轮的课堂教学改革的深入，越来越多的学校在以人为本的精神理念引领下，课堂教学改革已取得了丰硕成果。宁夏中卫中学顺应时代发展潮流，顺势而上，通过不断的外出学习，深挖内涵，在具体的课堂教学实践中逐步摸索出一种符合高三历史复习课的教学方法——疑探式五步教学法。

一、什么是疑探式五步教学法

首先，"疑探"是学习的方式方法，更是教学的基本理念与灵魂。

古人云："师者，传道授业解惑也。""惑"从何来？谁的"惑"？当然是学生的"惑"，学生的问题。但有多少老师在具体的实际教学中，特别是在备课环节里，问题提早预设，课堂实践中通过不断地引导学生向自己预设问题的方向靠近，最终达到自己理想中的课堂教学效果。因此，教师通过预设问题解决的"惑"，并不是学生独立思考的问题。疑探式五步教学法就是要从根本上纠正教师的教育教学理念误区，培养学生独立思考、合作探究解决问题的能力与思维模式。通过"疑"，提出问题，再通过自探与合探的方式解决疑问，其核心理念就是以人为本，尊重学生独立的思考与人格。

其次，"五步"指的是具体的教学环节或结构由五部分构成，即课标解读、知识串联、知会问题、疑探问题、运用拓展。"疑探"理念始终贯穿于教学的五个环节。

二、为什么实施疑探式五步教学法

（一）教与学的困境

长期工作在一线的教师，久而久之，都会对教师职业产生一种倦怠感。很大程度上是因为教育工作的规律性和程序化特点影响。教师在自己的职业规划与发展中缺乏创新意识，一旦形成成熟的教学风格，就疏于学习与反思，知识结构老化，观念更新跟不上时代需求。面对日复一日的工作，自然觉得索然无味，缺乏激情。

学生厌学在当下也是不能忽视的普遍现象，小学、初中、高中阶段都不同程度地有所表现，高三的学生依然存在，很多高三的学生对本不喜欢的课程迫于高考的压力，学校、老师、家长的期望而不得不努力面对，失去的更多的是学习的内在驱动力。在诸多的厌学原因中，有一个非常重要的原因就是学生学习的方式单一，以被动接受式学习为主。美国缅因州贝瑟尔国家培训实验室对学生在每种指导方法下，学习 24 小时的材料平均保持率做调查研究发现，通过讲授方式的学习，24 小时后的平均保持率仅有 5%，阅读方式的保持率有 10%，视听结合方式的是 20%，示范方式的是 30%，这几种学习方式所具有的共同特点是被动学习。通过讨论组方式的学习保持率在 50%，实践练习的方式达到 75%，向其他人教授/对所学内容的立即运用则高达 90%，后三种的学习方式主要是主动学习。可见，改变教学方式，更多地激发学生的内在学习动力，改变被动的教与学，学生的厌学情绪则会大有改观。

（二）高考试题命制的直接导向

近几年高考历史试题的命制更加侧重通过学生在考卷中解决问题的方法与能力的展现，深层考查学生的历史学科思维和学科素养，甚至是政治、语文、科学、道德等多方面的综合素养。有这样一道试题，材料中呈现了几个汉字，如"宅"，其原意是住宅，居住的房子，现在赋予一种新的意思，就是长时间窝在家里很少出门的人。问题是请从材料中提取一个信息并解读。站在专业学科的角度上审视，该试题不算是纯粹的历史试题。那么，该题的立意又在哪呢？深究其意，不外乎就是要考查学生运用历史学科思维、学科素养来解决问题的能力。如果对此材料稍作调整，亦可成为一道语文试题，那么它就要运用语文学科的思维来解决问题。因此，我们的课堂教学就要以培养学生的学科思维以及解决问题的能力与方法为重，如果主要以教师单向信息的输出，学生被动接受信息的方式为主，那么，学生的思维就会呈现出公式化、教条化、单一化的特点，缺乏发散思维。如果通过构建小组学习共同体，个体之间、小组之间就会出现思维的碰撞与交流，自然每个学生都能找到自己的存在感、归属感以及自己的价值，课堂气氛就会改变，个体学习的内驱力就被激发出来，思维流量也就会大大增加。

（三）学生的长远发展与社会对人才的需求

21 世纪对人才的需求标准是什么呢？美国通过网络做了一项耗时长达一年、3 000 万家庭参与讨论的调查，最终得出这样的结论：敢于冒险与探索、善于竞争与沟通协作，富于好奇、想象与创新变革的能力，良好的自我管理能力，信息处理能力，有效表达能力等是必不可少的素养。哈佛大学对此进一步总结，认为21世纪的幸福人生和智商的关联度下降到20%，而和情商的关联度上升到80%。可见，改变课堂的教学方式方法，通过小组合作探究就能很好地培养学生的质疑、创新、协作、沟通、表达等多种能力。

因此，不论是从现实的高考、将来的择业、生活还是学生健全人格的发展，教育都需要回归本真，即尊重差异、释放潜能、学会合作，培养会做人、懂生活、有灵魂、有思想、有个性思维的人。也正是基于以上几点原因，我在高三的历史教学实践中不断做出一些大胆尝试，并收到了不错的效果。

三、疑探式五步教学法实施的基本流程

（一）课标解读

在一标多本的情况下，不论是高考试题命制还是日常的课堂教学实际中，课程标准都是我们教学的基本准则。高三复习课上，更应结合考试大纲，深挖课程标准，通过师生共同努力，对课标再次解读，形成有价值的问题。

（二）知识串联

在高三的专题复习中，通过多次实践，我认为用体系构建更为合理。学生通过对考试大纲及课标的分析，形成复习的核心问题，然后通过个体自主构建、小组合作共同构建或师生共同构建知识体系等方式，形成完整的结构体系。方式方法灵活多样，可以是知识树，也可以通过思维导图的形式呈现。

（三）知会问题

在体系构建的基础上，学习的基本问题具体化（或者可理解为对知识体系的进一步细化），一轮复习过程中，主要通过个体自主学习和小组合作学习相结合的方式，教师在关键的考点和重难点上起到点拨引领作用即可，尽可能地通过学生前期的设疑，自探合探相结合解决问题，充分发挥学生学习的自主性与能动性，培养其独立的学术思维。

（四）疑探问题

如果说知会问题算是基本知识的问题化，那么，疑探问题就算是提升培优的环节了。此环节凝聚了疑探式五步教学法的核心。

第一步，问题质疑。在知会问题解决的基础上，以学习小组为单位，每个同学把自己最关心的或不明白的问题集中起来交给小组长。各小组长再整理出共性的问题交给班级课代表，课代表再次归类整理形成全班普遍关注的共性问题以备课堂合探解决。

第二步，资料搜集、整理。课余时间，个人须从网络、教材、教辅等资料搜集相关信息，初步形成自己的答案要点。

第三步，合探解疑。各学习小组在组长的协调下，对个人初步形成的问题答案相互沟通交流，小组内达成共识，并形成完整的书面文字。

第四步，展示评价。各小组问题讨论进行到近80%的时候，教师随机抽出几个小组黑板书面展示（各小组长讨论期间，做好记录、书面展示、评价等分工），最后再随机抽出小组对书面展示进行评价。

整个环节，教师深入讨论小组，及时给予指导，评价小组结束时教师需要进一步点评。通过质疑、资料搜集整理、初步性答案、共性认识、书面展示、评价等环节实现了不同程度的学生参与，各司其职、资源共享，积极情感得以积累，实现了"利益最大化"。

（五）运用拓展

学习之后，及时检测、反馈、巩固是行之有效的策略之一。因此，精选典型试题及时训练就显得极为重要。对于能力出众的学生更应引导其对经典试题进行变式训练甚至编题训练。

四、疑探式五步教学法运用中的一些体悟及反思

体悟一："教师为主导，学生为主体"的再认识。虽说对于"教师为主导，学生为主体，训练为主线，能力为目标，思维为核心"教学五原则，我校每位教师都烂熟于心，但在课改之前，我总认为教师课堂上做到了尊重学生人格就是对学习主体的体现，至于一节课构思、设计，更多地站在了教师角度上思考。因此，如果没能理清是主体从属于主导，还是主导服务于主体，就不算是真正理解学生为主体的含义。课堂上，教师要学会"示弱"，把更多的表达、沟通交流的时间留给学生，如果课堂上教师过于"强势"，学生不仅会产生依赖感，而且会表现出不自信。教师只需在关键的时候一语中的即可。

体悟二：教学相长的魅力。首先，课堂课下我经常会碰到学生提出的不同问题，很多问题不能即时解决，这时候必须学会放下师道尊严，学会不间断的

学习。其次，课堂上学生的讨论、口头展示、评价等等，我需要学会倾听，并迅速对相关信息梳理、提取、归纳，及时给予指导，这对我也是一大挑战。再次，教学方式方法变了，课堂管理如何高效，也对我提出了更高的要求。

体悟三：教师职业的又一春。新的教学方法，总会擦出新的火花。我的职业倦怠在课改的春风沐浴下逐步褪色，取而代之的是浓浓的课改情，在不断的学习探索中重新找到了自己的价值。

当下课改理念发生了很大变化，要想让课堂变得更加高效，仅仅依靠教学文本、黑板等一些传统资源，显然已跟不上时代发展的步伐了。云数据、云空间等信息化时代要求我们必须及时熟练掌握并在课堂中得以实践，以更高效、更直观、更大容量的信息充实课堂教学，借助网络、信息技术的平台为我们的课堂教学改革插上腾飞的翅膀。

《山地回忆》教学实录

■ 曾令冲

一、设疑自探

师：同学们，今天我们一起来学习孙犁的一篇关于战争题材的小说——《山地回忆》。（板书课题）

师：看着黑板上的题目，你们能解读到哪些信息？

生：这是一篇关于回忆过去生活的文章，而且回忆的内容应该发生在山地。

生：文章应该是对过去一些人和事的美好回忆。

生：我觉得这篇文章应该是一篇优美的散文。

生：我不同意，既然老师刚才说是战争题材的小说，我想文中的生活肯定是残酷、冷漠、无情的……

（许多学生听到×××的发言后，或窃窃私语，或若有所思）

师：大家解读得非常好，单从题目来看，我们似乎很难将文章与残酷的战争联系起来。在众多作家中，孙犁描写战争有他独特的视角，那这篇小说究竟写了战争时期的哪些人和事，并给作者留下了深刻的印象？下面我们就先来了解一下作家的基本情况。（多媒体出示）

（生齐读孙犁简介）

师：现在大家开始自读课文，自主探究文章主要内容。（多媒体出示本课学习目标，提示：情节、结构）

（生自读课文，时间5分钟）

师：大家看完了吧！现在请同学们进行组内交流，说说自己的理解。由小组长对组员的答案进行整理总结，并派代表到前面展示。（生小组内交流）

二、解疑合探

第一小组明确：

生：我们这一小组，主要关注的是小说的故事情节，最后统一看法，认为这篇小说写了两件事。第一件事是"我"为进城来的老乡买布。第二件事是回忆战争年代与妞儿一家一起生活的难忘日子。

第三小组评价：

生：第一组的同学对小说的故事情节把握得比较好，而且语言简洁、准确，如果是 10 分制，可以打 10 分。尤其值得肯定的是小说的事件比较多，这种简洁概括的方法值得我们学习。

第二小组明确：

生：我们小组也概括了故事情节，并且还划分了课文结构。我们也认同第一组同学的理解，所以我主要谈课文结构的划分。我们认为课文可以分三个部分。第一部分（从开头到"连袜底也是用麻纳的"）写遇到熟人想买布送人。第二部分（从"就是因为袜子"到"激荡着我对那女孩的纪念"）写回忆和妞儿一家人的生活经历。第三部分（从"开国典礼那天"到"结尾"）写买布送人以及对妞儿的怀念。

第四小组评价：

生：对于课文结构的划分，我们也认同第二小组，但是发言的同学声音有点小，所以我们认为只能打 9.5 分。

三、质疑再探

师：刚才大家对本文的内容和结构有了一个比较全面的把握。学贵有疑。为什么这样一件小事会让作者时隔多年依然历历难忘？俗话说：学问，学问，一学二问，不学不问是个愚人。那么我们还可以从哪些方面去质疑探究这篇文章？

生：文中小姑娘的性格有什么特点？为何会给作者留下深刻印象？

生：这篇小说不是按照时间顺序记叙的。

生：根据课后题，应该是倒叙。

师：你很聪明，善于利用教材。

（学生笑了）

生：倒叙有什么好处？

生：这篇文章对话很多，值得探究。

……

师：经过大家的思考，我们选取以下两个问题来作为质疑的中心问题。一

是文中女孩有什么样的性格特点？二是本文采用倒叙的写作顺序有什么好处？（教师将这两个问题写在黑板上）

学生进行小组讨论交流。（时间 7 分钟）

小组讨论结束后，开始全班交流。（为了不伤害学生的积极性，可以自由发言）

生："菜是下口的东西呀！你在上流洗脸洗屁股，为什么不脏？"从这句话我们可以看出妞儿是一个心直口快、泼辣，甚至有点粗野的女孩。

一生迫不及待接口道：我感觉她就像一个土豆，很土而且说话有点笨。

（全班哈哈大笑）

师：××同学的比喻很有特点。

生：不对，她不土，很聪明。"'你又装假了，'女孩子烧着火抬起头来，'你有钱吗？'"从这句话我能感觉出女孩很聪明，她其实是希望"我"不要客气，所以选择了这样一种有点呛人的说话方式。

生："够给我买张织布机子了！这一趟，你们在曲阳给我买架织布机子回来吧！"这句话我们能看出妞儿对新鲜事物的渴望，也说明了她的勤劳干练。

生：我再补充一下，她四天的工夫就用手工缝制出"整整穿了三年也没有破绽"的袜子，有了织布机，她就很快地"学习纺织的全套手艺了"。这些内容也可以看出妞儿很聪明。

师：看来女同学很不赞同"妞儿"愚笨的说法。

（许多女生笑了）

生："'占了北平，我们就有洋布穿，就一切齐备！'女孩子接下去，笑了"表现了妞儿的天真、爽朗。

生：她给"我"做袜子和给"我"做好吃的可以看出她很善良。

生：……

生：刚才许多同学是从语言描写分析的，其实文章中写妞儿的"笑"，我觉得也很有表现力。

师：那你能给大家举例分析一下吗？

生：刚才×××提到的这一句："'占了北平，我们就有洋布穿，就一切齐备！'女孩子接下去，笑了。"还有："把菜篮浸进水里，把两手插在袄襟底下取暖，望着我笑了"等。她的笑是那样开朗、无遮无挡，就像开在深山石崖上的山花，灿烂、自然。

（全班同学报以热烈的掌声）

生：我来概述一下，根据上面同学的分析，我们认为妞儿这个人物形象具有这样三个特点：一是爽快率直，甚至还透着点泼辣。二是质朴善良。三是勤劳能干。

师：有些对话看似平淡，其实蕴含深情，如果马虎就会与其失之交臂。即使是交代性的语言，作家也不是随便苟且。例如小说的最后："他说妞儿已经有两个孩子了，还像小时那样，就是喜欢新鲜东西，说什么也要学会。"当年的女孩子早已为人妻、为人母了，可是美好的心灵和要强的性格没有变，由此可见，"我"怀念她，就是因为她的美好和进步，绝没有什么个人的情愫。寥寥数语，包含的内容很丰富。

师：下面我们探讨第二个问题：本文采用倒叙的写作顺序有什么好处？

生：这篇小说从"我"给乡下来的农民代表买布写起，然后写到过去的生活和人。这种倒叙的写法，给人特别真实亲切的感受。

生：由买布巧妙地引出对过去生活的回忆，烘托出对当年人和事的深情。

生：这样写有新意，叙事顺序有变化，就不显得呆板。

师：实际上，买布一事本身是顺叙，做袜子相对买布的前一部分是倒叙；相对买布的前后两部分，又是插叙。从叙事的结构来看，课文像是烧饼夹肉或汉堡包一样，把买布一事从中间劈开，放在文章首尾，而把内容最丰富的做袜子一事夹在中间，首尾呼应，自成一体，这是回忆性记叙文常用的形式。

师：经过讨论研析，我们对孙犁的小说艺术有了初步的感知，建议同学们通过书籍、上网等进一步阅读孙犁的代表作品《荷花淀》，并写一篇300字左右的读后感。今天的学习就到这，下课。

Student's Book 5 Unit 5 First aid 教学设计

■ 刘炳云

【教学目标】

1. 知识目标

To practice understanding specific information while reading

2. 能力目标

To remember and use the topic vocabulary

3. 德育目标

To learn something about first aid

【教学重难点】

重点：Some key words and sentences

难点：The uses of the information

【教学流程】（包括：①设疑自探；②解疑合探；③质疑再探；④运用拓展）

Teaching procedures

Leading in

Ask the students to look at the PPT and answer the question：

Do you know what these numbers mean?

120 emergency medical services

119 fire department

110 police department

Step 1   设疑自探

The students' questions

1. If someone get burned, what kind of first aid should we perform?

2. How to avoid getting burned?

Teacher's questions

1. What is first aid?

2. Why is first aid important?

3. What are the main aims of first aid?

4. Why do you think clothes and jewellery near burns should be removed?

5. Why is the information numbered under the heading of first aid treatment?

6. Why should you put cold water on a burn?

7. Why doesn't a third degree burn hurt?

8. If someone has a third degree burn, why might you see tissue?

Decide True or False

1. If a person gets a third degree burn, he will feel great pain.

2. Sunburn just belongs to the first degree burn.

3. If a person gets a third degree burn, he must cool burns immediately with cool but not icy water and then go to see a doctor.

4. If you are burned, you must remove clothing even if it is stuck to the burn.

5. Sometimes, we can put oil or ointments on burns to stop the infection.

6. We should make sure the bandage won't stick to the skin when it is used.

7. If burns are on the face, we should make the victim lie down.

Step 2　解疑合探

1. Discuss the questions above.

2. Students answer the questions（answering race）.

3. Read the text carefully and then find out difficulties or important language points.

4. Discuss ideas with partners.

5. Present.

6. Comment on these languages points.

Paragraph	展示小组	评价小组
Paragraph 1 and causes of burns	1	2
Types of burns and characteristics of burns	5	3
First aid treatment	6	4

展示要求：

①工整大方；

②条理清晰，体现集体智慧；

③无展示任务的同学请继续讨论，为评价和质疑做好准备。

评价要求：

①给分有理，扣分有据；

②声音洪亮，重点突出；

③言简意赅，鼓励创新。

Step 3　**质疑再探**

Do you have any difficulty in phrases or long sentences? Come up with them bravely！

Step 4　**运用拓展**

Complete the following sentences.

1. I'm afraid it will rain tomorrow. ＿＿＿＿＿＿＿＿＿＿（假如下雨的话），we won't be able to hold our football match.

2. He suddenly ＿＿＿＿＿＿＿＿＿＿（生病）last week and ＿＿＿＿＿＿＿＿＿ ＿＿＿＿＿＿＿＿＿＿（由于疾病）he didn't attend this important meeting.

3. Do you know how to ＿＿＿＿＿＿＿＿＿＿＿（实施急救）if someone is bitten by a snake?

4. He raised his arm to ＿＿＿＿＿＿＿＿＿＿＿＿＿（护住脸）from the blow.

5. Someone ＿＿＿＿＿（阻止）him ＿＿＿＿＿＿＿＿＿＿＿＿＿＿（说实话）. So he was afraid to do so.

Fill in the blanks with the phrases in the box to complete the sentences using their proper forms.

> protect... against... , prevent... from... ,
> get burnt, take off, choke, carry out, be
> proud of , iron, present sb. with sth. , heal

1. You have three layers of skin to ＿＿＿＿＿＿you ＿＿＿＿＿＿diseases, poison and the sun's harmful rays.

2. He ＿＿＿＿＿＿his hat and bowed（鞠躬）to us.

3. If your skin ＿＿＿＿＿＿, it will be very serious.

4. The skin can ＿＿＿＿＿＿your body ＿＿＿＿＿＿losing water.

5. I prefer to ＿＿＿＿＿＿my shirts while they are still damp.

6. The cut soon ＿＿＿＿＿＿over, but it left a scar.

7. She ＿＿＿＿＿＿to death on a fish bone.

8. I _____ their success.

9. He was _____ an experiment when I rang him.

10. The town _____ a library.

【课后反思】

西峡一高教师的英语课教学设计大致分为三类：第一类为单词新授，第二类为课文讲解，第三类为语法课。与传统的教学设计相比，首先，从内容上讲，单独有单词讲授的教学设计，课文讲授只是点到为止，学生重点探究的是词汇与句型，这就突出了对词汇和句型的学习和掌握。其次，淡化了对Warming up 的处理，淡化了对课文内容的理解要求。西峡一高的英语课将我们所看重的 Warming up 和 Comprehending 简化为几个简单的问题和 True or False。第三，西峡一高的英语课采用了"三疑三探"的教学模式，将思考的权利和机会以及解决问题的机会还给学生，充分体现了以学生为主体的教学理念。第四，西峡一高的英语教学体现学生的合作精神。合作学习是一种重要的学习形式，这需要首先培养学生的合作意识。

我不认同西峡一高在实施"三疑三探"教学模式中对 Warming up 和 Comprehending 的淡化，这种淡化不利于对学生阅读能力的培养。我们在借鉴他们的教学设计时，应该将对文章内容的理解单独列出来，用一节课的时间训练学生的阅读能力及阅读技巧。

"动量定理"教学案例：兴趣激发学习正能量

■ 王建华

作为一名物理教师，尤其是在教学岗位上打拼多年的教师，往往自我感觉学富五车，满腹经纶。自认为吃透了教材，备课只要下点功夫就会在教学上游刃有余，就会让学生取得好成绩，其实不然。究其原因，尽管是多方面的，但有一点是不容忽视的，那就是没有抓住青少年的年龄特征，没有重视对他们的兴趣培养。如果学生不爱学，不想学，提高成绩谈何容易。

在教学中，假若能激发学生的学习兴趣，像磁铁一样吸引学生积极主动地学习，让他们爱上物理课，盼上物理课，上课时充满激情，探究互动，形成热烈和谐的教与学的氛围，学生的学习成绩定会有一个大幅度的提高。

教学有法，教无定法。为了激发学生学习物理的兴趣，在教学中笔者也做了一些有意的尝试。现以"动量定理"为例，谈如何激发学生学习兴趣。

用一个鸡蛋和一块毛巾进行演示实验。把毛巾铺在讲台上，用手拿着鸡蛋，从距离毛巾几厘米高处，松开手让鸡蛋落在毛巾上，鸡蛋安然无恙。再把鸡蛋拿起来，比第一次的高度稍高一些，再松开手让鸡蛋落在毛巾上，结果鸡蛋仍然完好无损。随着鸡蛋下落的高度逐渐增加，同学们的心便"悬"了起来，全班的注意力集中起来，这时他们的好奇心便产生了，急于想了解为什么鸡蛋落在铺着毛巾的桌面上不易碰碎。

在讲台上放一个实验用的力学小车和一根又薄又细的竹片，提问：谁能用一根细竹片让小车获得较大的速度，或者说让小车由动量为零开始获得较大的动量。学生自愿走上讲台，动手实验。有的学生为了获得较大的动量用细竹片抽打小车，结果小车仅仅稍微移动，以为用的力不够大，就用力抽打，结果仍不理想。不少学生甚至喊出了"用力抽"，有的学生悟出了点道理，急忙走上讲台，抢过细竹片，用细竹片持续顶着小车前行，结果是小车越走越快，此时课堂上响起了欢呼声。同学们的情绪被调动起来了，在此种情况下提出有关问题，同学们对动量定理的内容已经接受了。

让每个学生准备一张小纸条，把钢笔帽立在上面，让他们把纸条从钢笔帽下拉出来，条件是钢笔帽不能倒。有的学生怕钢笔帽倒下就小心翼翼地轻轻拉，结果钢笔帽倒下了；有的学生几次拉动纸条均未成功，就用力快速地拉，结果顺利地把纸条从钢笔帽下拉出来了，实验成功了。全班同学在慢拉失败后，都找到了成功的诀窍，课堂上洋溢着成功的喜悦。学习动量定理的热情高涨起来。

介绍一个杂技节目：一个女演员躺在地面上，用一个很重的石磨盘压在女演员的身上，一个彪形大汉，使劲举起一个大铁锤，对准石磨盘，狠狠地砸下去，石磨盘被砸成几块，"险"啊！女演员翻身跃起，安然无恙。同学们听得目瞪口呆，十分惊奇。好奇心有了，注意力集中了，学习的主动性也大大提高了。

与此相反，有的教师，照本宣科，从理论到理论。由 $a = F/m$ 和 $a = (v_t - v_0)/t$ 推导出 $Ft = mv_t - mv_0$，即得出 $Ft = P' - P$。告诉学生，这就是动量定理表达式。虽然说是教无定法，怎样教无可厚非。但从学生的心态来说是积极的还是消极的，是主动的还是被动的，情绪是高亢的还是低沉的，值得商榷。试问：他们有学习"动量定理"的兴趣吗？他们爱学吗？

物理本身是生动有趣的，"兴趣是最好的老师"，兴趣培养不是固定不变的，培养学生的学习兴趣，应体现在教学的全过程。评价教师的教学思想、教学方法是平庸的还是高明的，学生对物理学习的兴趣大小就是一把标尺，在教学中要经常扪心自问："他们爱学吗？"

例谈探究式教学：自由落体运动

■ 焦艳琼

所谓探究式教学，就是教师在教学过程中创设一种类似科学研究的情景和途径，让学生通过主动探索、发现和体验，学会对大量信息的收集、分析和判断，从而培养其开拓精神和创造能力。下面，结合自由落体运动教学实践谈探究式教学。

一、教学目标

（1）知识目标：理解自由落体的性质，了解重力加速度，掌握自由落体规律及其应用。

（2）能力目标：启发与培养学生实验观察和思考能力、分析归纳总结能力。能够分析实际生活中的事例，进一步理解自由落体的含义及适用条件。尝试应用科学探究的方法研究物理问题，了解物理学的研究方法。

（3）情感目标：渗透科学推理和科学实验是揭示自然规律的重要方法和实验手段，并将理论联系实际。培养学生对科学的好奇心和求知欲，实事求是、尊重客观规律的科学态度以及主动与他人合作的团队精神。

二、教学用具

牛顿管、小铁片、纸片、小钢球、刻度尺等。

三、教学过程

（1）教师：创设情境，展示生活案例。

学生：激发兴趣，形成问题。

导入新课。

教师：在日常生活中，我们可以见到滴水、落石、落苹果、雨滴、跳伞等现象。

教师设问：这些现象有没有共同点？（学生讨论回答）

教师归纳：这是一种物体从高空到地面的运动形式。我们今天一起来研究这种运动形式。

演示：教师手中的小钢球松手后下落。

教师设问：物体下落的快慢和什么因素有关？（学生观察讨论回答）

教师归纳总结：物体下落的快慢和重力及空气阻力有关。

教师提问：不同轻重的物体下落快慢是否相同？物体下落的快慢与什么因素有关？

（2）教师：引导自学，个别指点。

学生：提出问题，进行预知。

学生两人一组，根据要解决的问题，共同构思探究步骤，从而得出问题答案。此时，学生对不同物体下落快慢已有直观的认识，他们会说出各种不同的答案。如有学生认为与物体的重量大小有关，有学生会想到与物体的形状大小有关，也可能有基础较好的学生会提出与重力以及空气阻力有关。教师应让学生经历猜想与假设的过程，并对各小组进行指点，督促学生独立思考，促进学生之间的交流并且鼓励学生大胆发问，避免有学生不动脑思考，或者不根据事实和经验而作凭空的无谓的猜想。

（3）教师：分解问题，方法指导。

学生：制订计划，设计实验。

具体探究步骤：①用一张纸片和一个铁片实验，使它们从同一高度同时下落。②取两个同样大小的纸片，将其中的一个团成团，另一个不成团，使它们从同一高度同时下落。③将两个纸片都团成团，使它们从同一高度同时下落。④用质量不同的两个钢球，使它们从同一高度同时下落。

这一步要求学生写出探究目的、探究仪器，并根据实验假设制定出探究步骤，设计如何记录探究结果。在学生制订完计划后，引导学生不要急于操作，要分析自己的计划，小组间相互交流探究计划，寻找计划中的不当之处。学生的设计方案往往不那么完整，部分学生会考虑实验不全面，不注意实验结果的记录，没有考虑到要根据实验结果进行分析得出结论，没能从整体上把握探究计划。教师要根据学生中出现的实际问题进行指导。教师可以检查学生的设计方案，对其中存在的问题提出启发性的建议。

针对考虑实验不全面的学生，比如对没有想到实验④的学生提问："当物体受到的空气阻力可以忽略不计时，不同物体下落的快慢是相同的吗？"这一点在指导学生时尤其要注意，因为学生受到认识心理的限制，考虑问题不是很全面。同时，教师还可以引导小组之间进行交流，让学生通过取长补短进一步完善方案中的不足之处。另外，教师可以事先准备一些提示卡，将学生可能遇到的问题整理到提示卡上，当发现学生存在问题时，可通过发放提示卡来引导学生思考。这样，可避免学生过分依赖教师或者教师对一个小组的指导时间过长，来不及兼顾其他小组的探究活动。而且，教师可以适时检查学生对提示卡上的问题的思考结果，更好地对各小组进行调控和指导。

（4）教师：适时启发，适当点拨。

学生：分析证据，得出结论。

针对重力，实验①结果：铁片下落得快。实验②结果：团成团的下落得快。通过实验①、②可以简单地说明物体的下落快慢和重力无关。针对空气阻力实验③同时落地、实验④两个钢球同时落地，通过实验①、②分析得出纸片比铁片和纸团下落得慢是因为纸片受到空气的阻力作用比较大。通过实验②、③、④可分析得出当物体受到的空气阻力作用很小，可以忽略不计时，不同物体下落的快慢是相同的结论。

为了进一步理解，教师演示真空管实验，在真空管内，金属片、羽毛、小软木塞下落快慢相同，从而证明了结论：物体下落的快慢与质量无关，没有空气阻力时，它们的下落快慢相同。同时引出自由落体运动的概念，物体只在重力作用下从静止开始下落的运动，叫做自由落体运动。在做演示时要提到实验注意事项。这样一步一步层层深入地研究，在不同条件下得出不同结论，加深学生的印象，并且使学生确信：物体只受重力时不同质量的物体自由下落的快慢是相同的。

（5）教师：组织讨论，积极鼓励。

学生：讨论争辩，尝试表达。

学生独自反思后，让学生进行组内交流或组间交流，在此基础上，教师给学生当众表达的机会，让某组学生代表当众总结自己在探究过程中的成功与失败之处，然后请其他同学进行评价，最后教师对其做出评价。这样，通过采取自我评价、同学之间互评和教师评价相结合的方式，对学生的整个探究过程进行分析、讨论。

最后，要求学生写出实验探究报告，其内容应该包括探究的问题、探究的过程和探究的结论等。应该让学生在理解科学探究的情况下写出自己的探究过程，以及在此过程中获得的成功、受到的启发、取得的经验教训等。

探究式学习是当前新课程改革提出的一个新理念、新要求。物理探究式学习有助于发展学生的创新思维和实践能力，有助于学生获得情感体验和个性发展，有助于培养学生的科学素养，有助于培养学生获取信息和分析问题的能力，有助于培养学生乐于合作的团队精神，有助于扩展物理学科的学习领域，能够帮助学生改变原有的学习方式，创造一种新型的师生关系。

例谈在高中数学教学中培养学生创造性思维能力

■ 杨正宏

创造性思维是思维的最高境界，是一种不依常规，寻求变异，沿着不同的方向去思考问题，从多方面寻求答案的思维形式。人们在进行创造性思维时，既需要分析，也需要综合；既需要发散，也需要集中；既需要直觉，形象思维，也需要分析，逻辑思维。因此，在数学教学中，培养学生创造性思维，既需要把握教学时机，引导学生探索求知规律，又需要创设问题情境，诱导学生对已知思路作出联系或新奇的联想，往往使解题别开生面、妙趣横生，给人以美的熏陶，同时也增强了学生的求新、求异意识，激发了他们不甘满足、勇于创新的激情。

例1. 已知 a，b，$m \in \mathbf{R}^+$ 且 $a < b$，求证：$\dfrac{a+m}{b+m} > \dfrac{a}{b}$。

本题是数学必修4不等式中的一道题目，在学生掌握了分析证法、综合证法的基础上，引导学生分析、充分联想，合作学习，归纳出以下几种解法：

解法一：构造函数法

令 $f(x) = \dfrac{a+x}{b+x} = 1 - \dfrac{b-a}{b+x}$，易证 $f(x)$ 在 $(-b, +\infty)$ 上单调递增

$\because m \in (-b, +\infty)$

$\therefore f(m) > f(0)$

$\therefore \dfrac{a+m}{b+m} > \dfrac{a}{b}$

解法二：构造定比分点法

由 a，b，$m \in \mathbf{R}^+$，$a < b$，所以 $0 < \dfrac{a}{b} < 1$

$\therefore \dfrac{a+m}{b+m} = \dfrac{\dfrac{a}{b} + \dfrac{m}{b} \times 1}{1 + \dfrac{m}{b}}$，令 $\lambda = \dfrac{m}{b} > 0$

则点 $P_0\left(\dfrac{a+m}{b+m}, 0\right)$，为线段 PQ 的内分点，其中 $P\left(\dfrac{a}{b}, 0\right)$，$Q(1, 0)$；

$\therefore \dfrac{a+m}{b+m} > \dfrac{a}{b}$

解法三：构造斜率法

考查点 A $(b,\ a)$，B $(-m,\ -m)$

$\because a,\ b,\ m \in \mathbf{R}^{+}$，且 $a < b$，

$\angle xOA \in (0,\ \dfrac{\pi}{4})$，$\angle xOB = -\dfrac{3\pi}{4}$

显然：$K_{AB} > K_{OA}$

$\therefore \dfrac{a+m}{b+m} > \dfrac{a}{b}$

例 2．已知函数 $f\ (x) = \sqrt{1+x^2}$，$a,\ b \in \mathbf{R}$，且 $a \neq b$，求证：$|f\ (a) - f\ (b)| < |a-b|$。

解：构造两点间距离

$$|f\ (a) - f\ (b)| = \left| \sqrt{1+a^2} - \sqrt{1+b^2} \right|$$
$$= \left| \sqrt{(a-0)^2 + (1-0)^2} - \sqrt{(b-0)^2 + (1-0)^2} \right|$$

上式可看成是点 A $(a,\ 1)$ 与 B $(b,\ 1)$ 到原点的距离之差的绝对值。

而 $|a-b| = |AB|$，显然 $\big| |OA| - |OB| \big| \leqslant |AB|$

所以：$|f\ (a) - f\ (b)| < |a-b|$

例 3．实数 x、y 满足 $x^2 - 3xy + y^2 = 2$，求 $x^2 + y^2$ 的值域。

分析：由题目中 $x^2 + y^2$、xy 联想到 $x^2 + y^2 \geqslant \pm 2xy$，给出如下解法。

解：设 $xy = m$，$x^2 + y^2 = n$，由题意知 $m = \dfrac{n-2}{3}$

$$\therefore \begin{cases} n - 2m \geqslant 0 \\ n + 2m \geqslant 0 \end{cases} \quad \therefore \begin{cases} n - 2 \times \dfrac{n-2}{3} \geqslant 0 \\ n + 2 \times \dfrac{n-2}{3} \geqslant 0 \end{cases} \quad \therefore n \geqslant \dfrac{4}{5}$$

$\therefore x^2 + y^2 \in \left[\dfrac{4}{5},\ +\infty \right)$

训练：实数 x、y 满足 $4x^2 - 5xy + 4y^2 = 5$，设 $S = x^2 + y^2$，

求：$\dfrac{1}{S_{\max}} + \dfrac{1}{S_{\min}}$ 的值。

分析：设 $xy = m$，由已知 $m = \dfrac{4S-5}{5}$

$$\therefore \begin{cases} S - 2m \geqslant 0 \\ S + 2m \geqslant 0 \end{cases} \quad \therefore \begin{cases} S - 2 \times \dfrac{4S-5}{5} \geqslant 0 \\ S + 2 \times \dfrac{4S-5}{5} \geqslant 0 \end{cases}$$

$$\therefore \frac{10}{13} \leqslant S \leqslant \frac{10}{3}$$

$$\frac{1}{S_{\max}} + \frac{1}{S_{\min}} = \frac{3}{10} + \frac{13}{10} = \frac{8}{5}$$

例4. 求函数 $y = \dfrac{\sin x}{2 - \cos x}$ 的值域。

分析：由 $y = \dfrac{\sin x}{2 - \cos x} = \dfrac{0 - (-\sin x)}{2 - \cos x}$

表示点 A（2，0）和点 B（$\cos x$，$-\sin x$）连线的斜率，动点 B 在圆 $x^2 + y^2 = 1$ 上，显然当直线 AB 与圆相切时，y 有最值，且 $y_{\min} = K_{AP} = -\dfrac{\sqrt{3}}{3}$，$y_{\max} = K_{AQ} = \dfrac{\sqrt{3}}{3}$

$$\therefore y \in \left[-\frac{\sqrt{3}}{3}, \frac{\sqrt{3}}{3} \right]$$

训练：求函数 $f(x) = \dfrac{\sqrt{1 - x^2}}{x + 2}$ 的值域。

分析：令 $y = \sqrt{1 - x^2}$，则 $f(x) = \dfrac{y}{x + 2}$，表示 $y = \sqrt{1 - x^2}$ 的图像上的动点 P（x，y）与点 M（-2，0）的连线 MP 的斜率 K_{MP}，可知当直线 MP 与半圆相切时 K_{MQ} 最大，此时 $\angle OMQ = \dfrac{\pi}{6}$，$\therefore K_{MQ} = \dfrac{\sqrt{3}}{3}$

$\therefore$ 所求函数 $f(x)$ 的值域是 $\left[0, \dfrac{\sqrt{3}}{3} \right]$。

例5. 已知 $a + b + c = 1$，求证：$a^2 + b^2 + c^2 \geqslant \dfrac{1}{3}$。

分析：本题当且仅当 $a = b = c = \dfrac{1}{3}$ 时等号成立，此时 $a^2 = \dfrac{1}{9}$，因此，构造数组 " a^2，$\dfrac{1}{9}$ "。

$$\therefore a^2 + \frac{1}{9} \geqslant \frac{2}{3}a, \ b^2 + \frac{1}{9} \geqslant \frac{2}{3}b, \ c^2 + \frac{1}{9} \geqslant \frac{2}{3}c$$

$$\therefore a^2 + b^2 + c^2 + \frac{1}{3} \geqslant \frac{2}{3}(a + b + c) = \frac{2}{3}$$

$$\therefore a^2 + b^2 + c^2 \geqslant \frac{1}{3}, \ \text{证毕。}$$

例6. 求 $(\sqrt{x} + 2)^{2n+1}$ 展开式中的整数次幂的系数和。

分析：注意到代数式中的 $2n+1$ 是奇数

可令 $A=\left(\sqrt{x}+2\right)^{2n+1}$，$B=\left(-\sqrt{x}+2\right)^{2n+1}$

则由二项式定理可知：A 与 B 中的 x 的整数次幂之和相同，记为 $f(x)$，非整数次幂之和互为相反数，相加后相消。

$$2f(x)=\left(\sqrt{x}+2\right)^{2n+1}+\left(-\sqrt{x}+2\right)^{2n+1}\quad\therefore f(1)=\frac{1}{2}\left(3^{2n+1}+1\right)$$

所以，所求代数式展开式中的整数次幂的系数和为 $\frac{1}{2}\left(3^{2n+1}+1\right)$。

例 7. 设 $n=1990$，求：

$\frac{1}{2}\left(C_n^0-3C_n^2+3^2C_n^4-\cdots+3^{994}C_n^{1988}-3^{995}C_n^{1990}\right)$ 的值。

解：根据待求式的特征作如下构造：

$(1+\sqrt{3}i)^n=C_n^0+C_n^1(\sqrt{3}i)+C_n^2(\sqrt{3}i)^2+\cdots C_n^n(\sqrt{3}i)^n$

$(1-\sqrt{3}i)^n=C_n^0-C_n^1(\sqrt{3}i)+C_n^2(\sqrt{3}i)^2+\cdots C_n^n(-\sqrt{3}i)^n$

当 $n=1990$ 时，

$(1+\sqrt{3}i)^{1990}+(1-\sqrt{3}i)^{1990}$

$=2\left(C_{1990}^0-3C_{1990}^2+3^2C_{1990}^4-\cdots+3^{994}C_{1990}^{1988}-3^{995}C_{1990}^{1990}\right)$

故所求代数式 $=\frac{1}{4}\left[(1+\sqrt{3}i)^{1990}+(1-\sqrt{3}i)^{1990}\right]=-2^{1988}$

巧妙的构造，来源于仔细的观察及知识的积累，学好基础知识就显得愈加重要，打好基本功加上联想的方法、构造巧妙，就能使学生的思维如虎添翼，从而进一步培养学生的创造性思维。

《电源和电流》课堂实录

■ 吴彦琴

【三维目标】

1. **知识与能力**

（1）明确电源在直流电路中的作用，理解导线中的恒定电场的建立。

（2）恒定电流的概念和描述电流强弱程度的物理量——电流。

（3）从微观意义上看电流的强弱与自由电子平均速率的关系。

2. **过程与方法**

由学生熟悉的水流引入本课，通过熟悉的东西了解抽象的、不易理解的电流，培养学生综合运用所学知识，联系前后分析电流和电源的基本知识的能力。

3. **情感态度与价值观**

（1）渗透物理学方法的教育：运用类比法、模型法分析电流及电源。

（2）培养学生综合分析问题的能力，体会物理知识的实际应用。

【教学重点和难点】

（1）重点：理解电源的形成过程及电流的产生。

（2）难点：电源作用的原理，区分电子定向移动的速率和在导线中建立电场的速率这两个不同的概念。

【教学方法】

类比法、模型法、探究法。

【教师引入】

同学们好！今天我们共同来研究第二章《恒定电流》中的第一节内容《电源和电流》。在学习新课之前，让我们先来讨论一个问题。

教师提问：

如果我们现在的都市生活没有电，我们的生活将会变成什么样子？

学生甲：

如果没有电，我的手机就不能用了，我家的所有电器都将会瘫痪。

学生乙：

如果没有电，我就再也不能玩电脑了，就不能及时了解大千世界的信息了。如果真是那样，我觉得我再也没法活下去了。

教师总结：

两位同学回答得很好，如果没有电这样的生活太恐怖了！

如果没有电，我们的生活只能这样了（看第一张幻灯片），正因为有了电，我们的塞上古城银川才会如此美丽（看第二张幻灯片），也才会这样璀璨斑斓（看第三张幻灯片）。

教师提问：

既然电在我们的日常生活中如此重要，那么电是如何形成的呢？形成电流需要满足哪些条件呢？（看第四张幻灯片）

教师引导：

以上两个问题比较抽象，我们直接去研究的确有些困难。当我们在生活和学习中遇到比较抽象或不能直接去研究的问题时，我们可以转换思路，从生活中较形象的一些事例进行类比研究。请大家看图片（第五张幻灯片）并思考讨论以下问题。

教师提问：

我们周围的水域哪些是流动的，哪些不流动？为什么？

学生丙：

湖水是不流动的，黄河和唐徕渠里的水是流动的，水流动是因为河道和水渠存在高度差。

教师总结：

非常棒。

教师提问：

那么水流是如何形成的呢？（看第六张幻灯片）

学生丁：

大量的水向某一个方向流动时就会形成水流。

教师总结：

棒极了，请同学们对这两位同学的回答给以热烈的掌声。

教师提问：

形成水流需要满足哪些条件呢？（看第七张幻灯片）请同学们讨论以后回答。

学生代表一：

要形成水流，必须满足两个条件：一是要有水，二是水渠存在高度差。

教师总结：

棒极了。在前面的教学中，我们了解并学习了电容器，因为电容器是一个抽象的概念，所以我们类比了生活中的水容器；我们还了解并学习了带电粒子在电场中的运动，也因为它很抽象，我们类比了最早学习过的平抛运动。今天

我们要学习电流及电流的形成，我们也可以类比我们生活中熟悉的水流。（看第八张幻灯片）

教师提问：

刚才我们分析了水流的形成，那么请同学们思考并讨论，电流是如何形成的？

学生代表二：

如果自由移动的电荷发生定向移动就形成了电流。（看第九张幻灯片）

教师总结：

棒极了，请同学们对这位同学的回答给以热烈的掌声。

教师提问：

那么形成电流需要满足什么条件吗？请同学们思考讨论后回答。

学生代表二：

要形成电流，必须有电荷和电路中要存在电势差。

教师总结：

很好！形成电流需要两个条件，一是要有自由电荷，二是导体两端要存在电压。（看第十张幻灯片）

教师提问：

那么我们用什么装置来为导体两端提供电压呢？

学生代表三：

电源。

教师总结：

很好。在学习电源之前我们来讨论这样一个问题（看第十一张幻灯片，只让存在高度差的连通器出现）。A池和B池由于存在高度差，当打开它们中间的阀门时，我们会发现A池中的水会自然地流向B池，最终两池中的水达到相同的高度。

教师提问：

如果使两池中形成持续的水流，我们应该如何去做呢？

学生代表四：

在两池之间加一个抽水机，不停地将一个水池中的水抽到另一个水池中，使两个水池中的水始终存在高度差，这样两池中就始终存在持续的水流。

教师总结：

太棒了，刚才我们用了类比的方法，现在我们还用类比的方法来研究一下下面的问题。请大家看右边的图（看第十一张幻灯片），A球带正电，B球带负电（A、B两球带电量相等），如果在A、B两球之间连一根导线。则电荷会在库仑引力的作用下发生移动，这样很快 A、B 两球就形成中性了。

教师提问：

那么，怎样才能使 A、B 之间有持续的电荷移动呢？

学生代表四：

在 A、B 之间加一个电源，在电源的作用下把流到 A 处的电子取走，补充给 B，这样电路中就有持续的电流了。

教师总结：

这位同学回答得非常好，可见电源就是为导体两端提供电压的装置（看第十二张幻灯片）。有了自由移动的电荷，有了电源就形成了电流。所以在导体内部、导体周围都形成了恒定的电场，由于电场强度不变，从而使得自由电子定向移动的平均速率也不变，因此，如果在电路中串联一个电流表，电流表的读数也不会变，我们将这样的电流称为恒定电流。（看第十三张幻灯片）给出恒定电流的定义，用水流的强弱类比电流的强弱，直接引出恒定电流的表达式、单位。

教师引导：

看第十四张幻灯片思考与讨论，使学生更深入地理解电流的概念。

教师提问：

（1）电子定向移动的方向和电流的方向有什么关系？

（2）通过某导体截面的正负电荷量之和如何计算？

学生代表五：

电子定向移动的方向和电流的方向相反，在计算通过某导体截面的正负电荷量之和时，注意是正负电荷量的绝对值之和。

教师总结：

非常好，请看第十五张幻灯片。

【巩固训练】

（1）在金属导体中，若在 10s 内通过某一导体横截面的电量为 10C，则该导体中的电流为（　　）A。

（2）某电解槽横截面积为 $0.5m^2$，若 10s 内沿相反方向通过横截面的正负离子的电荷量均为 10C，则电解液中的电流为（　　）A。

教师引导：

电荷的定向移动形成电流，那么电流的大小与哪些微观量有关呢？（看第十六张幻灯片）

【问题】

设电子从右截面移动到左截面所用的时间为 t，导体的横截面积 S，导体每单位体积内的自由电荷数为 n，每个电荷的电荷量为 q，电荷定向移动的

速率为 v，请问这段导体内产生的电流 I 多大？

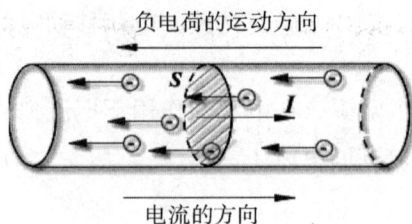

【讨论结果一】

（1）电流的表达式：$I = Q / t$。

（2）单位体积内的电荷量 $Q = nq$。

（3）这段导体内总的电荷量：$Q = Vnq$。

（4）导体的体积：$V = SL$。

（5）导体的长度：$L = vt$。

所以电流的微观表达式为：$I = nqSv$。

【快速热身】

（1）现有一铜导线，横截面积为 $1mm^2$，若通过该铜导线的电流为 $2.4A$，单位体积的自由电子数为 8.4×10^{28} 个，求自由电子定向移动的平均速率？

（2）上题中，铜导线中的自由电子定向移动的平均速率为 $1.8 \times 10^{-4} m/s$，为什么一旦接通电路，整个电路中几乎同时迅速形成电流？"电"的传播速度到底有多大？

【讨论结果二】

电子定向移动的速率约为 10^{-4} m/s，电场的传播速率为 $3 \times 10^8 m/s$。

【课堂小结】

引导学生回顾本节课学习内容。

（1）形成电流的条件：

①存在自由电荷；

②导体两端存在电压。

（2）电源：为导体两端持续提供电压的装置。

（3）恒定电流：

①定义：大小和方向都不随时间变化的电流。

②物理意义：表示电流强弱程度的物理量。

③定义式：$I = Q/ t$；微观表达式：$I = nqSv$。

（4）通过本节课的学习，你掌握了哪些学习物理的方法呢？

《盐类的水解》教学设计

■ 张 宁

【知识与能力】

认识盐类水解的原理、盐类水解的规律。

【过程与方法】

（1）通过实验并运用归纳法分析盐类的组成与盐溶液酸碱性的对应关系。

（2）以水的电离平衡为基础，认真分析盐类电离出的阴、阳离子与水电离出的 H^+ 或 OH^- 结合成弱酸或弱碱的趋势，明确不同盐溶液呈现不同酸碱性的本质原因。

【情感态度与价值观】

通过探究不同盐溶液呈现不同酸碱性的本质原因，学会透过现象看本质。

【教学重点】

盐类水解的本质。

【教学难点】

盐类水解方程式的书写和分析。

【教学器材】

pH 试纸、比色卡、玻璃棒、表面皿、多媒体。

药品：$NaCl$、Na_2CO_3、$NaHCO_3$、NH_4Cl、Na_2SO_4、CH_3COONa、$(NH_4)_2SO_4$（均为溶液）。

【教学方法与过程】

①设疑自探；②解疑合探；③质疑再探；④运用拓展。

【引入新课】

生活中常用的盐除 $NaCl$ 外，还有谷氨酸钠（味精）和 Na_2CO_3、$NaHCO_3$ 等。$NaCl$ 和谷氨酸钠主要用于食品调味，而 Na_2CO_3、$NaHCO_3$ 被视作"碱"，用于油污清洗和面食制作，特别是 Na_2CO_3，俗称纯碱。明明是盐，为什么叫"碱"呢？

【教学步骤】

1. 设疑自探（一）

（1）酸溶液显酸性，碱溶液显碱性，盐溶液是否都显中性？

（2）同样为盐溶液，CH_3COONa、$NaCl$、NH_4Cl 三种溶液，却表现出不同的酸碱性，其根本原因是什么？将三种晶体 CH_3COONa、$NaCl$、NH_4Cl 各少许分别溶于三支试管中，用 pH 试纸检验三种溶液的酸碱性。（指导学生规范实验）

2. 解疑合探（一）

（1）溶液的酸碱性与氢离子浓度、氢氧根离子浓度之间有何关系？

（2）由水的电离平衡可知，纯水中 $c(H^+) = c(OH^-)$，而盐溶液显示出酸碱性，说明溶液中，H^+ 和 OH^- 的物质的量浓度是不相等的，为什么会出现不相等的情况呢？（以 CH_3COONa 溶液为例来分析）

（3）CH_3COONa 溶液中存在着几种离子？哪些离子可能相互结合，对水的电离平衡有何影响？为什么 CH_3COONa 溶液显碱性？

3. 设疑自探（二）

（1）NH_4Cl 溶液中 $c(OH^-)$ 和 $c(H^+)$ 最终不相等的原因是什么呢？

（2）以 $NaCl$ 为例，说明强酸强碱盐能否水解？

（3）Na_2CO_3 溶液为什么显碱性？

4. 解疑合探（二）

（1）盐溶液的酸碱性与生成该盐的酸和碱的强弱间有什么关系？

（2）CH_3COONH_4 溶液是否水解？水解后溶液的酸碱性如何？

5. 质疑再探

知道了盐类水解的概念、实质、规律，那么究竟什么时候考虑水解，水解方程式应如何正确书写，水解有哪些应用？

6. 运用拓展

盐类水解与以前学过的中和反应有什么关系呢？

7. 总结概括

由以上分析知道，在 CH_3COONa、NH_4Cl 溶液中，盐电离出来的 CH_3COO^- 和 NH_4^+ 与水电离出的 H^+、OH^- 反应生成了弱电解质 CH_3COOH、$NH_3 \cdot H_2O$，使水的电离平衡发生移动（促进水的电离），这就是盐类水解的概念及实质。

【板书设计】

盐类的水解：

（1）定义：在溶液中盐电离出来的离子跟水所电离出来的 H^+ 或 OH^- 结合生成弱电解质的反应，叫做盐类的水解。

（2）实质：水的电离平衡发生移动，从而使盐溶液显示出不同程度的酸性、碱性或中性。

（3）盐类水解的规律：谁弱谁水解，谁强显谁性，越弱越水解，都强不水解，都弱都水解，双弱具体定。

（4）水解方程式的书写：①一般盐类水解的程度很小，水解产物很少。通常不生成沉淀或气体，也不发生分解。②在书写离子方程式时一般不写等号而写可逆符号，不标"↓"或"↑"，也不把生成物（如 H_2CO_3、$NH_3 \cdot H_2O$ 等）写成其分解产物的形式。

【练习试题】

（1）请判断下列盐溶液的酸碱性：$CuSO_4$、$FeCl_3$、Na_2S、NH_4Ac、KNO_3、$BaCl_2$、Na_2SO_3。

（2）请按 pH 增大的顺序排列下列盐溶液（物质的量浓度相等）：$NaNO_3$、H_2SO_4、$AlCl_3$、Na_2CO_3、$KHCO_3$。

（3）常温下，$pH = 3$ 的 H_2SO_4 和 $Al_2(SO_4)_3$ 溶液中，水的电离度分别为 α_1 和 α_2，则 α_1 和 α_2 的关系为＿＿＿＿＿，由水电离出的 $[H^+]$ 之比为＿＿＿＿＿。

《羧酸　酯》教学设计

■ 王　艳

【教学目标】

1. 知识与能力

（1）认识羧酸的官能团以及分类；

（2）认识乙酸的分子组成及结构特点，了解其物理性质；

（3）掌握乙酸的化学性质及酯化反应。

2. 过程与方法

（1）通过创设问题情境，引导学生积极思考；

（2）通过课本第 60 页的科学探究，由学生分组讨论，实验探究，让学生在交流与合作中感知和体验，自己得出结论。

3. 情感态度与价值观

通过学生亲自动手实验，让学生从探索发现中体验探究的快乐，培养科学素养、合作意识。

【学情分析】

从知识结构上看，学生对有机物的结构及化学性质之间的联系有一定认识，能掌握常见的有机反应类型，并具备了一定的实验设计能力，渴望自己独立完成实验。对学生而言，学生不但已经知道乙酸酸性大于碳酸，碳酸的酸性大于苯酚，并会单独设计实验证明，而且在必修中也学习了酯化反应，但本节课要设计实验一次证明三者的酸性有一定难度，同时还要让学生联系选修 4 解释酯化反应有一定难度，这就需要教师加以引导。

【教学重点、难点】

重点：乙酸的性质。

难点：酸性比较实验设计。

【教学过程】

1. 创设情境，实验导入

师：这是一个充满水垢的水壶，怎样可以用我们的厨房用品除去水壶的水垢？

生：用食醋。

师：食醋的溶质是什么？

生：乙酸。

师：乙酸属于羧酸的一种，本节就来学习选修5第三章第三节羧酸和酯。

2. 设疑自探，确立目标

（1）阅读课本，明确羧酸的官能团、定义、分类，饱和一元羧酸的通式。

（2）明确乙酸的结构、物理性质及化学性质。

（3）根据提供药品设计实验比较：乙酸、碳酸、苯酚酸性的强弱。

（4）酯化反应有哪些注意事项。

3. 自探成果检测

（1）对下列物质进行分类：①HCOOH，②HCOOC$_2$H$_5$，③C$_{17}$H$_{33}$COOH，④CH$_2$＝CHCOOH，⑤HOOC—COOH，⑥C$_6$H$_5$COOH。

脂肪酸_____，芳香酸_____。

一元酸_____，二元酸_____；

饱和脂肪酸_____，不饱和脂肪酸_____。

（2）填一填。

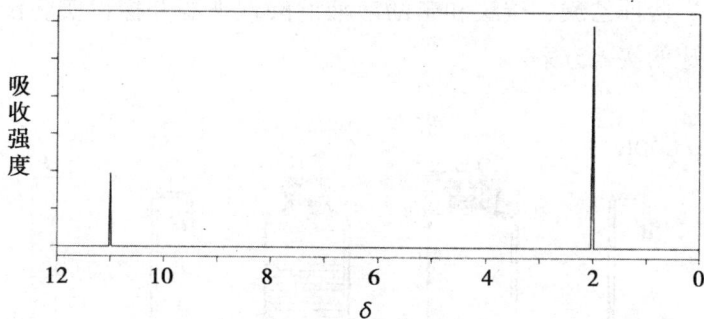

乙酸的核磁共振氢谱

羧酸的官能团为_____，通式为_____。

乙酸的化学式为_____。核磁共振氢谱有____个吸收峰，峰的面积比为_____。说明乙酸中有____种H原子，数目比为_____。所以乙酸的结构简式为_____。

（3）乙酸是一种有_____气味的无色液体。当温度低于16.6℃时，乙酸就凝结成像冰一样的_____，所以无水乙酸又称_____。乙酸易溶于_____。俗称_____，是_____的主要成分。

（4）乙酸的化学性质：

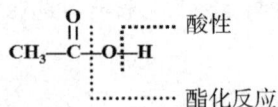

（5）高考驿站——判断正误。

① （2012 广东理综）用食醋可除去水壶内的水垢。

② （2012 山东理综）乙醇、乙酸均能与钠反应放出 H_2，二者分子中官能团相同。

③ （2012 天津理综）乙酸与丙二酸互为同系物。

④ （2013 福建理综）乙酸和乙酸乙酯可用碳酸钠溶液加以区别。

⑤ （2014 河北衡水调研）乙酸和乙酸乙酯均能和 NaOH 反应，二者分子中官能团相同。

4. 解疑合探，实验探究

（1）以学习小组为单位，根据所提供的仪器设计一个简单的一次性完成的实验装置，验证乙酸、碳酸和苯酚溶液的酸性强弱并探讨实验设计的可行性，写出相应的实验方案。

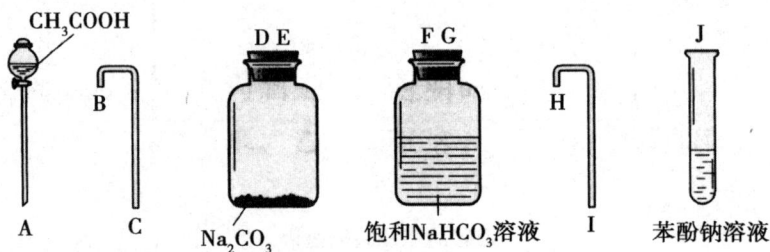

注：D、E、F、G 分别是双孔胶塞上的孔。

学生设计的方案：

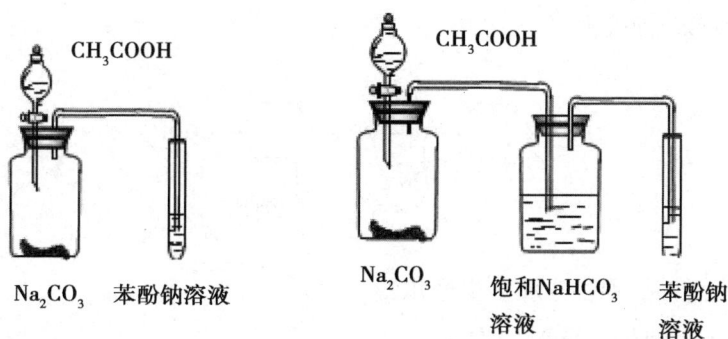

CH₃COOH ... CH₃COOH

Na₂CO₃　苯酚钠溶液　　　Na₂CO₃　饱和NaHCO₃溶液　苯酚钠溶液

师：引导学生分析以上实验方案的设计特点，比较各方案中实验设计的严密性和优越性，最后得出酸性强弱顺序：乙酸 > 碳酸 > 苯酚。

（2）观看酯化反应视频，思考并讨论以下问题：

①加入药品的顺序。

②浓硫酸的作用。

③饱和碳酸钠溶液的作用。

④导管为何不伸入饱和碳酸钠溶液中。

⑤酯化反应的原理。

⑥常温下乙酸与乙醇反应需要 15 年，依据平衡移动的原理分析提高反应速率及乙酸乙酯的产量，可以采取哪些措施。

5. 质疑再探，自我提升

（1）CH_3CH_2OH、C_6H_5OH、CH_3COOH 中都含有羟基，那么它们分别与下列几种物质反应的现象如何呢？请同学们动手做实验来比较各种物质所含羟基中氢的活性差异。

比较醇、酚、羧酸中羟基的强弱。

反应物	Na	NaOH	NaHCO₃	Na₂CO₃
CH_3CH_2OH				
C_6H_5OH				
CH_3COOH				

（2）1mol 有机物

$$HO—\overset{\underset{\displaystyle |}{OH}}{CH—CH_2}—\underset{\underset{\displaystyle CH_2OH}{|}}{}—COOH$$

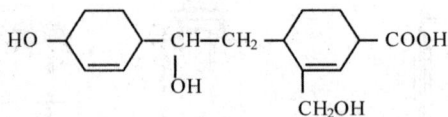

最多能消耗下列各物质多少摩尔？

①Na，②NaOH，③NaHCO$_3$。

6. 运用拓展，自我检测

（1）写出生成六元环产物的方程式：

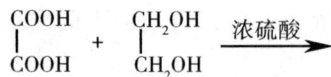

$$\underset{\underset{\displaystyle COOH}{|}}{COOH} \quad + \quad \underset{\underset{\displaystyle CH_2OH}{|}}{CH_2OH} \quad \xrightarrow{\text{浓硫酸}}$$

（2）若乙酸分子中的氧都是^{18}O，乙醇中的都是^{16}O，在浓硫酸作用下发生反应，一段时间后，分子中含有^{18}O 的物质有_____。

【板书设计】

1. 羧酸结构

（1）定义。

（2）官能团。

（3）分类。

2. 羧酸的性质

（1）羧酸的物理性质。

（2）羧酸的化学性质：

①酸性；

②酯化反应。

《铝的化合物的性质》教学设计

■ 拓万平

【教学目标】

（1）铝的化合物的性质和重要用途；

（2）两性氧化物和两性氢氧化物概念；

（3）铝的化合物的相互转化关系。

【教学重点】

铝的化合物的性质。

【教学难点】

铝的化合物的相互转化关系。

【教法】

三疑三探。

【学法】

自学、合作、探究。

【教具学具】

Al（OH）$_3$ 性质实验。

【教学过程】

1. 设疑自探

（1）创设情境，导入新课。

铝的性质和其他金属性质不同，那它的化合物的性质又是怎么样的呢？

（2）根据课题，提出问题（4分钟）。

看到这个课题，你想知道什么？请提出来。

（预设：Al$_2$O$_3$ 的性质和用途，Al（OH）$_3$ 的制备，Al（OH）$_3$ 的性质，铝的化合物的相互转化关系。）

同学们提的问题都很好（真好），大多都是我们本节应该学习的知识，老师将大家提出的问题归纳、整理、补充为下面的自探提示，希望能为大家本节的学习提供帮助。请看：

（3）出示自探提示，组织学生自探（6分钟）。

自探提示：

①Al_2O_3 的性质和用途；

②Al（OH）$_3$ 的制备；

③Al（OH）$_3$ 的性质。

2. 解疑合探（15 分钟）

（1）小组合探。

①小组内讨论解决自探中未解决的问题；

②教师出示展示与评价分工。

（2）全班合探。

①学生展示与评价；

②教师点拨或精讲。

问题	1	2	3
展示	2	6	7
评价	3	5	8

3. 质疑再探（3 分钟）

（1）现在，我们已经解决了自探问题。下面我们再回顾一下，开始时我们提出的问题还有哪些没有解决？

科学探究 3：向 $AlCl_3$ 溶液①里滴加 NaOH 溶液至过量。

科学探究 4：向 $NaAlO_2$ 溶液②里滴加盐酸至过量。

科学探究 5：向 $NaAlO_2$ 溶液里滴加 $AlCl_3$ 溶液。

（2）本节的知识已经学完，对于本节的学习，谁还有什么问题或不明白的地方？请提出来，大家一起来解决。

4. 运用拓展（17 分钟）

基础考查：

（1）下列物质中，既能与盐酸反应又能与 NaOH 溶液反应的是（　　）

①$NaHCO_3$　②Al　③Al_2O_3　④Al（OH）$_3$　⑤$AlCl_3$　⑥CuO

A. ②③④⑤　　　B. ①③④⑥　　　C. ①②③④　　　D. 全部

（2）在实验室里，要想使 $AlCl_3$ 溶液中的 Al^{3+} 全部沉淀出来，应选用下列试剂中的（　　）

A. 石灰水　　　　B. 氢氧化钠溶液　　　C. 硫酸　　　　D. 氨水

（3）下列说法错误的是（　　）

A. Al_2O_3、Al（OH）$_3$ 分别是两性氧化物、两性氢氧化物

B. Al（OH）$_3$是难溶于水的白色胶状物质

C. Al（OH）$_3$受热能分解

D. 可以用 Al$_2$O$_3$制造的耐火坩埚用于熔融 NaOH

能力提升：

不加任何试剂怎样鉴别标签丢失的下列溶液：

①氯化铝溶液和氢氧化钠溶液；

②HCl 和 NaAlO$_2$；

③Na$_2$CO$_3$ 和 HCl。

5. 全课总结

（1）学生谈学习收获。

通过这节课的学习，你都有哪些收获？谈一谈。

（2）学科班长评价本节课活动情况。

6. 作业设计

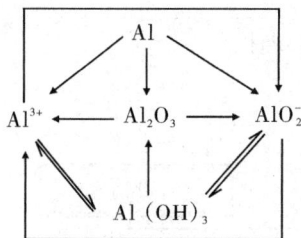

7. 教学反思

疑探课堂真正体现了老师的主导地位、学生的主体地位。这节课内容属于元素化合物知识范畴，相对来讲简单一些，放开让学生探究、实践、思考、归纳、总结，把学习的各个环节都交给学生，一方面让学生知道如何学习，另一方面也培养了学生学习的兴趣。

《伴性遗传》教学设计

■ 张桂英

【教学目标】

（1）知识目标：说出伴性遗传的概念；概述伴 X 隐性遗传病的遗传特点。

（2）能力目标：运用资料分析的方法，总结人类红绿色盲的遗传规律；培养探究问题的能力，获得研究生物学问题的方法。

（3）情感目标：认同近亲结婚的危害。

【教学重点】

人类红绿色盲的主要婚配方式和遗传特点。

【教学难点】

伴性遗传的机理和传递规律。

【教学流程图】

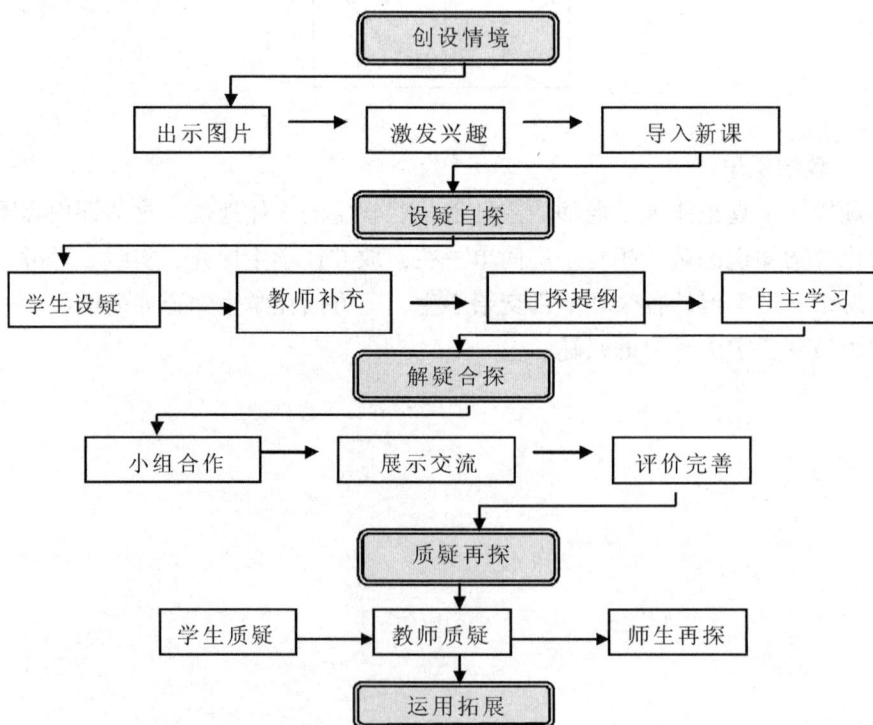

【教学过程】

教师的组织和引导	学生活动	设计意图
创设情境　导入新课 出示有关红绿色盲的图片	观察图片，检测自己色觉是否正常	激发学生的学习兴趣
设疑自探 归纳、整理、补充，形成自探提纲： （1）家系图中每个符号代表的情况 （2）红绿色盲基因位于 X 染色体上，还是 Y 染色体上？为什么 （3）红绿色盲基因是显性基因，还是隐性基因？为什么 （4）人的正常色觉和红绿色盲的基因型和表现型	快速浏览课本，提出本节课想要了解的内容并汇报 自主学习	培养学生提出问题、自主学习的能力
解疑合探 在班内巡视，帮助小组同学解决问题 出示分工 对学生的观点加以评价、补充和引导 继续出示探究提纲和分工 推导六种婚配方式及子代发病率，从而探究出红绿色盲遗传的规律： （1）男性患者多于女性患者 （2）交叉遗传 （3）女病父必病 引导总结： （1）伴性遗传的概念 （2）伴 X 隐性遗传病的遗传特点	小组同学合作探究，解决问题 各小组展示学习成果 小组代表评价补充 要求：（1）以小组为单位，每个同学至少分析一种婚配结果，正确写出遗传图解推导过程（由组长安排分工合作） （2）小组讨论分析结果，最后形成结论 （3）每小组推荐一名同学汇报探究结果，展示推导过程并分析、讲解 归纳总结	培养学生合作学习的能力、语言表达能力 实现教学相长
质疑再探 教师引导：今天所学习的内容，你还有哪些疑问	提出疑问，相互解答	培养学生质疑和创新的能力，可对学习内容进行内化和提升

（续上表）

教师的组织和引导	学生活动	设计意图
运用拓展 出示题目	认真思考，解答题目	给学生留有继续学习与探究的空间，引发学生深层次的思考

【教学反思】

（1）在这节课中，充分调动学生的主观能动性，组织学生先疑再探，并于课上积极展示，相互评价补充，使整堂课充分体现了师生互动、生生互动的良好、民主教学的氛围。不仅使教师在整堂课中比较轻松地达成了知识目标，也使学生体验了学习的过程，从而实现能力目标和情感态度与价值观目标。

（2）通过本节课的教学，我认识到学生的潜能是很大的，如果每堂课都能够这样调动学生的主观能动性，那么教师在教学中亦会有颇多收获。可是在实际的教学工作中，并不是每个班的学生都能够这样去主动学习，也不是每节课都能够让学生自我教育。因此，如何有效利用教材中的教学内容，达到良好的教育效果是我们每一位教师值得思考的问题。

《中国共产党：立党为公　执政为民》教学设计

■ 马荣霞

【课标要求】

阐明立党为公、执政为民是"三个代表"重要思想的本质和以人为本是科学发展观的核心，理解把"三个代表"重要思想和科学发展观确立为党的指导思想的深远意义。

【学习目标】

一、知识目标

（1）识记"三个代表"重要思想的内涵及主要内容；贯彻"三个代表"重要思想的根本要求。

（2）理解确立"三个代表"重要思想为党的指导思想的意义；贯彻"三个代表"重要思想，关键是坚持与时俱进，核心是坚持党的先进性。

二、能力目标

（1）领会创新精神对国家发展、民族振兴、个人成长的重要性，培养学生的创新能力。

（2）引导学生利用已有的历史知识，深入学习本课。引导学生将不同学科知识综合起来，不断提高自主学习的能力。

三、情感态度与价值观目标

通过展示中共领导的社会主义事业取得的伟大成就，升华学生对党的认识，进而更加信赖和热爱中国共产党，努力学习党的基本理论，坚定走中国特色社会主义道路的信念。知道中国共产党坚持马列主义为指导，不断推进马克思主义中国化，取得了毛泽东思想和中国特色社会主义理论体系两大理论成果，识记中国特色社会主义理论体系是包括邓小平理论、"三个代表"重要思想以及科学发展观等重大思想在内的科学理论体系，认识它的重大意义。

【教学重点】

邓小平理论的主要内容及其核心与精髓，"三个代表"重要思想的集中概括及其本质，科学发展观提出的客观依据、深刻内涵及其理论和实践意义。

【教学方法】

"三疑三探"教学法。教师启发、引导，学生自主阅读、思考，讨论、交流学习成果。

【教学过程】

一、导课

中国共产党是工人阶级的先锋队，同时也是中国人民和中华民族的先锋队，全心全意为人民服务是它的宗旨。中国共产党是中国特色社会主义事业的领导核心。中国共产党的性质、地位、宗旨，决定了中国共产党以人为本、执政为民的执政理念。本节课从党的指导思想角度分析了这一理念。

二、设疑自探

教师在黑板上出示本节课的自探提纲：

（1）中国特色社会主义理论体系包括哪几部分？

（2）邓小平理论包括的内容有哪些？

（3）"三个代表"重要思想包括的内容有哪些？

（4）科学发展观包括的内容有哪些？

（5）中国共产党"以人为本，执政为民"的原因和措施分别是什么？

（请同学们阅读以上问题，探究以上问题，时间5分钟。）

（多媒体出示自探要求：注意结合课本内容进行独立探究，将思考成果简单标注整理。）

（教师强调：在自探的过程中一定要用黑色或蓝色笔画好问题答案，并用红色笔标出疑难问题。）

三、解疑合探

（自探结束，请同学们在小组内交流自探。）

（多媒体出示合探要求：人人参与，热烈讨论，大声表达自己的思想。时间10分钟。）

（多媒体出示展示要求：展示要规范：条理清晰、要点化；语言简练、规范化；字迹工整、美观化。）

［多媒体出示评价要求：①评价量化展示内容（10分制）；画出重点词句、改正或补充。②进行知识拓展，解答疑问，注意与其他同学互动；其他同学若能有质疑、补充，双倍赋分。］

（一）中国特色社会主义理论体系

我们党的历史，就是一部发展着的马克思主义指导新的实践的历史，就是一部在理论上不断与时俱进的历史。与时俱进是马克思主义理论最重要的理论品质。

中国共产党在成立之初，就把马克思列宁主义写在自己的旗帜上；党的七大把毛泽东思想写在自己的旗帜上；在改革开放的历史进程中，形成了中国特色社会主义理论体系。

中国特色社会主义理论体系包括邓小平理论、"三个代表"重要思想以及科学发展观等几部分。

1. 邓小平理论

主题：围绕什么是社会主义、怎样建设社会主义这个主题，深刻揭示了社会主义的本质，第一次比较系统地初步回答了中国社会主义发展的一系列基本问题。

核心内容：党在社会主义初级阶段的基本路线。

精髓：解放思想、实事求是。

2. "三个代表"重要思想

内涵：中国共产党必须始终代表中国先进生产力的发展要求，代表中国先进文化的前进方向，代表中国最广大人民的根本利益。

教师总结：先进生产力的发展要求是指符合生产力发展的规律，体现不断推动生产力的解放和发展的要求。先进文化的前进方向是指体现面向现代化、面向世界、面向未来的，民族的、科学的、大众的社会主义文化。广大人民的根本利益是人民群众不断获得切实的经济、政治、文化利益。

中国共产党始终代表中国先进生产力的发展要求，代表中国先进文化的前进方向，代表中国最广大人民的根本利益就是党的理论、路线、方针、政策和各项工作体现先进生产力的要求。促进全民族思想道德素质和科学文化素质不断提高，坚持把人民的根本利益作为出发点和归宿，充分发挥人民群众的积极性和创造性，促进社会进步。

主题：进一步回答了什么是社会主义、怎样建设社会主义的问题，创造性地回答了在长期执政条件下，建设什么样的党、怎样建设党的问题。

本质：立党为公、执政为民。

3. 科学发展观

内涵：第一要义是发展，核心是以人为本，基本要求是全面、协调、可持续，根本方法是统筹兼顾。

主题：它科学地回答了实现什么样的发展、怎样发展的重大理论和实际问题。

地位：是同马克思列宁主义、毛泽东思想、邓小平理论和"三个代表"重要思想既一脉相承又与时俱进的科学理论，是我国经济社会发展的重要指导方针，是发展中国特色社会主义必须坚持和贯彻的重大战略思想。

（二）实现最广大人民的根本利益

1. 为什么

（1）这是判断马克思主义政党的试金石。

（2）由中国共产党的性质、宗旨决定的。

2. 怎么样

坚持以人为本，造福人民。中国共产党始终把实现好、维护好、发展好最广大人民的根本利益作为一切工作的出发点和落脚点，尊重人民的主体地位，……做到发展为了人民、发展依靠人民、发展成果由人民共享。

总之，在今天的中国，以人为本、执政为民日益成为党的领导干部和广大党员的自觉行动。在解决关系群众利益问题的过程中，无论大事、小事，我们都能听到、看到共产党人情系人民的声音和身影。中国共产党之所以可以长期执政，从只有几十个人发展成为拥有8 000多万人的大党的原因就在于中国共产党具有先进性，以人为本、执政为民，是一个全心全意为人民服务的党，总是代表最广大人民群众的根本利益。

四、质疑再探

经过本节课的学习，我们完成了本节课基础知识的学习，对于本节课学习的知识，同学们还有哪些疑问，请提出来。（学生提出问题，先由学生回答，回答不上来的，可分组讨论，由学生自己展示）

五、运用拓展

（1）（2013·山东卷·20 题）1992 年，党的十四大明确提出了建立社会主义市场经济体制的改革目标。20 多年来，党坚持理论创新和实践创新，使我国实现了从高度集中的计划经济体制到充满活力的社会主义市场经济体制的历史转折。这体现了中国共产党（　　）

①坚持科学执政和民主执政　②具有与时俱进的执政能力　③具有组织社会主义经济建设的职能　④是中国特色社会主义事业的领导核心

A. ①②　　　　B. ②③　　　　C. ②④　　　　D. ③④

（2）（2013·广东卷·36 题）阅读下列材料，结合所学知识回答问题。

材料：习近平指出："心里装着群众，凡事想着群众，工作依靠群众，一切为了群众，切实解决好'相信谁、依靠谁、为了谁'的根本政治问题，努力为人民掌好权、用好权。"

结合材料，运用《政治生活》中有关政党的知识，谈谈党为什么要为人民掌好权、用好权。

六、课堂总结

（请一位学生总结）

中国共产党是以马克思主义、毛泽东思想、邓小平理论和"三个代表"重要思想为指导思想的政党，"三个代表"重要思想的本质是立党为公、执政为民，坚持"三个代表"重要思想的关键是坚持与时俱进，核心是坚持党的先进性。

《俄国十月社会主义革命》教学设计

■ 王建国

一、《课程标准》要求

概述俄国十月革命胜利的史实，重点掌握二月革命、《四月提纲》、"七月事件"、彼得格勒起义的胜利、全俄苏维埃第二次代表大会和第一个社会主义国家的诞生、十月革命胜利的伟大意义等。

二、历史问题串联

俄国资本主义—列宁主义—第一次世界大战—二月革命—十月革命

三、应知应会问题

1. 列宁主义

列宁主义是帝国主义和无产阶级革命时代的马克思主义。伟大导师列宁同志在领导俄国革命的实践中，坚持马克思主义和新的历史时代的无产阶级革命运动相结合，深入研究了资本主义发展到帝国主义阶段的规律，总结了无产阶级和资产阶级斗争的新经验，概括了 20 世纪初期社会科学、自然科学发展的最新成果，创造性地运用和发展了马克思主义，从而使马克思主义理论达到了一个新阶段，即列宁主义。

2. 二月革命

帝国主义战争激化了俄国的社会矛盾，反战运动日益高涨。1917 年 3 月，俄国爆发二月革命，推翻了罗曼诺夫王朝，结束了封建专制的统治，二月革命后出现了两个政权并立的局面：资产阶级临时政府和苏维埃政权。后又因为临时政府的措施不当，爆发了十月革命。以列宁为首的苏维埃政权控制了局面。二月革命为俄国无产阶级反抗资产阶级、争取社会主义的斗争创造了有利的条件。它发生在第一次世界大战期间。这次革命的胜利，促进了欧洲各国被压迫人民和被压迫民族反对帝国主义战争、反对本国反动政府，争取民主权利和民族解放的革命运动的高涨。

3. 十月革命

十月革命（又称布尔什维克革命、俄国共产革命等），是1917年俄国国革命经历了二月革命后的第二个阶段。十月革命发生于1917年11月7日（俄历10月25日）。十月革命是列宁领导下的布尔什维克领导的武装起义，建立了人类历史上第二个无产阶级政权（第一个是巴黎公社无产阶级政权）和由马克思主义政党领导的第一个社会主义国家——苏维埃俄国。革命推翻了以克伦斯基为领导的资产阶级俄国临时政府，为1918—1920年的俄国内战和1922年苏联成立奠定了基础。

四、问题探究

1. 列宁主义诞生的背景

俄国资本主义的发展；浓厚的军事封建色彩；对外扩张；对西欧的依赖；俄国的内外矛盾；工人运动；列宁创办《火星报》；1903年俄国社会民主工党第二次代表大会召开。

2. 俄国十月社会主义革命爆发的背景、简单过程、性质和伟大历史意义

背景：①俄国在"一战"前线不断失利；②俄国经济的崩溃；③二月革命；④两个政权对峙；⑤《四月提纲》；⑥七月流血事件；⑦布尔什维克六大；⑧俄国经济危机。

简单过程：成立军事革命委员会；彼得格勒起义；《告俄国公民书》；包围冬宫；进攻冬宫；全俄第二次代表大会；成立世界上第一个苏维埃政府。

性质：社会主义革命。

意义：①是人类历史上第一次胜利的社会主义革命，建立了第一个无产阶级领导的社会主义国家。②开辟了人类探索社会主义道路的新时代，使马克思列宁主义传遍世界，极大地震撼了资本主义世界。③十月革命向全世界宣告崭新的社会制度由理想变为现实。④它在人类历史上第一次消灭剥削和压迫的不平等社会，第一次尝试建设公平、正义、共同富裕的美好社会。⑤十月革命沉重地打击了帝国主义的统治，极大地鼓舞了国际无产阶级革命运动和殖民地半殖民地被压迫民族的解放运动。⑥改变了俄国历史的发展方向，用社会主义方式改造俄国的道路，对整个人类社会的发展都产生了巨大的影响。

3. 十月革命取得胜利的原因

俄国是帝国主义链条上的薄弱环节；俄国参加第一次世界大战，社会矛盾

尖锐，为无产阶级的斗争提供了有利的客观原因；布尔什维克党的成熟和列宁的正确领导是主要原因；俄国无产阶级在布尔什维克党的领导下不断发展壮大，有成熟的理论——列宁主义的指导并及时调整革命战略，争取了士兵和农民的支持。利用二月革命推翻沙皇专制制度后的革命时机，在列宁《四月提纲》要进行社会革命的指导下，发动了彼得格勒武装起义，取得了十月社会主义革命胜利。所以，俄国十月革命取得了胜利。

五、问题解答

（一）选择题

（1）关于俄国十月革命前社会状况的表述，正确的是（　　）

A. 俄国保留沙皇专制制度，所以是封建制社会

B. 国民经济中农业仍占优势，所以不是资本主义社会

C. 垄断组织在经济中起决定作用，具备了帝国主义的基本特征

D. 因为经济相对落后，所以俄国无产阶级不够成熟

（2）列宁说："如果没有战争，俄国也许会过上几年甚至几十年而不发生反对资本家的革命。"对这句话的正确理解是（　　）

A. "一战"是俄国革命发生的根本原因

B. 没有"一战"就不可能发生俄国革命

C. "一战"使俄国革命发生的条件成熟

D. 战争是俄国革命发生的必要条件

（3）下列关于二月革命的叙述，不正确的是（　　）

A. 推翻了沙皇专制制度　　　B. 形成两个政权并存局面

C. 推翻资产阶级临时政府　　D. 其性质是资产阶级民主革命

（4）《四月提纲》提出布尔什维克党的最主要任务是（　　）

A. 继续举行武装起义

B. 结束两个政权并存的局面

C. 暴力推翻资产阶级临时政府

D. 使资产阶级民主革命过渡到社会主义革命

（5）1917年，布尔什维克党准备发动彼得格勒起义，成立的起义领导机构是（　　）

A. 工兵代表苏维埃　　　　　B. 工农代表苏维埃

C. 工农兵代表苏维埃　　　　D. 军事革命委员会

（6）全俄苏维埃第二次代表大会通过的《告工人、士兵和农民书》宣告
（　　）

A. 各地全部政权一律转归工兵代表苏维埃

B. 世界上第一个社会主义国家的诞生

C. 彼得格勒武装起义取得了辉煌的胜利

D. 革命军事委员会成立

（7）俄国十月社会主义革命的特点有（　　）

①在经济相对落后国家单独取得胜利　②走的是由城市到农村的革命道路
③民主革命和社会主义革命紧密相连　④布尔什维克起了领导作用

A.①②③④　　　　　　　　B.①②③

C.①③　　　　　　　　　　D.①②

（8）下列发生在俄国的历史事件，按其发生的先后顺序排列正确的是
（　　）

①罗曼诺夫王朝被推翻　②列宁发表《四月提纲》　③两个政权并存的
局面结束　④十月革命胜利

A.①②③④　　　　　　　　B.①③②④

C.②①③④　　　　　　　　D.②③①④

（9）毛泽东说："十月社会主义革命不只是开创了俄国历史的新纪元，而
且开创了世界历史的新纪元。"对第一个"新纪元"的准确理解是（　　）

A. 推翻了沙皇的统治

B. 在俄国开辟出社会主义发展的道路

C. 人类社会进入由资本主义向社会主义过渡的阶段

D. 不再参加帝国主义战争

（10）俄国十月社会主义革命是由城市到农村，中国新民主主义革命是由
农村包围城市，造成这种不同的原因之一是（　　）

A. 俄国是工业国，中国是农业国

B. 俄国城市人口占多数，中国农村人口占多数

C. 二月革命后，俄国大城市中反动势力受到削弱；中国大城市中反动势
力强大

D. 俄国废除了封建土地所有制，中国封建土地所有制根深蒂固

（11）《四月提纲》提出（　　）

A. 把大型企业全部收归国有

B. 推翻沙皇专制政权

C. 从资产阶级革命过渡到社会主义革命

D. 立刻开始夺取政权的武装起义

（二）非选择题

（12）阅读下列材料，回答问题。

材料1：目前俄国的特点是从革命的第一阶段过渡到革命的第二阶段，第一阶段由于无产阶级的觉悟性和组织性不够，政权落到了资产阶级手中；第二阶段则应当使政权转到无产阶级和贫苦农民阶级手中。

——《列宁选集》

材料2：1917年7月，列宁秘密转移到彼得格勒附近的拉兹里夫。他住在湖畔的一个草棚里，撰写《国家与革命》一书，阐明无产阶级用暴力打碎旧的国家机器，建立无产阶级政权的必要性。

①材料1、2为十月革命做出了怎样的理论准备？

②材料1、2所反映的历史信息有何内在联系？

《信息技术及其影响》教学设计

■ 李小莉

【教材分析】

本节是《信息技术基础》第一章第二节的内容，涉及信息技术的应用、发展及其影响，是整本书的导言和概述性内容，是对义务教育阶段相关内容的延续和加深。

通过本节内容的学习，学生可以了解信息技术的基本概念，感受由于信息技术的发展从而引发的在自己身边的变化或影响；同时，通过寻根溯源可以了解信息技术的过去、现在与未来，激发对信息社会生活的关注与向往。

【学情分析】

高一的学生，逻辑思维已经比较成熟、活跃，具有强烈的独立性、表现欲，能够和同学、老师进行一些问题的探讨、交流。在生活中，他们已经有大量关于信息技术应用方面的体验。

【教学目标】

1. 知识与能力目标

（1）理解信息技术的概念。

（2）了解信息技术的历史和发展趋势。

（3）能列举信息技术的应用实例及影响。

2. 过程与方法目标

通过"设疑自探""解疑合探""质疑再探"的学习过程，掌握表达观点、跟他人交流、思辨和评价他人观点的方法。

3. 情感态度与价值观目标

引导学生正确看待信息技术应用所带来的种种问题，倡导健康文明的网络生活。

【教学重点】

信息技术的发展趋势、信息技术的应用实例及影响。

【教学难点】

信息技术的概念、倡导健康文明的网络生活。

【教学方法】

采用"三疑三探"的教学方法。

设疑自探→解疑合探→质疑再探→归纳总结。

【教学准备】

将全班同学进行分组，4～6人一组，推举一位组长，负责组织本组的讨论和展示讨论结果。

【教学过程】

1. 创设情境、设疑自探

教师展示《福尔摩斯》的片段：

我对他这种大言不惭的谈话，余怒未息。我想最好还是换个话题。

"我不知道这个人在找什么。"我指着一个体格魁伟、衣着朴素的人说。他正在街那边慢慢地走着，焦急地寻找着门牌号码。他的手中拿着一个蓝色大信封，分明是个送信的人。

福尔摩斯说："你是说那个退伍的海军陆战队的军曹吗？"

我心中暗暗想到："又在吹牛了。他明知我没法证实他的猜测是否正确。"

这个念头还没有从我的脑中消逝，只见我们所观察的那个人看到了我们的门牌号码以后，就从街对面飞快地跑了过来。只听见一阵急促的敲门声，楼下有人用低沉的声音讲着话，接着楼梯上便响起了沉重的脚步声。

这个人一走进房来，便把那封信交给了我的朋友。他说："这是给福尔摩斯先生的信。"

这正是把福尔摩斯的傲气挫折一下的好机会。他方才信口胡说，决没想到会有目前这一步。我尽量用温和的声音说道："小伙子，请问你的职业是什么？"

"我是当差的，先生，"那人粗声粗气地回答说，"我的制服修补去了。"

"你过去是干什么的？"我一面问他，一面略带恶意地瞟了我同伴一眼。

"军曹，先生，我在皇家海军陆战轻步兵队中服务过。先生，没有回信吗？好吧，先生。"

他碰了一下脚跟，举手敬礼，然后走了出去。

师：同学们认为，福尔摩斯是通过什么方法判断出送信的人是个退伍的海军陆战队的军曹的？

生：观察、联想、推理。

师：好，今天我会给你们提供一张图片，你们要仔细观察、展开联想，看看这张图片和我们今天的课题《信息技术及其影响》之间有什么联系。最后我们来看看哪一组可以被评为本节课的福尔摩斯组。

生：各组展开讨论，选取所给图片中的某一部分，结合课本，相互交流自己的亲身体验，并思考以下问题，做好展示准备。

（1）什么是信息技术？它主要包括哪些技术？

（2）信息技术的发展经历了哪几次重要变革？每次变革对人类有什么贡献？

（3）信息技术有哪些发展趋势？

（4）信息技术给我们的生活带来了哪些积极的和消极的影响？

活动要求：

（1）各组组长负责组织本组学生有序地表达自己的见解，一人负责记录，讨论完毕后，一人朗读本组讨论结果，其他人提出修改意见。

（2）尽量不要照本宣科，能根据自己的理解用自己的语言表达观点，适当举例说明。

师：巡视、参与各组讨论。

2. 解疑合探

生：各组组长进行"设疑自探"环节展示，其他组的学生进行评价、补充和打分。

师：组织和评价各组展示。

知识点：

人的信息功能包括：感觉器官承担的信息获取功能，神经网络承担的信息传递功能，思维器官承担的信息认知功能和信息再生功能，效应器官承担的信息执行功能。信息技术就是以电子计算机和现代通信为主要手段扩展人类信息功能的一切技术。

信息技术主要包含以下几方面技术：微电子技术（信息技术的基石）、计算机技术（信息的处理和存储技术，对应于人的思维器官）、通信技术（信息的传递技术，对应于人的神经系统的功能）、传感技术（信息的采集技术，对应于人的感觉器官）。

信息技术的发展目前经历了语言的产生、文字的发明、印刷术的发明、电信革命和计算机技术的发明这五次重大的变革。

3. 质疑再探

师：播放教学光碟"未来数字世界"中的视频："随心所欲的美食天地""身临其境的玩转世界""便捷安全的出行保障""方便舒心的家居生活"，启发学生思考和讨论以下问题：

（1）信息技术迅猛发展并广泛地被应用，对社会发展、科技进步、个人学习生活都产生了深远影响，我们应该如何应对这种变化？

（2）如何养成健康使用信息技术的习惯？

生：以"生活在信息时代我要怎么做"为主题，各组展开讨论，就如何做好迎接信息社会的准备，给出具体方案，做好记录，准备展示。

师：巡视、参与各组讨论。

生：各组组长进行"质疑再探"环节展示，其他组的学生进行评价、补充和打分。

师：组织和评价各组展示。

4. 归纳总结

生：总结本节课学到了什么，以及各组的表现。

师：点评本节课学生的表现，统计各组得分，评选出本节课的"福尔摩斯组"，并进行勉励。

【教学反思】

本节课采用"三疑三探"教学方法，把学习的主动权交给了学生，教师只做引导者和组织者，学生的参与度比较高，学习兴趣较为浓厚。

在"设疑自探"环节，首先创设情境，让各组选取所给图片中的某一部分，结合课本和思考问题展开讨论和自探，符合"读图时代"学生的心理特点，激发了学生的学习兴趣，初步完成教学目标。

在"解疑合探"环节，教师组织各组展示本组讨论结果，其他组的学生进行评价、补充和打分，让学生学会表达、学会倾听、学会思辨和评价，同时基本完成本节课教学目标。

在"质疑再探"环节，教师播放教学光碟中的视频，启发学生思考"生活在信息时代我要怎么做"以此突破难点，倡导学生拥有健康文明的网络生活，让学生做好迎接信息社会挑战的准备。

在"归纳总结"环节，对本节课的教学进行总结，共同评出"福尔摩斯组"，对学生进行勉励。

附：

展示组	评价组	打分（10分）		教师修正（±3）		最后得分
		设疑自探		质疑再探		
1	2					
2	3					
3	4					
4	5					
5	6					
6	7					
7	8					
8	1					

《表格信息的加工与表达》教学设计

■ 李　娟

【教材分析】

本课内容选自广东教育出版社《信息技术》（必修）第三章第二节，本节课的主要内容是使用函数计算和统计数据，是 Excel 的核心内容之一。它以学生感兴趣的实用处理任务出发展开教学，引导学生由简到繁、由易到难地动手实践，完成任务，适时地了解有关的概念与思想，掌握相应的操作方法，注重学生情感价值观的教育。

【教学目标】

知识与能力目标：

（1）根据任务需求，使用 Excel 软件加工信息，表述意图。

（2）学会用 Excel 中的编辑公式进行数据加工。

过程与方法目标：

情景导学法与"三疑三探"教学法相结合，调动学生学习热情，主动探究，获得新知。

情感态度与价值观目标：

培养学生积极思考、敢于动手、自主探究的学习能力。

【教学方法】

为充分体现教师主导、学生主体地位，在教学过程中，采用兴趣激励法、直观演示法、任务驱动法、"三疑三探"师生互动探究式学习等多种教学方法。

【教学重点】

（1）根据任务需求，使用 Excel 软件加工信息，表述意图。

（2）根据任务需求，能利用公式进行数据加工。

【教学难点】

根据任务需求，能够正确编辑并正确使用公式处理数据。

【设计思路】

（1）创设情境，导入新课。

（2）"三疑三探"，层层深入。

（3）任务驱动，巩固创新。

（4）归纳总结，梳理知识。

【计划课时】

1课时。

【教学准备】

教材、PPT课件、Excel表格练习及多媒体计算机。

【教学过程】

1. 情景引导，设疑自探

（1）幻灯片展示格桑花故事。

（学生可进入 http：//www.baidu.com 网站搜索格桑花西部助学的故事。）

师：请大家先来看这样一个故事。（西部格桑花献爱心的故事）……看完西部人民真实的生活记录，大家现在是怎样的心情呢？同学们面对这些在恶劣环境中求生的高原人民，面对那些衣不遮体、食不果腹的孩子们，又面对那些在破顶危房中和我们一般求学的同学们，难道我们还能无动于衷吗？当然不能。大家请看这张统计表。

（2）展示本校同学"爱心存储统计表"。

（观察数据表，激发学生学习兴趣，培养爱心意识。）

师：这是我们学校的部分同学的爱心存储统计表，他们用实际行动向高原人民送去了自己美丽的格桑花！好，我相信现在在座的每位同学也都有了自己的计划和理想，那我们就从现在开始，一起来传递爱心接力棒，掌握好今天的知识，成就明天的理想。

师：请大家再来看这张爱心统计表，显然还有一些数据没有完成，要请大家来帮忙。为了方便以后应用，今天我们一起来探讨如何使用Excel处理和加工数据。请大家阅读教材，并思考：

①如何用Excel表格表达意图需求？

②如何用Excel表格处理数据？

（3）教师放幻灯片，学生观看幻灯片，并认真听讲。

2. 解疑合探

（1）学生板书讲解本节知识点。

①公式概念。

②公式格式（强调单元格地址的引用）。

③演示讲解使用各公式的步骤。

（学生参照课前教师发的学案探究讨论，小组代表上台板书讲解。其他同学评价、讨论，集体学习。）

（2）教师课件展示知识点，总结补充，指导突破难点。

（教师总结时注意培养学生举一反三的学习能力。）

（3）活动一。

师：好，工欲善其事，必先利其器，下面我们来一起献上自己美丽的爱心格桑花！大家请看活动规则：

教师出示"爱心大比拼"幻灯片，宣布活动内容和规则。

①请同学们参照教材，上机完成操作步骤，请各爱心小组代表展示成果。

②先做完的同学与组内或组外成员交流经验，给其他同学爱心帮助。

③各小组举手竞选"爱心小组代表"，上台展示小组学习成果。

④集体评价，老师补充，掌声鼓励，老师颁发"爱心格桑花"图标，并总结。

（同学们团结协作，可以参考教材及教师准备的学生学习资源课件，也可以进入 http：//www.baidu.com 网站进行相关知识搜索，养成良好的自学信息素养。老师鼓励学生大胆尝试多种方法，巡回辅导，对学生的"亮点"要给予充分表扬。）

（4）活动二。

加工处理"爱心存储统计表"，分析数据，利用图表呈献分析结果，并形成报告。

3. 质疑再探

（归纳总结，梳理知识，学以致用。）

提问：通过这节课的学习，同学们在生活中遇见班级值日安排，月考成绩统计分析，每月生活费用统计分析等问题，要怎样简捷明了地处理呢？

（老师课件提示引导，学生积极思考，交流探究，踊跃发表自己的见解。）

4. 课后拓展

（激发学生学习兴趣，培养学生爱心品德，以及团结协作的集体意识。）

同学们可以通过百度网站搜索到格桑花西部助学官方网站进行注册，参加一对一结对助学活动，把自己每天学到的知识和西部结对同学分享，共同进步。

（学生利用业余时间参加，提升自我价值感。）

5. 爱心小组评比

集体统计各小组"爱心格桑花"图标，汇总并宣布本节课胜利爱心小组，并给予其他同学鼓励。

《正弦定理》教学设计

■ 陈 娟

【教学目标分析】

1. 知识与能力

通过对任意三角形边长和角度关系的探索，发现并证明正弦定理；能理解其内容的实质和作用；会运用正弦定理解决一些简单的三角度量问题。

2. 过程与方法

让学生从实际问题出发，结合初中学习过的直角三角形中的边角关系，引导学生不断地观察、比较、分析，采取从特殊到一般以及合情推理的方法发现并证明正弦定理；在正弦定理的证明方法中，渗透分类讨论思想和"从特殊到一般、从一般到特殊"化归转化的思想方法。

3. 情感态度与价值观

以实际问题为背景，激发学生的好奇心与求知欲；通过正弦定理的发现与证明过程培养学生的探索精神和创新能力；逐步培养应用数学知识参与社会活动的意识和成就感。

【教学重点、难点分析】

重点：通过对任意三角形边、角关系的探索，发现、证明正弦定理并运用正弦定理解决一些简单的三角形度量问题。

难点：正弦定理的发现及证明。

【教法】

五步教学法。

【学法】

自主阅读、合作探究、精讲精练。

【教学过程】

一、引入课题

如图，设小明家在河岸的 A 点处，学校在对岸的 B 点处，为测量出 A、B 两点之间的距离，小明在 A 所在的河岸边的同侧选定一点 C，测出 AC 的距离是 55m，$\angle BAC = 51°$，$\angle ACB = 75°$，你能根据所得的数据求出 A、B 两点之间的距离吗？这是一个什么数学问题？

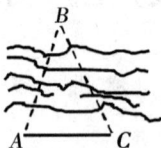

引出解三角形：

已知三角形的某些边和角，求其他的边和角的过程。

师：解三角形，需要用到许多三角形的知识，你对三角形中的边角知识知多少？

生：$A + B + C = \pi$；大角对大边，大边对大角。

师："在 $\triangle ABC$ 中，$a > b > c \quad A > B > C$"，这是定性地研究三角形中的边角关系，我们能否更深刻地从定量的角度研究三角形中的边角关系？

[（多媒体播放）在学生进行思考、讨论后，根据同学的思路，教师引导学生建立上图的数学模型，然后开门见山地引入这一节的课题：正弦定理。]

二、新课学习

（一）课程标准

一起解读本节课标，教师展示。

具体内容标准	发现、证明正弦定理并运用正弦定理
要求	掌握
课标解读	发现并证明正弦定理；能理解其内容的实质和作用；会运用正弦定理解决一些简单的三角度量问题

（二）知识串联

依据课标要求，进行知识串联，教师展示。

阅读课本第 2~3 页，梳理基础知识，与已经掌握的知识进行衔接。

（三）应知应会

学生提出本节课想要解决的问题，教师归纳整理，将同学们的问题分为应知应会和探究两大类，然后展示。

（1）在直角三角形中，各角的正弦怎么表示？观察各式的特点，你有怎样的新发现？

（2）①中结论是否对于任意三角形均成立？

［《几何画板》演示然后提出问题 2 引导学生进行大胆的猜想，最后再用《几何画板》加以验证（不管三角形的形状如何变化，比值 $\dfrac{a}{\sin A}$，$\dfrac{b}{\sin B}$，$\dfrac{c}{\sin C}$ 都会相等），使学生对正弦定理有感性上的认识，为正弦定理的证明提供"情感场"。］

（3）如何证明猜想：$\dfrac{a}{\sin A}=\dfrac{b}{\sin B}=\dfrac{c}{\sin C}$。

（4）定理结构上有什么特征？

学生自主学习后，小组内分享，小组长组织组员讨论交流，教师巡回指导。待同学们完成所有题目后，教师出示分工表。

展示内容	展示同学	评价同学
（1）在直角三角形中（如图2），各角的正弦怎么表示？观察各式的特点，你有怎样的新发现	第5组	第1组
（2）①中结论是否对于任意三角形均成立	第8组	第6组
（3）如何证明猜想：$\dfrac{a}{\sin A}=\dfrac{b}{\sin B}=\dfrac{c}{\sin C}$	第2组	第3组
（4）定理结构上有什么特征	第7组	第4组

学生按要求进行展示和评价，教师适当补充并用幻灯片展示问题 3 证明过程。

教师出示定理：

> 在任意一个三角形中，各边和它所对角的正弦的比相等，即 $\dfrac{a}{\sin A}=\dfrac{b}{\sin B}=\dfrac{c}{\sin C}$。

我们将上述结论称为正弦定理。

（1）从结构看，各边与其对角的正弦严格对应，成正比例，体现了数学的和谐美。

（2）从方程的观点看，每个方程含有四个量，知三求一。

（3）蕴含的数学思想和方法：分类讨论思想和转化思想、等高法，以及正弦定理在结构上具有对称和谐美（数学美学的教育），内容上则很好地描述了任意三角形中边与角的一种数量关系。

（四）问题探究

1. 由正弦定理尝试完成

例1：在△ABC中，试判断下列哪几个解三角形问题可用正弦定理解决？

（1）已知 $A = 31°$，$B = 42°$，$a = 6$，解三角形；

（2）已知 $A = 40°$，$B = 94°$，$a = 5$，解三角形；

（3）已知 $c = 5$，$b = 10$，$A = 50°$，解三角形；

（4）已知 $c = 3$，$a = 7$，$A = 50°$，解三角形；

（5）已知 $a = 5$，$b = 7$，$c = 8$，解三角形；

（6）已知 $A = 30°$，$B = 110°$，$C = 40°$，解三角形。

（例1经学生合作交流后由代表发言（突出主体），为问题2的回答做好铺垫。）

2. 利用正弦定理可以解决哪几类解三角形的问题

学生以小组为单位合作探究，哪个小组先完成，可以优先展示，其他小组评价。教师展示利用正弦定理解决三类三角形问题：

（1）已知两角和任一边，求其他两边和一角。

（2）已知两边和其中一边的对角，求另一边的对角，进而求出其他的边和角。

（3）实现边与角的正弦的互化。

（五）理解定理、基本应用

例2：在△ABC中，已知 $A = 30°$，$B = 45°$，$a = 6\text{cm}$，解三角形（其中角度精确到 $1°$，边长精确到 1cm）。

课堂练习：

（1）在△ABC中，已知下列条件，解三角形（教材第4页练习1）。

①$A = 45°$，$C = 120°$，$c = 10\text{cm}$。

②$A = 60°$，$B = 45°$，$c = 20\text{cm}$。

（2）在 $\triangle ABC$ 中，$\sin A > \sin B$ 是 $A > B$ 的（　　）

A. 充分不必要条件　　　　　　B. 必要不充分条件

C. 充要条件　　　　　　　　　D. 既不充分也不必要条件

［设计意图：设计两个课堂练习，练习（1）目的是首尾呼应、学以致用；练习（2）则是将正弦定理、简易逻辑与平面几何知识整合，及时巩固定理，运用定理。］

【知识拓展】

思考：

（1）三角形的面积和它的元素之间有什么联系？

（2）由正弦定理：在任意一个三角形中，各边和它所对角的正弦的比相等，则 $\dfrac{a}{\sin A} = \dfrac{b}{\sin B} = \dfrac{c}{\sin C}$ 的比值等于多少？

（学生互相探讨，教师给出适当提示，并用幻灯片展示过程。）

【教学反思】

（1）本课就新课程理念下定理教学课的课堂模式，做了一些探索。以问题解决为中心，通过提出问题，完善问题，解决问题，拓展问题，采用实验探究、自主学习的研究性学习方式，重点放在定理的形成与证明的探究上，努力挖掘定理教学中蕴含的思维价值，培养学生的思辨能力。

（2）突出数学的本质。正弦定理的本质是"定量地描述三角形边角之间的关系"，是"大角对大边，小角对小边"的定量化。但量、算、猜不能代替数学思考与逻辑证明，而定理的证明实质是：用垂直做媒介，将一般三角形化为直角三角形处理。本课设计既讲类比联想，又讲逻辑推理，让学生知其然，又知其所以然。

课改提高篇

高中数学课堂教学有效情境的创设实践研究

■ 施彦恒

随着课堂改革的不断深入，情境创设成为课堂教学中一道亮丽的风景。"让学生在良好的情境中学习数学"是新课标的一个重要理念。许多知识的引入和问题的提出、解决都是在一定的情境中展开的，数学教学更是如此。情境创设要紧密联系学生的实际，从学生的生活经验和已有的知识出发，创设生动具体的学习情境，让学生在观察、操作、猜想、验证、交流、反思等活动中逐步体会数学知识的产生、形成和发展的过程，在情趣盎然的学习中，获得对数学知识理解的同时，在思维能力、情感态度与价值观等多方面得到进步和发展。在课堂教学中，根据教学内容精心创设各种教学情境，将学生置于乐观的情感中，不仅可以使学生容易掌握数学知识和技能，而且可以使学生更好地体验教学内容中的情感，使原本枯燥的、抽象的数学知识变得生动形象、饶有兴趣。因此，创设生动有趣的情境，是学生自主探究数学知识的起点和原动力，是提高学生学习能力的一种有效手段。

高中数学课堂教学有效情境的创设，是立足于高中数学课堂，在新课程理念的指导下，为促进学生的进步和发展，提高教学效益的一种"氛围"，它能激发学生主动地联想、想象和思维，从而产生某种情感的体验，以获得某种形象或思维成果。

一、以学定教，以教促学

教学情境的创设是一个大课题，其关键定位在"以学定教，以教促学"这八个字上。"以学定教"，反映了教的依据是学，即把学生的学习需求作为实施教学的依据，让学生融于所创设的教学情境中。"学"不是静态的学生，而是发展的学生，差异的学生。教学情境的创设要兼顾到学生的实际情况和发展目标。学生的实际情况即教的起点，学生的发展目标即教的方向。有了起点和方向，教师才能做到有的放矢，才能做到以学定教。实践"以学定教"，寻求适合学情的情境的创设。"以教促学"，反映了教的目的，让学生取趣于所创设的教学情境中。通过创设教学情境的途径与方法改变教师的教，促进学生自主、合作、探究等学习方式的形成。

二、构建有效课堂教学模式的深度追寻

课堂教学模式是教师、知识、学生在新课程课堂环境中的共振共生，整体提升。其基本流程必须经历"领受—领悟—提升"三个阶段。有效教育的新课程课堂教学模式的创设预示着课堂教学效益与生命质量整体提升的美好前景。

（1）高中数学课构建有效情境探索和革新是新课改背景下高中数学有效教学的方式和策略。一方面，不仅要关注学生知识技能的发展，同时还要兼顾其情感态度与价值观发展；另一方面，由于高中数学学科时代性较强，这就要求我们根据时代的发展及时调整、更新教学内容与行为。此外，还需要根据高中生心理发展的特点适时调整教学策略。努力形成具有高中数学学科特色的视点结构教学模式，灵活、机智地把高中数学教学引向深入，这样必然能有效提高教学质量。课堂教学有效情境的创设模式下教学的主要环节是教学过程的设计，包括：导入视点、分析强化视点、延伸视点、巩固视点、检测视点、回归视点。这一教学模式增强了学生学习高中数学课的兴趣，提高了学生的积极性，提高了学生探索高中数学课的成效，初步培养了学生的创新精神和实践能力，提高了学生的思想道德水平。

（2）高中数学课能否构建有效情境模式是以新的课程改革为背景，以有效教学为理念，它的实施策略是以新的课程改革为依托，主要策略为鼓励指导质疑问题。因而对话式教学互动、自学辅导式教学等情境的创设会逐步改变学生固有的接受式学习方式，极大地增强教学的有效性。

（3）高中数学课能否构建有效情境直接影响到高中数学课堂教学的成败。但是针对不同的课堂内容，我们要用不同的教学方法，而且有时是多种方法的整合，使教学更有效。高中数学教材内容的编排给我们提供了新的教学探究方向。只有在教学过程中不断探讨、实践、反思、总结、提升，我们才能不断地提高高中数学教学的实效性。到底什么样的课堂才算是有效的课堂，说到底这是一个课堂教学评价或诊断问题，它应以课堂教学任务的完成度为取向。也可以说，凡是能够有效地促进学生的发展，有效地实现预期的教学结果的教学活动都可称为"有效教学"。但问题是我们应该确立什么样的教学目标，如何最优化地组织教学环节，怎样的教学效果才算是有效的或是高效的。以有效教学理念为比照，我们认为，当今的课堂教学过程应是"师生共同参与、相互作

用，创造性地实现教学目标的过程"。因此，我们应把传统的课堂教学模式重构为以学生发展为本的有效课堂教学模式。换句话说，有效的课堂教学，应是能够最大限度地激发学生学习兴趣的课堂；应是能够真正提高学生学科素养、关注师生双方生命健康发展的课堂；应是能够有效引导学生深入思考感悟文本的课堂；应是能够创造性地实现教学目标的课堂。

三、重视数学"再创造"过程，使学生体验到数学再创造的过程

利用"再创造"教学这一原则，教师必须把学生看作学习的主体。把数学作为一种活动来教，就像音乐、艺术老师指导学生进行艺术创作学习一样。教学中让学生有自由活动的机会，使他们处于积极的活跃状态，有进行创造的欲望。课堂一开始，教师提出一些实例或具体的"数学现实"作为起点，让学生像数学家经历创造的过程一样，观察、实验、用直觉或推理（如合情推理）提出猜想（性质、法则、公式）再加以证实。然后建立这些发现的结论之间的联系，并形成体系得到类似于教科书的知识。

"再创造"教学除了在性质、规则等利于创造的内容可大显身手以外，也可用于比较抽象的概念教学。如棱柱的概念按一般教材的处理顺序是：先讲多面体的概念，作为特殊情况引出棱柱的定义，再讲性质和判定，给出一系列棱柱或实例（包括说明已知条件），告诉学生这就叫棱柱；接下来让学生自己进行比较、分析、研究、讨论；学生经历上述过程以后会发现棱柱的许多共同性质；鼓励学生探究这些性质之间的关系。比如由一个性质推出另一个性质，且不同的学生会选择不同的出发点去推出其他的性质。通过这样一个过程，学生不仅掌握了棱柱的概念，而且通过自己的再发现活动学会了怎样定义一个数学概念，对学生的学习能力、实践研究能力及提高对数学学习的兴趣都起到了很好的作用。

四、注重数学思想方法

虽然平常教学中，大多数老师越来越重视思想方法的教学，但也存在不少问题。如：在教学目标中缺乏对数学思想方法的要求；在课堂实施中未抓住渗透数学思想的机会；在小结中不重视从数学思想方法上归纳概括；对思想方法的教学缺乏从整体出发进行系统的实施，只是临考前集中突击。从教学有效性的角度出发，可通过以下几个方面改善：

（1）把数学思想方法与知识有机结合起来。数学是知识原理与思想方法的有机统一体，其中思想方法是对概念原理的本质认识，是分析和处理数学问题所采用具体方法的指导原则。它的掌握与运用不是靠临时突击，而是在反复理解和运用数学概念、定理、性质中逐步形成的。为此要努力挖掘组合在知识中的思想方法，结合知识有意渗透才是数学思想方法教学的最佳途径。比如数形结合在高中数学思想教学中有两个地方是培养的绝好时机：三角和解析几何，在三角中抓住单位圆、三角函数的图像及三角比的定义不断地进行数与形的互化；在解析几何圆锥曲线的研究中，结合常见的四类曲线的研究反复渗透，曲线的方程是什么？怎么求？从方程可研究出曲线的哪些性质？

（2）加强数学思想方法教学的系统性和有序性。数学思想方法的教学是一个长期的过程，不能一蹴而就；为了在整体上发挥最佳的教学效果，要对各章节的内容要求进行系统深入的研究，制定各单元数学思想方法的教学目标和训练序列。把握各种数学思想方法，明确讲授时机才能取得更好的教学效果。这些目标和序列的制定要从学生的实际和本单元知识的特点出发，要选择合适的方法、恰当的难度。如在函数关系的建立这一单元，要明确目标是培养建模的思想，但起点要恰当，题目难度要适中，可以先选一次模型、二次模型及简单的分段模型中的较典型例题，关键是培养他们建模的思想和把实际问题转化为数学问题的意识。

课堂教学有效情境一定是一种"对话"的情境。通过课堂教学有效情境的创设，能大大地改变课堂教学单一、封闭和学生被动学习的局面，焕发数学课堂教学的生命力，激发学生学习的兴趣和欲望，为促进学生全面发展提供理论指导；同时，有利于教师更新教育观念，改变教学行为方式，使教师在数学教学中所创设的情境更加有效合理，从而服务于课堂教学，切实提高数学教学效果和培养学生能力，促进学生和教师将数学和生活很好地融合到一起，能够用数学的眼光发现、解决生活中的实际问题。

语文教学的"情境策略"与学生学习积极性的激发

■ 詹光平

学生的学习积极性，是学生学习时表现出来的一种心理能动状态，包括注意力的集中、认知的活跃、情绪的振奋、意志的努力、行为的投入等等。几乎所有的心理学研究都认同：学生的学习积极性是影响他们有效学习的重要变量；学生学习的"动力因素"同他们的"智力因素""策略因素"一起，决定着学习的成败。新课程倡导"学生主体能动性"的发挥，注重开发学生的潜能，注重焕发学生生命的活力，因此，激发学生的学习积极性，成为新课程教学策略的一个最为重要的方面。笔者认为，"情境策略"在激发学生的学习积极性方面具有显著的实效，本文主要探讨了如何在语文教学中运用"情境策略"来激发学生的学习积极性。

一、情境策略

（一）情境策略的诠释

所谓情境策略，是指在教学过程中，依据教育和心理学的基本原理，根据学生年龄和认知特点的不同，通过建立师生间、认知客体与认知主体之间的情感氛围，创设适宜的学习情境，使教学在积极的情感和优化的环境中开展，让学习者的情感活动参与认知活动，以期激活学习者的情境思维，从而在情境思维中获得知识、培养能力、发展智力的一种教学策略。"情境"是情境策略的核心与灵魂，著名心理学家加涅认为，"情境"是一系列精心安排的"教学事件"，教学被认为是通过设置"教学事件"去激发、维持和强化学生学习的过程。当代建构主义学习理论的一个基本理念是：知识只能由学习者在与外部环境的交往作用过程中建构。因此建构主义高度重视学习环境（包括物质环境与精神文化环境）的设计，他们把学习环境看成学习行为的容器、对学习行为的支持，这也是建构主义的各种教学方法都把"情境创设"置于首要位置的原因。

（二）情境策略在新课程实施中的现实意义

笔者通过对新课程相关书籍资料的分析，认为新课程主要体现出以下几个理念：

（1）"学生发展为本"的课程价值观。"学生为本"就是要在价值观上"一切为了学生"，在伦理观上"高度尊重学生"，在行为观上"充分依靠学生"。

（2）回归生活世界的课程生态观。学校的课程不应当仅仅被压缩在学科与书本的狭小疆域中，它要向自然回归、向生活回归、向人自身回归，实现理性与人性的完美结合，以及理智、经验与体验的和谐发展，知识、价值与情感的统一。

（3）创生与发展取向的课程实施观。教师与学生不只是课程的执行者和接受者，他们在课程的实施中应当发挥自主性、能动性和创造性，成为课程的开发者和知识的创生者。

（4）科学性与人文性交融的课程文化观。新课程消解了科技理性与人文关怀的对立，实现学会生存与学会关心的交融，寻求工具价值与人文精神的和谐发展。

鉴于上述对新课程基本理念的分析与归纳，笔者认为，在新课程中倡导实施"情境策略"的意义在于：有利于促进迁移，培养灵活运用知识的能力和实践能力；有利于真实的学习，回归生活，体验生活，创新生活；有利于主体性的建构，高扬学生主体意识，倡导自主学习，使学生全面发展。

二、语文教学中运用"情境策略"激发学生的学习积极性

语文作为一门基础学科，要培养学生读写听说的语文能力，总是在特定的语文环境中进行的，离开了一定的语文环境，口头语言和书面语言的训练几乎是不可能的。阅读文章，每篇文章的内容不同，一篇文章就是一个特定的典型情境。字面之义、言外之声、微言深意，用词组句之妙，修饰表达之奇，莫不是在文章的语境中品味、领会，学生的理解就是在这特定的典型情境中的理解。学生作文，无论是命题作文还是材料作文，抑或是自由命题作文，都是一定情境的记叙、说明、议论、抒情、描写。唯在这特定的情境中，浮想联翩，思接千载，视通万里，要是离开了这具体可感的情境，也就无话可说，无事可写。同理，听话、说话，也是在一定情境中进行的，离开了具体的语言环境，听话、说话几乎是不存在的。可见，在语文教学中应用"情境策略"是非常有必要的。

如何在语文教学中利用"情境策略"来激发学生的学习积极性呢？笔者认为可以采取以下几种方法：

（一）运用新颖信息，造成耳目一新的惊异感

伟大的文学家高尔基曾说"惊奇是了解的开端和引向认识的途径"。著名心理学家皮亚杰在他的儿童认知发展研究中，曾提出一个"适当新颖"的原则，他认为呈现给儿童的材料和主体过去的经验既要有一定的联系又要足够新颖，能产生不协调和冲突（根据他的学说，冲突是认知结构重新组织和随后发展的基础），这样才能引起好奇心，激发认知兴趣，启迪思维。教学中适当提供与教材紧密联系的新奇有趣的材料，会收到出乎意料的效果。新颖的信息还可能是一种起组织作用的"注意线索"，它能发挥对认知的引导作用。

（二）创设"认知冲突"，引起探究兴趣

黑格尔曾经说："凡事追求本源，这是思维的一个普遍要求，一个特性。"在教学过程中，如果给出的新的事实、观念和理论与学生原有的知识经验发生矛盾，就会出现"认知冲突"。学生一旦进入这个问题情境，就会感到困惑，头脑中的观念在"打架"，这就激起他们的探索欲望，唤起他们的求知欲。

（三）创设悬念情境，激发欲罢不能的探究欲

"悬念"是一种认知张力，具有很强的激励作用。苏联著名教育家苏霍姆林斯基曾经告诉教师"不要讲完"，其实就是希望能在学生头脑里埋下一根"导火线"，让学生处于猎奇的状态，不断探求、追寻、发现。"猎奇"心理具有多方面的效应，就像陈景润在中学时代埋下的"哥德巴赫猜想"悬念那样，持续了整整一生。

（四）赋予学生"境中人"角色，调动自主参与的积极性

新课程的实施要"倡导学生主动参与、乐于探究、勤于动手"，因此应尽力推动学生自发"投入"到课堂的教学活动中去。心理学的研究指出，只有设法让学生"亲身投入"任务之中，才能够达到激励内在动机的目的。那么，如何才能使学生"全身心投入"学习任务之中？笔者认为，教师应该创设一些真实的或贴近现实生活的情境，赋予学生"境中人"的角色，使学生在完成特定学习任务中，体验到社会责任感和社会价值感。

总之，随着建构主义思想的流行，随着新课改观念的深入人心，作为一种颇具潜质的教学策略——"情境教学策略"必将受到越来越多研究者的关注，必将在学科教学中日益发挥其应有的教学价值。

新课程背景下高中作文评改模式探究

■ 范春荣

我国著名教育家和语文界的老前辈叶圣陶曾经说过："学生作文老师改，跟老师命题学生做一样，学生处于被动地位，假如着重培养学生自己改的能力，教师只给些引导和指点，该怎么改，让学生自己去思考去决定，学生不就处于主动地位了吗？养成了自改的能力，这是终生受用的。"传统的作文评改，学生始终处于消极被动、无所事事的地位，很自然地失去了写作的责任感，只是把作文当成一种无可奈何的作业而敷衍了事。这种无视学生作文评改的主动作用，缺乏学生参与意识培养的"少、慢、差、费"的评改模式，已到了非改不可的地步。基于此，我们深感必须在高中阶段进行作文教学评改方法的改革。

那么，在这种新课程背景下的作文评改方式要有哪些改变？该怎样缓解教师和学生"谈作文色变"的局面，成了语文教学研究者和工作者的一大问题。笔者在这里就这一问题做简要阐述。

一、作文评改的重要性

作文教学是语文教学培养学生写作能力的主要手段。对作文教学的探讨，一直是中学语文教学的热点。近几年，人们对作文教学中的写作技巧谈得多，对评改方法却谈得少。其实，在作文教学的时间投入上，老师把大量时间花在了作文批改上，但学生受益不大。叶圣陶先生说过："凡是教师都修改过不计其数的作文本，他们得到一个统一的体会，都认为改作文是种徒劳无功的工作。"然而，这项徒劳无功的劳作，又是语文教师繁重的事务，试想一个班级五六十名学生，如果每篇习作教师都要逐篇深批细改，着实要花很大功夫，即便这样，学生也不见得收获很大，因为他们所得到的不过是教师的一家之言，有一定的局限性，长此以往，不利于学生开阔眼界，提高写作能力，但如果在评语栏里只有"阅"字或以分数取代评语，又会挫伤学生写作的积极性，因为在学生看来，教师圈画的点点叉叉，批改的字字句句，都体现着教师对他们劳动的尊重。如何处理作文批改，不仅成了语文教师的两难问题，也一直是困扰着作文教学乃至语文教学的一个老大难问题。因此，作文批改应该引起语文研究者和工作者以及学生的高度重视。

二、传统作文批改的弊端

一般作文教学的模式为"教师指导—学生写作—教师批改—教师讲评"。传统的作文教学要求：对于学生的作文，教师要精批细改。于是，红红绿绿的评改有了，学生的独立思考却不知哪里去了；学生各自的成绩看过了，教师辛辛苦苦的批改也付诸东流了；各种各样的作文交上了，学生的任务也就完成了，剩下的任务就是教师的精批细改了。难道作文是专门写给老师看的吗？教师的评改往往耗费大量的心血，然而作文发下去后，学生只关注几句评语，评语如不讲求技巧，不是平等沟通，学生往往心灰意冷，收效甚微。教师长达七八个小时的批阅成了出力而无所收获的苦果。有的教师把个人思维方式强加给学生，用自己所喜好的文章形式、语言特点来评判成绩不等、水平差异、阅历各异、爱好迥异的各位学生，培养一段时间后，把学生活跃的思维禁锢成"八股"思维，文章变成千人一面的古板之文，学生的个性、创造力逐步萎缩；有的教师按成人化的要求来拔高评改作文，结果满篇成了教师的改动文章，严重挫伤了学生写作的积极性，没有真正起到激励和指导作用。这样学生就形成一种错误认识，认为作文批改就应是教师的活动，是教师的职责权力。教师则苦不堪言，害怕评改学生作文，有的干脆减少学生作文次数。

这种评改模式的缺陷是十分明显的：

（1）不利于学生良好思维品质的培养。作文是个大练场，它展现了学生迥异的思想意识、生活态度，可谓"仁者见仁，智者见智"。而教师批改作文时却以一种思维、一个标准去衡量，难免失之偏颇，也易于将学生引入教师的思维定式，不利于学生创新思维的培养。

（2）作文讲评不及时，且讲评效果不好。按现行的教学要求，学生作文两周讲评一次。因批改作文费时费力，语文教师在作文刚交上来时就开始批阅，持续时间长达两周多。这样，作文批改中发现的问题不能及时反馈给学生，而教师讲评时总结的共性问题又难以在学生心中引起共鸣，对学生写作文也就没有太大的指导价值。

（3）学生的写作水平难以提高。教师批改作文是以教师为主体，学生缺乏参与意识，就会压抑学生的创造精神。从教师的角度看，教师的点评千篇一律，缺乏针对性。从学生的角度看，大多数学生都是倾尽自己的心智写作文，但自己的作文仍是或多或少有问题，被老师"红笔"一划，"点评"一顿，内心产生一些失意情绪，影响了写作的积极性。

（4）作文精批细改，耗时过多，劳神费力，收效甚微，不利于教学的整体推进。批改作文工作量大，长年累月，教师也有些厌倦。教师疲倦了，在教学和管理学生中投入的时间也就相对不足，个人学习时间也被挤占得所剩无几，无法及时更新知识，拓宽知识面，不利于教师业务水平的提高，更不利于教学的整体推进。

三、新课程下的作文批改

新课程的教学活动强调师生的共创共生，使师生双方的不同见解或主张互相碰撞，达到使学生自我教育、自我改造、自我发展的目的。这就为中学作文教学，特别是作文评改指明了方向。新课程背景下的作文批改，应该在确保有效的前提下，关注对学生"写作过程与方法、情感与态度的评价"。所谓"有效"，至少要包括两点：一是学生写作能力在原有的基础上提高快，二是教师在批改作文时真正达到了在批改过程中教会方法、培养情感与端正态度的目的。要在确保有效的前提下，通过批改对学生写作方法、情感与态度进行有效调整，就要做到以下几点：

（一）明确作文评改的标准

在倡导学生个性发展的今天，作文评改究竟应不应当有一个统一的尺度？应当把握怎样的尺度？有人说，新课程对学生的评价应是赞扬的，这样才可以最大限度地发展学生的个性。但是，过度的赞扬实际上就等同于迁就。新课改倡导学生个性发展，并不是不要一定之规，而是有一定的评价标准的。作文评改的标准应是：要启发学生认识自己作文有什么优缺点，领悟到该怎样写、不该怎样写，经过多次反复的写作实践，逐步提高写作能力。这就是一把标准尺子。这段话中关键是三个"词"：一是"认识"。通过批改，学生能认识自己作文的好差、正误及其原因，懂得该怎样写。二是"启发"。教师的批改要有启发性，能引导学生去认识自己作文的优差。三是"提高"。批改的根本目的，就是要逐步提高学生自己修改的能力并由此逐步提高作文能力。这三点，从师生两个方面明确了批改要求，提出了检验批改效果的主要目标。

（二）改变传统的评改方法

语文教学界多年来对于作文批改的方式进行了不断的探索，推出不少批改方式，但结果却不尽如人意。笔者结合学者们的研究成果，纳入自己的一些粗浅的理解，从师生两方面主体来探讨新课程背景下作文评改的模式，以便于大家做多种选择。

1. 以教师为主的同批同改模式

第一，确立批改目标。学生习作上交后，教师要根据本次作文训练的目标，把全部习作浏览一遍，挑选一定数量的有代表性的习作，确定为本次重点评改目标。另外还要把本次作文中所反映出来的较集中的问题加以归类，力求评改目标中能涉及。

第二，修改点评，理论导引。教师把选定的学生习作从整体上加以修改，然后把原稿和修改稿同时印发给学生，让他们在比较中领悟修改的方法，让他们直接感知教师修改的全过程。并选择一些有类似错误的习作，让学生指出修改的办法，然后教师板书本次集中存在的问题，并做理论引导。

第三，选典型作文让习作者朗读，要求同学在认真听的同时，根据写作要求准备发表批改建议，读完后让学生畅所欲言，发表个人见解，并让习作者介绍自己的构思过程、选材方法、立意方法。此时，"批改者"与"习作者"同堂而论，往往作者在虚心接受"批改者"批评的同时又据理力争，课堂气氛异常热烈。此时，教师要根据训练要求，在深层的作文理论上加以指导，例如，议论中论据的典型性问题，给学生分析什么是"典型性"，如何选择典型论据，如何做到典型材料的创新，并针对阅读习作进行总结点评。

第四，运用评改指导方法，学生再次修改。经过反复激烈的争议后，大家意见渐趋统一，教师点评总结后，进一步指明写作要求，让学生批改剩余的作文，因为有了两次批改经验，学生相对轻松、自主，批改的信度也大为提高。

第五，教师前期训练指导，要重在激发学生的写作兴趣，侧重于评价内容，积极肯定学生取得的成绩，悉心抚慰受到挫折的习作者，认真倾听学生的娓娓倾诉，拉近师生的心理距离，后期训练可以着重加强作文技巧的指导，此时学生已形成了写作兴趣，希望自己的作文在谋篇布局、结构安排、文字运用诸方面更上一个台阶，教师要细心指导，雪中送炭。

以教师为主的同批同改是以教师整体把握为主，从"挑选样本"到点评示例，再到集中指导讨论评改，教师起主要的理论指导作用，学生的评改主体性没有得到充分发挥，还有待进一步培养。这一模式非常适合高一上学期，是培养学生自主评改的初始阶段。对于写作理论还处于懵懂状态，写作还处于引导阶段的学生是有很大益处的。

2. 以小组合作探究为主的学生互动式评改模式

经过第一种模式指导训练后，学生初步掌握了一定的写作理论，对习作有了较高的评价意识。这时，教师就可以把评改权移交给大部分学生。教师也不再挑选样本，而要按写作水平高低或位置情况成立作文批改小组。

第一，确立小组及中心发言人。4~5人为一组，小组交叉批改，然后每组选出1~2篇有代表性的作文向全班推荐，并由中心发言人阐述评改意见。

第二，选择优秀作文的标准，从十个方面入手：一看格式是否正确；二看文面是否整洁；三看有无错别字；四看有无病句；五看标点有无明显错误；六看文章中心是否鲜明集中；七看选材是否围绕中心，是否符合生活实际，是否具有典型性；八看文章结构层次段落是否清晰，过渡是否自然，开头和结尾是否照应；九看表达方式是否恰当；十看语言是否简练、准确、生动、形象。

第三，掌握常用修改符号及高考作文两级评分标准。从《作文评点报》上选择评改例文，让学生了解常用修改符号及点评的方法，规范使用删、增、调、换等修改符号。另外，为在未来的高考中取得优异成绩，使评改更具针对性，组织学生学习高考作文两级评分标准及具体细则，明白评分标准精髓所在，提出"稳抓基础分，力争突破发展分"的指导思想。

第四，教师指导学生在阅读全文、把握文意的基础上，从作文的结构、语言、基本观点、思想感情、文面等方面批改文章。除用传统的"删、增、调、换"等方法外，还教育学生学会旁批，并运用说明式、评述式、提示式等方法来评改作文。

第五，针对同一篇文章，经小组讨论后，先由作文水平较高的同学提出口头评改意见，并兼纳其他组员的建议，加深学生对作文的整体评价认识，然后采用组长组织轮流执笔的方法进行评改。

第六，批改时要注意以下几点：一是精批点评，多就少改，批语要精当，具有启发性和导向性，三言两语，指点迷津。改笔要惜墨如金，点化语言。二是目标明确，重点突出。一般学生的作文，其优点和缺点总是表现在多方面的，而每次批改需有重点，不需全面开花（教师在这方面要做具体提醒），如该次训练目标突出的重点可以是结构的安排，可以是记叙的顺序，也可以是多种表达方法的运用。三是因文指导，有的放矢。批改要结合学生的实际，有些文章言之无物，批改时要指导学生选择中心材料，并逐步使之写得具体，有些文章材料庞杂，批改时就要着重指导学生围绕中心选材和剪裁，做到详略得当，主次分明；有些文章虽能用材料说明观点，但材料不够典型，批改时应指导学生如何选取典型材料，使文章内容深刻，富有感染力；有些文章词不达意，颠三倒四，批改时着重帮助学生修改病句，把文章写通顺，而不需提过高的要求。总之，每一次作文批改，要使程度不同的学生都有所得。差的作文可以"改重于批"，尽量保留作文中的主要内容；好的作文可以"批重于改"，用热情的语言指出写得好的地方，扬其所长。

第七，推荐样本，交流争鸣。第一节小组讨论批改完成后，第二节各组把评出的样本再拿出来在全班口头交流，然后各小组展开争鸣，教师点评指导。

第八，总结本次作文的写作情况。当学生把新习作上交后，教师要认真审阅各小组上次的评改情况，公布表扬那些评改认真的小组及执笔者，对批改重点把握不准、态度不够认真的要重新个别指导，使其及时改正。

3. 以习作者本人为主体的自我评改的模式

俗话说，好文章是改出来的。叶圣陶先生也曾说过："改的优先权应属于作者本人。"在组织学生评改作文前，老师要先向学生讲清楚自我评改作文的重要意义、原则和方法，使学生重视自我修改作文，明确作文修改是有章可循、有法可依的。如统一修改符号；字、词、句等方面存在的问题宜改不宜批；思想内容、篇章结构、写作技巧等方面存在的问题宜批不宜改；作文要有等级评定等。通过教师的示范性批改，让学生熟悉作文批改的流程，正确实施修改方法。经过第一、二种模式的指导训练后，学生掌握了一定的写作理论和技巧，也掌握了一定的评价原则和评价方法，对习作的辨别能力有了更高的评价意识。这时，教师就可以把评改权移交给习作者本人。在他评中引发学生思考和借鉴，找出自己作文需要完善之处，并根据教师评价和学生互评情况，参考老师和同学提出的作文修改意见，对自己的作文进行评价并进行必要的修改逐步达到自我完善的境界。

总之，教师的评改对学生有启发和指导意义，学生的参与能够提高学生各方面的能力，教师要学会交叉结合，灵活变通地选择作文的批改方式，不是人为地追求形式上的花样翻新，卖弄噱头，而是根据客观实际的需要。因受诸多因素的影响，不可能找到一种通用的好方式，所以只能交叉结合，灵活变通，以求取长补短。换个角度说，一位优秀的语文教师，也应该掌握几种不同的批改方式，才能胜任教学。

少教多学，让文言文教学生机盎然

■ 连亚丽

正如钱梦龙先生所言："文言文教学是语文教学改革的一个'死角'，即使在语文教学改革很红火的年代，文言文教学这块'世袭领地'上仍然是一派'春风不度玉门关'的荒凉景象。"那么，如何改变这一尴尬局面、激活文言文教学呢？

正所谓"知之者不如好之者，好之者不如乐之者"，让学生自己主动去学，愿意去学，才是最根本的出路。那么少教多学便是最好的选择，其实质就是把学习的自主权交给学生，在教师引导下让学生进行自主学习，激发学生学习文言文的兴趣，从而激活文言文教学。我认为要进行少教多学可以从以下几方面入手：

一、以读为本，落实是关键

"以读为本"解决的是语文教学的核心、基础问题，读是拉近文言文与学生距离的方法，但是落实以读为本才是培养学生学习文言文兴趣的关键。

要落实以读为本的方法，就要认识各种形式的朗读的功能，如自由朗读、指名朗读、集体朗读、分角色朗读、教师范读、听录音朗读、配乐朗读等不同形式，并针对文本特点选用恰当的朗读形式，每次朗读的目的要明确、恰当，教师应该在不同的教学环节中提出不同的朗读要求，配合教学节奏，体现出朗读的形式特点。教师要善于指导、点评、纠错。

二、在反复诵读中，培养语感

诵读是把躺着的书面文字，用声音立起来，出口时的声音负载着思想感情，增强了语言文字的可感性，学生通过反复多遍的诵读与课文的语言文字反复接触，才能更深刻地领会作者在字里行间的语言节律，受到更直接、更强烈的感染。同时诵读又是一个眼、脑、口、耳协同活动的过程，诵读时，眼睛所感知的文字，耳朵听到的声音，口耳相传，目视口诵，同时到达人的中枢神经，增加了传入大脑皮层的刺激渠道，大大强化了语感，以此提高对文章的理解力。

背诵是诵读的更高一层，更能积淀文言语感，丰富文言阅读的能力。在平时要求学生背诵文章外，还可以引导学生背短小精悍的骈、赋片段，优秀的骈、赋往往内容丰富，辞章华丽，行文流畅，音韵和谐，朗朗上口，多为流传下来的名言佳句。背诵需要多次反复，随着生活阅历的增加，阅读面的扩大，知识的丰富，学生对这些已经"吞下去"的"精粹语言"，通过不断的揣摩，将会有新的领悟和体会，学生的语言感受力和文化认同感也将因此大大增强。

总之，文言文语感的培养是文言文教学的重要手段与途径。只要我们对学生多注重文言文语感的培养，在这个领域中潜心思考、探索，在文言文教学中就一定能开辟出一片新天地。

三、以写为辅，读写结合

要提高文言文教学的效率，课堂上不仅要让学生读，还要鼓励学生写。这里所说的写包括两个方面：首先是默写，即文言文中精美的文、段和句子要求学生默写。从全国各地的高考命题看，试卷中有些要求默写的句子不一定是从要求背诵的文章里面抽出来的，有的只是一篇中的一个名句。而背诵和默写并不是一回事，学生会背诵的很多时候不一定能默写出来，在考试中也就不一定能得满分，所以默写是不能忽视的。其次是抄写。让学生结合书法练习，抄写精美的文、段、句。教师可以结合网上评卷对书写的要求让学生去抄写，从而提高学生的书写水平。

四、归纳积累，学会迁移

引导学生将学过的一些常见实词的用法及意义进行归纳，并随学随填充，不断扩充积累量，在学习新课文时进行知识迁移，即所谓"温故而知新"。

如曾有一学生由"盘盘焉，囷囷焉，蜂房水涡，矗不知其几千万落"（《阿房宫赋》）中的"焉"联想到"古之圣人，其出人也远矣，犹且从师而问焉"（《师说》）和"积土成山，风雨兴焉。积水成渊，蛟龙生焉"（《劝学》）。比较这三句中的"焉"字意义，有同学认为它们应该不是同一个意思，有同学觉得它们同在句末，意思应该是一样的。这时，我引导学生们展开讨论，并提示学生从语法结构上仔细推敲，共同来解开这个疑问。很快，学生便发现"盘盘焉，囷囷焉，蜂房水涡，矗不知其几千万落"这一句中的"焉"放在形容词后，是作助词，应理解为"……的样子"，而"古之圣人，其出人也远矣，犹且从师而问焉"这一句中的"焉"在句中充当"问"的宾语，应是代词，解释为"他"，而"积土成山，风雨兴焉。积水成渊，蛟龙生焉"这一句中的"焉"同在动词后，却不作"兴""生"的宾语又不作语气助词，那就只能是兼词，相当于"于之""于何"，解释为"在那里"或"在这里"。因而就可以通过这一个句子将"焉"常见意义构成知识体系，学生从中学会迁移。

夸美纽斯在谈到自己的教学理想时说："找出一种教学方法，使教师因此可以少教，但是学生却可以因此多学；使学校因此可以少些喧嚣、厌恶和无益的劳苦，多具闲暇、快乐及坚实的进步。"这也是我们的理想。

师欲少教，生欲多学，师必先使学生利其器。摈弃教师简单灌输知识的做法，尊重学生学习的主体地位，把学习的主动权还给学生，给予学生发挥潜能的空间，努力搭建教学支架，创设学生主动学习的平台，就会让文言文学习充满生机。

创设愤悱情境，提高美术鉴赏课导入效果

■ 刘光荣

孔子曾说过："不愤不启，不悱不发。"愤者，心求通而未得；悱者，口欲言而未达。那么如何在课堂中以引人入胜的开场来吸引学生的注意力，把学生离散自由的思维引导到恰当的教学气氛中呢？作为教师，要努力让课堂像磁铁一样牢牢地吸引学生的注意力，拨动他们的思维之弦，让他们产生强烈的求知欲望和高涨的学习热情，继而为课堂教学创设良好的情境。

高中美术鉴赏课与其他的学科教学一样，导入新课是教学的首要环节，目前，随着素质教育和新课程改革的全面深入，高中美术也逐渐成为推动学生发展、提高学生审美情操以及实现素质教育这一目标的重要科目。我根据高中生的身心特点，在实践中不断摸索探寻导入设计的方法，结合人民教育出版社出版的《美术鉴赏》教材与教学实践，概括出以下几种美术鉴赏课使学生变得"心求通，口欲言"的导入方法。

一、根据相关性原则引入文化情境

相关性原则就是要求教师在设计教学活动时，把与教学主题、教学目标不相关的材料、活动、环节统统删掉，留下与之相关的内容。文化情境是指一件作品被创作出来时所依托的文化环境、条件及其特征。利用相关的文化情境作为切入点导入课题，既能起到抛砖引玉的作用，拓展学生的知识面，又能充分激发学生的学习兴趣。

1. 从作品产生的历史时代背景导入

如讲《清明上河图》时，我首先向学生提了一个问题："在时代的发展当中，会不断出现新的词汇，如今，非常流行一个词语'穿越'，就是指在不同时代发生了混搭，如果真的有一部时空穿梭机能够让你回到中国历史上的某个朝代生活一段时间，你最想去哪个朝代呢？是强大的汉朝，繁盛的唐朝，还是电视剧中和我们生活相近的清朝？"这样一导入，学生对这个问题非常感兴趣，他们纷纷说出自己最想穿越的朝代，有秦朝、汉朝、宋朝、唐朝等。紧接着，我又问："为什么？当时的政治、社会环境如何？"通过对社会环境和文

化环境的综合考量，宋朝是大家最想生活的朝代，由此引入《清明上河图》背景，引入流畅、自然、顺畅。通过这些相关文化情境的介绍，学生表现出非常迫切地想看到这幅作品的愿望，极大提升了学生对学习中国古代人物画的兴趣，为整节课起了一个很好的开端。

2. 从学生的生活经验导入

导入时结合课内外、校内外的活动，并与学生的生活经验密切联系，由近及远，由浅入深，由表及里，从而扩大学生的视野，增强他们的感性认识，创造一个更为广阔的文化情境。如欣赏古代玉器时，我拿了两个玉镯，让学生根据自己的生活经验来判断哪个玉镯的成色、玉质更好。这样学生对他们的审美对象会产生浓厚的兴趣，取得一些意想不到的收获。这样的导入方法，既吸引了学生的注意力，培养了学生的观察和记忆能力，又为上好创作课做好了素材的收集和准备工作。

3. 运用相关教学情境导入

美术不是孤立的，它与其他学科是融会的。教师在导入中可创造一些相关教学情境，帮助学生获得更多丰富的情感体验，为进一步学习埋下很好的伏笔。比如在欣赏西方古典雕塑时，我给学生讲了一个电影片段：电影中的小主人公，有一天进入一个雕塑家的工作室，他看着众多的雕塑作品，惊讶地睁大了双眼，好奇地问雕塑家："您是怎么知道这些石头里有人的？"雕塑家笑着回答说："因为我能听得到他们在说话！"紧接着我对学生说："今天我们就来看看石头里的人，听听石头说的话。"这样的导入，既创设了教学情境，使学生尽快进入到作品欣赏的情境中来，培养了学生的想象力，又激发了学生学习的兴趣，提高了学生的文化素养，同时又点明了课题，达到了导入新课的目的。

二、根据直观性原则，利用具体的实物导入

演示是一种行为艺术的表现方法，其强烈的过程渗透形象直观，使学生的求异心理得到一种满足。用这种方法导入对学生进一步学习抽象的美术知识具有极其有效的作用。

如在上《美在民间——中国民间美术》一课时，我课前准备的教具是：海原绣花鞋垫、麦草秸秆画、云南蜡染，让学生首先直观欣赏、感受，引起了学生极大的兴趣，一切都非常顺畅地切入主题，为整节课的顺利进行做了一个非常好的铺垫。

三、根据启发性原则，利用"引错"导入

"引错"指的是教师设的一个小"陷阱"，诱导学生从自己的错误判断出发导致错误的结果，从而激起学生强烈的求知欲。

对于西方立体主义绘画作品，学生非常难理解，要想学生感兴趣就更不容易。面对这种情况，我运用了"引错"法导入，获得了很好的教学效果。上课时我首先出示了两张作品，一张是毕加索9岁时的写实作品《斗牛士》，另一张是《读书》。然后我向学生提问："这两张作品出自同一个画家，其中有一张是他少儿时期的。请问你认为哪一张是少儿时期的作品，为什么？"绝大多数的学生都认为《读书》那张作品更像小孩子的作品（意料之中）。当我宣布答案时，学生都表现得很惊讶。判断失误使他们更渴望解决心中的疑惑，学生的注意力也因此变得高度集中。这个问题正是本课要解决的问题，也就是理解立体主义作品的关键所在。

四、根据趣味性原则，利用故事导入

通过故事导入，利用语言的描绘对学生的认知活动有一定的指向性，并且带着情感色彩作用于学生的感官，激发学生的情感，帮助学生进入特定的情境中。

如在讲《西方古典艺术的发源地——古希腊美术》时，我先向学生讲述古希腊神话故事来导入，激发学生的学习兴趣。我首先用幻灯片播放了一张希腊爱琴海的风景照，然后开始讲述：在古希腊的神话里，有一位女神，她诞生于海水的白泡沫中，拥有白瓷般的肌肤，完美的身材和容貌，她被称为天界最美的女神，她就是罗马人称为维纳斯（Venus）的爱和美的女神，她的希腊名字更美——阿芙罗狄忒（展示幻灯片波提切利的作品《维纳斯的诞生》），今天就让这位美丽的女神带领我们走进她的家乡——希腊，去感受古希腊美术的魅力。

五、利用名言诗词导入

中国古诗的意境常常是"只可意会而不可言传"。有时，一句美妙的诗句可以让学生领略到复杂的语言所无法代替的意境。

在鉴赏《宛自天开——古代园林艺术》时，首先应让学生知道山水的天

然状态，使用学生们再熟悉不过的柳宗元的《小石潭记》里的"隔篁竹，闻水声，如鸣佩环，心乐之"。学生便会不自觉地跟你吟诵起来，便可以使你轻松地把学生带入"梧竹幽居"的场景中。鉴赏《移情草木——中国古代花鸟画》时，用唐代诗人杜甫的《春望》名句"感时花溅泪，恨别鸟惊心"导入，让学生更好地从诗中体会中国古代花鸟画家以其高深的画技，把自己热爱生活的情愫寄托于草木花鸟，"得其情而点出之"，使欣赏者获得启迪，激起爱美、爱生活之心。

六、利用音乐导入

音乐是人类共有的精神食粮。它对人的情感的产生和发展有一定的作用，儿童更是如此。音乐可以锻炼人的想象力和思维力，更能提高学生的注意力。教师将音乐引进课堂，能很好地吸引学生的注意力，安抚他们的情绪，从而更好地组织课堂教学，提高课堂教学的效率。

如在上《传统艺术的根脉——古代青铜器艺术》一课时，首先为学生播放曾侯乙编钟演奏的曲目《楚商》，告诉学生两千多年前的古老的编钟在今天依然能演奏出音乐，并且音质纯正，音色优美，通过欣赏音乐创设良好的教学情境，让学生感受我国古代青铜艺术的艺术魅力及光辉成就。

七、猜谜语导入

兴趣是求知欲的调动者。高中生对猜谜语都有浓厚的兴趣。谜语又是学生们喜闻乐见的一种形式，用猜谜语的方法导入新课，既能激发学生的思维，又能高度集中学生的注意力，还可以使他们轻松愉快地进入课堂，从而收到事半功倍的效果。

如在上《大河之源——古埃及美术》一课时，我首先给学生们出了一个谜语："什么动物早晨是四条腿，中午是两条腿，晚上是三条腿？"通过学生们猜谜的答案继而引入到新课当中的古埃及雕塑——狮身人面像。这样谜语的导入开拓了学生的思维，使学生在猜谜语的过程中为了找到正确答案，探求知识的欲望被激起，使学生以最佳状态进入到新课学习中来。

总之，导入的方法多种多样，没有固定不变的模式。我们在实际教学中，应根据教材和学生特点，灵活处理，因材施教，选择恰当的导入充分激发学生的兴趣，激发学生的求知欲，使学生在轻松愉悦的氛围中学习，使他们真正成为学习的主体。

再探物理课新课引入方式

■ 王建华

传统的教学方式是：复习旧知识—传授新知识—运用新知识。在课堂教学的新课引入上比较呆板、机械化，压制了学生的学习兴趣，使学生对学习感到枯燥、乏味，从而产生厌学的心理，若长期这样引入课堂会挫伤学生学习物理的兴趣。

俗话说："良好的开头是成功的一半。"精彩的课堂导入不仅能很快集中学生的注意力，而且会激发学生学习的兴趣。因而精彩的引入是课堂教学中极其重要的一部分。亚里士多德说："思维是从惊讶和问题开始的。"学生的创新想法，创造活动，往往来自对某个问题的兴趣和好奇心，而兴趣和好奇心又往往来自教师创设的问题情境。以下是笔者在教学中对引入新课的总结：

一、以旧换新的引入

"以旧换新"是把学生熟知的物理现象借用新鲜的物理背景来承载，给学生一种新鲜感，从而刺激学生进入学习；同时使学生意识到物理规律应用的广泛性，物理规律来自生活，再应用到生活中解决"新"问题。如笔者在以往讲解惯性定律时，利用日常生活中汽车刹车后还要向前滑行的现象，高中再利用此例说明问题，学生感觉不到这一现象给自己带来的新鲜信息（初中已学过），所以学生提不起精神、注意力不够集中也在所难免。笔者在教学过程中换成以飞机投弹为背景的惯性现象，学生眼睛立即瞪得溜圆，全神贯注地观察，分析问题，引入效果非常好（课后和学生交流，学生对此非常满意）。分析怎样投弹才能击中目标，引导学生进入物理环境，深刻地思考。

二、与原有知识相抵触

在《"描绘小灯泡的伏安特性曲线"的实验》中，笔者的引入过程如下：首先出示小灯泡及参数 "3.8V，0.3A"。让学生计算小灯泡的电阻，由欧姆定律解得小灯泡的电阻 $R = 3.8V/0.3A \approx 12.7\Omega$。接下来用欧姆表粗测，通过视频展台展示出来大约为 7 欧姆（并且在变化）。话锋一转，那么小灯泡的电阻到底是 12.7 欧姆还是 7 欧姆？刚才实验中小灯泡的电阻为什么发生了变化？过渡到温度升高小灯泡的电阻变大，通过实验进一步探究小灯泡的电阻变化特点。

三、现象到问题引入

在讲解《磁场对运动电荷的作用力》时，首先展示极地极光图片。让学生欣赏自然现象，给学生展示绚丽多姿的美景。过渡到极光一般出现在什么地方，为什么出现在这些地方。接下来用采集的照片，让学生再到讲台上选一个棒（两个棒外包装完全相同），另一个棒老师手持。师生分别持棒靠近验电器，学生观察现象，说明原因。整个过程深深吸引了学生，把学生带入到神秘的自然科学中，同时体会到自然科学规律的利用，使我们的生活变得丰富多彩。

四、演示实验引入新课

在日常的教学中笔者深有体会，当拿着几个小玩意（演示仪器）走进教室时，教室里立刻会安静下来，学生的眼神盯着仪器，之后窃窃私语。这说明学生对演示实验有极强的好奇心，因此，演示实验在课堂引入的作用不可小觑。而且好的演示实验不但能很好地引入课题，烘托课堂气氛，还富有趣味性，寓教于乐，使学生在一种轻松有趣的氛围中学习。运用生动的演示实验能够唤起学生的无意注意，但更为重要的是，要依靠所创设的实验情境将学生的无意注意转变为有意注意。要以趣导学，不能为趣而趣。激发认知冲突，这是保持学生有意注意、激励学习动机最有效的途径。

五、在网络环境下引入新课

随着信息技术的进一步普及，学生的计算机水平有了长足的进展。因此，学生利用计算机平台，学会了自主学习、自主分析问题。而且，学生乐于在此环境下学习。《楞次定律　感应电流的方向》是通过实验探究，再总结规律。如果这些都依赖于教师的介绍，则易使学生习惯于被动地接受，不如让学生主动从网络中去查寻获取知识。另外，对本课中的实验和对实验的理解是教学重点。对这两个问题，如果按照传统的授课方式，由教师一步一步带着去分析，往往容易束缚学生的思维；如果在课堂上让学生以传统的方式展开讨论，虽然比前一种方式能够发挥学生的主体性，但是受到时间和空间的限制，能够有机会发表自己见解，跟老师及同学直接交流的人数有限。可见，这两种常用的传统课堂模式都不能达到给每个学生以充分的展示空间的效果，而网络可以做到！所以，为了充分发挥学生在学习中的主体性作用，实现学生自主探究，这节课采用网络课件的形式更具有实效性。

六、在讲故事中引入新课

首先，展示图片，再讲以下故事：据报载，1962 年，一架"子爵号"客机，在美国的伊利市上空与一只天鹅相撞，客机坠毁，十七人丧生。小小的飞禽何以能让飞机这样的庞然大物遭受如此惨重的下场？学完这节课后，你对机毁鸟亡的结果就不感到稀奇了。且以后可借此故事教育学生联想悬于我们头上的那些垃圾——人类发射的火箭散失在太空的碎片和零部件、卫星由于爆炸或故障而抛洒于太空的碎片以及寿命已尽的卫星残骸等等。这些人类文明的碎片，哪怕是一颗微粒，如果与处于宇宙之外的宇航员相撞，其危害也是极大的。虽然至今为止，还未发生大的灾难，但已发现美国航天飞机的玻璃窗和外壳有被细小的金属颗粒和卫星涂料的碎片擦破的痕迹。1999 年 9 月，美国"发现"号航天飞机与俄罗斯火箭的残骸特别接近时，为避免灾难性的相撞，不得不改变运行轨道。因此，现在越来越多的人呼吁"尽早找出治理宇宙空间垃圾的方法"。

七、在玩游戏中引入新课

首先，中学生的年龄阶段决定了他们对任何事物都有强烈的好奇心。一旦他们发现某种新事物，他们的第一想法就是要动手去试一试。对于游戏亦是如此。其次，中学生的自尊心很强，当听到同学或朋友在一起交流玩游戏的体会时，他们就有一种失落感，认为自己又落在同学后面了，觉得这样很没有面子。所以游戏对中学生的吸引力十分强大。那么针对某些课题，笔者利用游戏引入，课堂气氛十分活跃，使后续的学习轻松愉悦。如在平抛课中让学生打猴子：用玩具手枪，布制小猴子，起始同一高度，在扣动玩具手枪的同时小猴子下落，控制器在同一点，不管猴子与枪的水平距离有多远，总能射中。引发学生思考，激发学生兴趣。

综上所述，一堂精彩的课，一定有个精彩的开头。在一线教学的每个老师都会琢磨每节课的引入，搞好新课的引入是提高教学质量和效果的必要手段。世界著名的物理学家爱因斯坦说过：兴趣是最好的老师。我国古代伟大的思想家孔子也曾说过："知之者不如好之者，好之者不如乐之者。"而好的新课的引入，定能激发学生的兴趣，必能充分激发学生对学习产生心理上的爱好和追求，充分调动学生学习的主动性和积极性，将收到事半功倍的效果。

优化高中英语阅读教学，提高课堂教学实效

■ 宋 华

新一轮英语课程改革的重点就是要改变英语课程过分重视语法和词汇知识的讲解与传授、忽视对学生实际语言运用能力培养的倾向，强调课程从学生的学习兴趣、生活经验和认知水平出发，使语言学习的过程成为学生形成积极的情感体验、主动思维、大胆实践、学会鉴赏、提高跨文化意识和形成自主学习能力的过程。如何有效优化高中英语阅读教学策略，是高中英语教学的重中之重。

一、加强阅读策略的指导和训练

阅读策略是指对学习者阅读理解能力的提高有所帮助的策略。Mackey（1979）曾列出扫读、预测、猜词、利用语篇标志等阅读技巧和策略。在阅读教学中，教师不仅要教授有关的阅读策略，而且应该进行有意识的策略训练。比如，教师可指导学生进行限时阅读，重点训练 skimming 和 scanning，或让学生列出自己在阅读中用过的阅读策略，或相互之间交流各自使用策略的情况。

二、构建"教师主导，学生主动，师生互动"的阅读模式

这个模式旨在发挥学生的主体作用和教师的主导作用，以及发展师生之间平等合作、互动的关系。在阅读教学中，教师应该重视阅读过程，可把阅读分为阅读前、阅读中和阅读后三个阶段。在阅读前活动中，教师可通过标题导入、视听导入、背景介绍、设置悬念、联旧引新等灵活有趣的形式，使学生积极主动地投入参与。在阅读中，教师应从语篇角度出发，根据阅读目标的不同，把阅读分为 skimming, scanning, close-reading 三个步骤，根据阅读的三个层次科学地设计问题，即主旨大意类、细枝末节类和判断评价类，采用以学生自学为基础、以学生讨论为主体、教师适时启发与引导的形式，在阅读过程中指导和培养学生的阅读技巧，最终达到提高学生阅读能力的目的。教师在阅读教学中不应将阅读视为单一的教学活动，在阅读后活动中，教师可以通过续写

课文、改写课文、角色扮演、话题辩论等多种形式让学生动起来，发展学生的语言综合运用能力。

三、打造和谐课堂，创建有问题生成梯度的阅读思维方式

阅读的对象是文章，阅读的主要目标是领悟。这里的领悟指层次分明的能力系统，它包括阅读主体对语言的认知，对文本负载的重要信息的提取与整合，对文章内容与表达方式准确地加以分析和概括。对于文学作品，有时还要进行鉴赏和评价。阅读教学要从学生的差异性出发，设计不同层次的活动内容，由认读到鉴赏，甚至到评价与创新，应体现出梯度。每一个阅读者都可以在其中发挥尽可能多的专长。例如，笔者在教模块二第三单元的 Reading 时，首先让学生根据标题进行预测，然后回答根据课文材料所设计的多种思考题，激发学生阅读课文寻找答案的兴趣。在学生阅读并理解基本内容的基础上，再提出一些延伸性问题来培养他们的创造性思维能力。如：Would the same thing happen to the people if they dug the tomb of Emperor Qin? 在这个过程中，教师应对学生的回答给予充分的肯定和鼓励。在教学设计的梯度化中，使每个学生都可以发挥自己的优势。处于不同层次的学生的积极性发挥程度、专注投入程度、思考深化程度以及解决问题的满意度都趋于最佳状态，才能各有所得，各有提高。

四、采用交互式的整体阅读教学

根据图式理论，我们了解到，阅读时被激活和调用的非直观信息中，学生的语言知识和非语言知识都起了相当重要的作用。因此，我们应引导学生从整体到局部，从语篇到语句，从梗概大意到细枝末节，帮助学生把语言图式、内容图式和形式图式完整有机地结合起来。

1. 加强语篇教学

目前高中英语新教材题材广泛，体裁多样，教师应引导学生从语篇角度出发，了解不同体裁的结构特征，避免让学生只见树木、不见森林的现象。例如，新教材中人物传记体文章分布较广，对于人物类文章，教师在阅读前可引导学生根据标题，结合已有的语文知识，通过讨论明确传记体文章的结构特征——以时间顺序为轴心，边叙边议（以叙为主，以议为辅），介绍人物的生平事迹、后人对他们的评价等，在阅读过程中指导学生按照人物—时间和事件

的关系—成就—评价这条主线来理解课文。

2. 丰富文化背景知识

语言是文化的载体，如果在阅读中缺少必要的文化背景知识，往往会对语言材料的理解造成一些困难。新教材涉及了许多英语国家的文化背景知识，教师应善于帮助学生挖掘教材中所隐含的文化内涵，激活他们的文化图式。如在上新教材 Book 1 Unit 4 "Holidays and Festivals" 时，教师可采用和学生一起从网上查找与这些节日有关的资料、观看有关这方面的 DVD、听相关的英文歌曲、比较中西方节日文化的异同等多种形式导入文化。

此外，在科学使用教材的基础上，教师有必要引导学生在课外阅读一些文化知识内容丰富的阅读材料，进一步丰富他们的文化图式，以达到语言习得理论中的"移情"境界。

3. 重视语言知识

阅读者的语言知识是辨认视觉信号输入的基本手段，因此教师应该帮助学生扫除语言障碍。在词汇教学方面，教师可利用图片、实物、动作、课件等辅助教学手段呈现生词，或运用同类记忆法、对比记忆法、读音记忆法、同音异形记忆法和搭配记忆法帮助学生更有效地记忆单词。同时，教师还应训练学生根据构词法、上下文情景等线索猜词的能力。此外，新教材词汇量大，教师应采用多种方法处理生词，既减轻学生学习负担，又能提高课堂教学质量。如对于那些会造成理解障碍的词汇，应在阅读前加以介绍；对于那些能通过线索进行猜测的词汇，则可以在阅读过程中处理；对于大纲要求掌握的词汇，课后还需加以巩固；对于因行文的需要而出现的词汇不要求学生去死背。对于语法点的讲解要讲究艺术，使语法教学情境化，引导学生善于发现规律。此外，新教材中语法教学内容分散，知识点细小，虽便于学生暂时的掌握，但"前学后忘"现象时常发生，教师可引导学生对教材中分散的语法现象进行比较和归纳。

五、在阅读体验中培养学生的阅读鉴赏水平

评鉴能力，即对文字材料的内容和形式进行评价和鉴赏的能力。培养学生评鉴能力的最好方法首先就是"读"。读是手段，感悟是目的。"读"不仅能对文章内容进行把握，更能对语言文字的诸多美进行欣赏和品评。当然"读"要有一个循序渐进的过程，由读准音、读得通顺流畅、读出节奏韵味到读出一种情感来。在阅读教学中，要激发学生联系生活实际，依据文章对对象的描

述，以类似的情感体验去领悟作者内心所感，从而激发其敏锐的语感。这需要教师设计多种多样的"读"的形式，如教师读、学生读、齐读、小组读、分角色读、配乐读等，读出层次和韵味。教学是一种交流，而交流不一定是处在不停发问、解答的状态中，而是要留出空间，在诵读中品味和发现，这样的交流才有深度，获得的感受也才能经久不衰。

六、整合教育技术手段，为培养学生综合阅读能力铺路搭桥

分析综合能力构成了人类基本的思维过程，也是阅读理解能力的核心。如必须在熟悉全文的基础上训练学生给句子划分结构，给语篇分段，然后概括主旨大意、段落大意，以训练学生的综合概括能力。然而，学生分析综合能力的提高仅靠教师用英语解释是不够的，这时，教师如能把一些抽象、难理解、平时不太注意的问题与信息技术合理地进行整合，通过创设各种情境模拟生活实际，用生动美丽的图片或动画形式展示给学生，将会使难以理解的知识借助直观、生动、有趣的课件演示迎刃而解。

七、深入挖掘教材，渗透德育元素

培养学生的健全人格是当前素质教育的目标之一。在教育教学中渗透情感教育，比刻板地直接进行德育更为真实有效。新教材中许多课文渗透着思想和情感教育，如"Hero"等。这些课文内容新颖，既能激起学生的兴趣，又能激发他们对人类社会发展的责任感和使命感。教师应努力挖掘教材中的思想教育因素，帮助学生形成正确的人生观、世界观和价值观。

总之，学生的阅读理解能力是学生在阅读实践中积累，从阅读技巧、思维习惯方式的养成，以及从阅读体验中逐渐自我建构的。教师如能借助一定的教育技术手段，创设不同的教学策略，随着新课程的实施和自己业务水平的提升，逐步拓展自己的教学策略和技巧，无疑对学生英语阅读能力的提升意义重大，因此，英语教师应就此进行不断的探讨和创新。

优化课堂教学模式，构建高效课堂

■ 李旭晨

随着新课改的逐渐深入，我校经过由点到面的逐步探索，已开始全面推广实施疑探式高效课堂教学模式。无论是西峡一高的"三疑三探"教学模式还是王建国校长倡导的"疑探五步教学法"，经过大胆实践，我感触颇深。课堂是教学的主阵地，要提高英语教学质量，必须重视课堂教学，聚焦英语课堂教学的有效性，必须有高效课堂教学模式。下面我谈谈一年来自己实施高效课堂教学的几点感受。

一、备课求"实"、求"活"

作为一名教师，在备课前要吃透教材，力求备课准确到位，做好课堂教学预设。因此，教师必须做到明确编者意图，明确每节课所学的知识点、知识块在整个单元、整册教材、整个学段中所处的地位和所起的作用，每节课的重点、难点、关键点都做到心中有数。当然，教材是专家编写的供学生学习的材料，内容较单一、片面，所以教师不能完全依赖教材，照本宣科。可以将相关的课外材料引入课堂，使现有的课本与课外的材料相互补充，使我们的课堂更加有血有肉，更加形象生动，激发学生的学习兴趣，拓宽学生的知识面。同时，教材并不是一成不变的，有时为了更好地实施教学，我们需要科学重组教学内容，大胆地改造教材，让教材"为我所用，为生所用"。教师要根据教学内容、教学目的、教学对象，确定不同的教学方法。一法为主，多法配合，灵活地运用各种手段，最大限度地发挥课堂上每一分钟的作用。

二、鼓励学生自主学习，提倡合作学习

传统课堂教学的基本模式是"灌输—接受"，学生处于被动状态。高效课堂采用新理念，课堂上学生自主学习、合作探究、踊跃发言，谈感想、谈收获。它能激发学生的学习兴趣。学生不仅能在学习内容上独立思考，而且能丰

富自身的学习经验。能使学生获得积极的、深层次的情感体验，变要我学为我要学，给学生提供足够的自主活动空间。同时，小组合作学习能将个人的竞争转化为小组之间的竞争，这样有利于培养学生的合作精神和竞争意识，有利于因材施教，从而真正实现每个学生都能得到发展的目标。合作学习是相对于个体学习而言的，实施小组活动就成为一种有效的互动策略。我所带的班被分为10 个学习小组，每组 6 名同学，组内同学之间积极互动，组外各组之间激烈竞争，争当优秀小组。一年来，效果确实非常显著。

三、学生精彩的展示与点评，将整节课推向高潮

小组讨论时，我不再像以前一直站在讲台上，而是深入学生之中，在各小组之间穿梭，了解各个小组存在的问题，随时答疑解惑，从而使师生之间的关系更加融洽，正所谓"亲其师，信其道"。讨论之后，就进入展示点评环节，一年来，仅就口头展示而言，我带的两个班的学生无论是哪个小组的哪个层级，上课都能踊跃地用英语发言。上台点评的同学，站姿端正，声音洪亮，态度大方，富有激情，思路清晰，注意知识之间的内在联系，别小看这些学生，站在那就像一位位小老师，精彩的点评总能博得学生的阵阵掌声。

四、创设快乐和谐的学习氛围，激发学生的学习兴趣

高效课堂中我更注重调动学生们学习、探讨的兴趣。兴趣是最好的老师，爱好是成功之母。心理学家认为，所有智力方面的工作都依赖于兴趣。而快乐的课堂、和谐的教学气氛最能吸引学生的注意力。特别是英语教学，上课时，基础不好的学生看不懂，听不懂，无心学习，如果教师不及时设法激发学生的兴趣，课堂上的一切活动都无效。因此，我经常与这些学生进行心灵沟通，鼓励他们在小组内积极探讨听取他人的意见，及时发现他们身上的闪光点，及时表扬鼓励。只有这样，我们才能构建快乐和谐的课堂，真正促进每个学生的发展。另外，和谐快乐的高效课堂学习克服了以前教学效率不高，学生实践机会不多，训练不够充分的缺点，逐步改变了学生懒于开口，懒于思考，过分依赖老师的被动学习方式。

总之，高效课堂改革是一个蝴蝶破茧、凤凰涅槃的过程。它作为一个新生事物，前途是光明的，如果高效课堂教学方法运用恰当，不仅可以发挥教学民

主，活跃课堂气氛，为学生的自主合作探究创造机会，同时还可以增加课堂教学的容量和密度，对培养学生的健全人格起着关键的作用。我们在英语教学中，要充分利用这种教学模式，使教师教得轻松，学生学得愉快，从而达到教与学的最佳组合，在这种课堂模式中共享教与学的乐趣。

思维导图在英语阅读教学中的应用

■ 刘文飞

常言道"得阅读者得天下"，在英语阅读教学中如何打造一个高效阅读的教学模式，一直是一个十分值得研究的课题。本文旨在研究将思维导图应用在英语阅读教学中，利用思维导图帮助学生提高阅读能力，提高课堂效率。

一、思维导图的概况

思维导图又称心智图，是英国学者托尼·巴赞（Tony Buzan）所创的一种有效的可视化思维认知工具，巴赞认为思维导图是对发散性思维的表达，是人类思维的自然功能。思维导图最核心的目的是激发并整理思考，利用的手段是从中心向周围发散的非线性笔记。思维导图可以帮助学习者将大脑所接收的知识、信息和想法进行整理和优化。这一过程与连接主义学习理论中所认为的"学习就是不断优化脑中的知识网络"相互匹配。

众所周知，大脑的储存能力是十分惊人的，如果我们应用思维导图这种发散性思维方式，就可以将我们所储存的知识分层、分类并且相互关联成为系统，最终实现善用左右脑的功能，提高大脑的运作效率。思维导图以一种与众不同和独特有效的方法驾驭整个范围——词汇、图形、数字、逻辑、节奏、色彩和空间感，这样做的时候会给你畅游大脑无限空间的自由。

如何绘制思维导图？思维导图是一个树状的结构，将其主题放于中心处，然后从中心向四周放射，分支可将关键词写在产生联想的线条上面。分支还可以产生下一层分支，以此类推，各分支之间有一个结点连接。另外，可用不同图形、不同符号或者是通过不同颜色、不同粗细的线条来强调不同的层次和不同的内容。

二、传统的阅读教学模式

通常情况下，传统的阅读教学模式采用的是"自上而下"或"自下而上"的教学模式。"自上而下"教学模式以知识为基础，"自下而上"教学模式以课文为基础，两者都通过关注字、词、句，通过逐词逐句去理解整篇文章。这种模式是一种单向的信息处理过程，在教学过程中，往往从语篇词汇的维度出发，虽然关注了词汇的意义、搭配及句子结构分析，帮助学生对词汇及句型的掌握，却容易对整篇文章的结构及句与句、段与段之间的衔接有所忽略，学生过分地关注细节而无法投入具体的语境去思考问题，因为无法在大脑中形成完整的"词块"，也就很难从整体角度去把握文章，经常会出现读过之后不知所云，抓不住文章的中心的情况。因此，学生会感到自己在阅读方面用时多，见效少，阅读水平提高慢。

如何在阅读教学中，既关注到语篇的词汇维度，又关注到语篇的体裁、结构和语境维度，是一个值得深思的问题。在接触到思维导图这一理论之后，笔者认为可以尝试将思维导图与传统阅读教学模式相结合，这样便可以有效地解决传统阅读模式存在的问题。

三、思维导图在阅读教学中的应用

思维导图可以应用于阅读教学的方方面面。思维导图从图片、色彩、符号、关键词等方面能非常有效地为学生提供背景知识，激发他们阅读的欲望，而且能把整篇文章的脉络很清晰地呈现给学生，有利于学生掌握课文，更深刻地理解课文。

1. 预习和导入

在上阅读课之前，老师通常都会让学生预习，或是让学生提前将课文看一遍，或是提若干问题留给学生课下思考，这时就可以鼓励学生用思维导图去预习，让他们将自己预习的东西用思维导图画出来，或将思考的问题答案用思维导图画出来。思维导图符合人类大脑的思维过程，因此能最大限度地激发学生的创造力和想象力，让他们对即将要学习的文章充满期待和兴趣。而老师在教授的时候或许也会有意外的发现。

2. 分析语篇

从功能语言的角度，语篇特征分析分为语篇体裁维度、语篇结构维度、语篇语境维度和语篇词汇维度。前面提到传统阅读教学模式的缺点，而通过指导学生使用思维导图就可以弥补这一疏漏。我们所学的语篇，其实就是作者与读者的交流方式，也是作者思路的反映，通过画思维导图就可以更加清晰地理解作者的思路、文章的体裁，以及句与句之间、段与段之间的逻辑关系，从而有效地梳理文章的脉络，把握文章的线索。另外，这种可视化的图形也可以帮助学生们把握文章语境，更好地理解文章细节与主题之间的联系。这样，无论是文章的主旨大意还是细节判断都能很好地把握，从宏观上理解文章的方方面面。

尽管在考试时，没有时间去绘制思维导图，但在平时的阅读中，学生已经通过思维导图把各种体裁的文章特点、各种语篇的层次关系等知识内化。虽然手中无图，但心中有图，自然而然地就能顺着作者的思路理解文章及关键词，通过这样的方法能提高他们收集信息、筛选信息、整合信息的能力，从而最终提高他们阅读理解的能力。

3. 拓展词汇

词汇学习也是阅读教学中的一个重点。在进行阅读教学的词汇板块教学时，也可以使用思维导图。可以将所有的新单词按照词性进行分类整理，形成一个思维导图，也可以将一个词按照它不同的词性、不同的词义及用法做一个思维导图。另外，其同义词、近义词或反义词、上下义词，拼写相似的词都可以通过思维导图呈现出来。这样便可以使学生条理清晰地学习和记忆所学词汇，不仅如此，还能以新带旧，事半功倍地学习词汇。

4. 自主学习和小组学习

自主学习和小组学习是课程改革中的重中之重。在阅读教学中同样需要学生进行自主学习和小组学习。"一千个人心中有一千个哈姆雷特"，同样，学生在理解文章时或许也会有不同的角度和思路。思维导图以放射性的思考为基础的收放自如的方式，为学习外语的学生提供了一个正确而快速的学习方法与工具，是一个展现个人潜能的方法，可以提升思考技巧，增强记忆力、组织力与创造力。教师可以鼓励学生在自学时，按照自己对文章的理解，画出自己的思维导图，然后将学生们的思维导图合并并讨论，决定哪些是较为重要的或加入新的想法，最后达成共识，产生一个共同的思维导图。学生讨论和交流的过程就是一个思想碰撞的过程，借助思维导图，学生们就可以有条理地、全面地表达自己的认识和观点，而且也可以从别人的思维导图中找出自己的遗漏和疏忽。由于面对同样的问题，学生们可能会画出不同的思维导图，因此这种学习互助可以有效地激发学生积极思考，认真探讨，也可以最大限度地激发他们的创造性。更重要的是，学生完善思维导图的过程也就是更加深入了解文本的过程。

5. 其他方面的应用

除了上述一些应用之外，思维导图还可以应用于复述课文，这时可以让学生用自己所画的思维导图，借助这些英语关键词及结构，对个人语料库快速搜索和导航，从而让他们自信地复述课文。如果是读写课，还可以让学生借助所绘制的思维导图写出一篇布局合理、思路清晰的作文。此外，还可以引导学生利用思维导图的模式去做笔记，根据主题归纳阅读中所学的词汇和句型，协助学生记忆这些知识。

6. 对英语教师的用途

除了在教学中让学生熟悉和使用思维导图外，教师也可以在自己的备课中使用它。如利用思维导图写教案，既比以前的方式快，又可以让教师和学生掌握全盘内容。另外，这样的教案还会显得生动有趣，教师在写这样的教案时可以留下一些空间，以便增加内容。教师也可以设计一张要求学生完善的分析课文结构的思维导图，通过这张图，教师可以设计阅读课中的导入要提的问题、组织的活动，以及制订教学计划等。此外，还可以利用思维导图对所上的阅读课进行课后反思，可从优缺点、改进方面等关键词出发进行课后反思，这对于完善和改进今后的教学工作十分有益。

四、结语

思维导图就像神经网络图，符合人类的自然思维模式，它采用关键词来构建，进行图形化描述，更直观形象地把我们的思维呈现在书面载体上。将思维导图应用于阅读教学中，既是对信息进行加工的方式，又是语言学习者将文章内化的培养和完善方法。在实际教学中，思维导图不仅可以帮助学生提高阅读效率，还可以激发学生学习语言的兴趣，培养他们的全局意识和逻辑思维，并且还可以激发他们的创新精神。此外，思维导图不仅可以应用于英语阅读教学，还可以应用于英语学习或教学的其他方面。总之，笔者认为这是一个非常有效的学习、研究工具。今后笔者将会继续研究它在英语教学中的应用，并且在实践中不断使之完善。

在语文教学中展现传统文化魅力

■ 赵　蕾

不论是在社会主义核心价值观培育和弘扬以及国家文化软实力建设中，还是在经济发展的战略构想中；不论是在对外交往中，还是在党风廉政建设和反腐败工作中，习近平主席都强调要努力继承并借鉴中华优秀传统文化。国学大师南怀瑾先生说过："一个国家，一个民族，亡国都不怕，最可怕的是一个国家和民族自己的根本文化亡掉了，这就会万劫不复，永远不会翻身。"《高中语文新课程标准》也明确指出人文素养包含以下内容："认识中华文化的丰厚博大，吸收民族文化智慧。关心当代文化生活，尊重多样文化，吸取人类优秀文化的营养。"所以，注重利用传统文化培育学生的人文素质是当今语文教学不可缺少的重要内容。

可是在具体教学过程中，我们大多仅局限于照本宣科或是因循守旧，并没有扩展好语文课堂的空间，传统文化的美也被扼杀了。老师再怎么讲，学生学得仍是味同嚼蜡，失了兴趣，没了主动性。那么，如何在语文教学中让学生感受到传统文化的魅力，唤起他们对传统文化的兴趣呢？

一、读出韵味，读出真情

老师出色的朗读在一定程度上为学生的学习奠定了基础，也为语文教学中美育的渗透开辟了通畅的渠道。要想有出色的朗读，老师应提高专业化水平，钻研吃透教材，领悟传统文化精神，经常为学生范读，在吟诵涵咏中引起学生对美的想象。

我也曾用网络上的优秀音频或是视频的范读，一次两次还行，可是次次用，学生渐渐没有了兴趣，所以，我钻研文本后就自己读。读《陈情表》，我用低沉、哀叹的语调，读出了李密不能从命的苦衷；读《念奴娇·赤壁怀古》，我用高昂、豪迈的气势，读出了苏轼豪放旷达的情怀；读《声声慢》，我用轻慢、悲愁的哭腔，读出了李清照家破国亡的愁绪……一次次的范读，我的真情投入不仅赢得了学生的认可，也让他们爱上了朗读，尝试着品味语言，学会了分析情感。

只有老师在授课时深情投入，读出真情，才能引起学生的兴趣，引导学生触摸传统文化的脉搏，感受传统文化的熏陶。

二、充分利用多媒体，激发兴趣

传统文化博大精深，内容上的多样性、多元性，要求教学方法必须灵活，所以要借助各种媒介为教学提供丰富的信息，把单纯的课本知识向课外生活拓展，让学生能够触类旁通。老师通过丰富的网上资源，不断为自己充电，教学时就能厚积薄发。

课堂上，我会借助多媒体向学生呈现出一些相关的图片、音频，不仅为学生提供了认知的可感知材料，也可以在他们有疑惑的时候，再现情景，启发学生向深层去思考，激发学生的兴趣。

在《念奴娇·赤壁怀古》的教学中，我搜集了一些关于海浪声的音频，让学生闭上眼睛聆听，感受那恢宏磅礴的气势，他们自然能分析出"卷"字的妙处。分析《声声慢》时，我配上忧伤哀愁的音乐，并结合所搜集的与词意境相适应的图片，让学生自己感受词中的情感，并和大家一起分享，大家的积极性都很高。

通过创设视听情境，调动了学生的视听感官，激发学生的学习兴趣和求知欲望，代替枯燥乏味的口授，营造了学生主动学习的良好氛围，使师生仿佛身临其境，效果自然事半功倍。

一首诗词就是一幅美丽的画，在老师的提示下，在多媒体音乐的伴奏下，调动他们熟悉的知识、场景、生活体验，把它们和诗词联系起来，进行再创造。如教学《雨霖铃》时，我就启发学生联想自己送朋友时的心情、场景来理解词人送别时的心态、动作，"执手相看泪眼，竟无语凝噎"。这样，学生就可以打破时空限制，把自己和词人联系在一起，相同的心情让学生很容易就产生了共鸣。

爱因斯坦说"想象力比知识更重要"。在课堂教学中，恰当运用多媒体，结合教材内容，凭借想象因素，让学生展开想象的翅膀，翱翔于想象的王国，对培养学生的创新精神，发展创造力，以及对传统文化的兴趣自然是有推动作用的。

三、排演课本剧，寓教于乐

为了培养学生兴趣，还原真实场景，降低难度，排演课本剧是一个不错的选择。在很多经典诗歌或是文言文教学中，我都大胆尝试了这样的形式。比如《诗经·氓》《孔雀东南飞》《窦娥冤》《鸿门宴》等。学生们积极性很高，有的组在旁白的串联下，分角色朗读，相当于情景朗读，虽然学生自我发挥的空间不大，但可以发现学生在读音、断句中存在的问题。在点评时纠正并强化相关知识，可谓趁热打铁。有的组用自己的理解，用自己最熟悉的方言来阐述，不论是理解到位的还是不足的地方，都可以在评论环节大家一起讨论解决。不管是哪一组，学生们都乐在其中。

这样的形式培养了学生的兴趣，并且把发展个性与回归经典结合了起来。尤其是方言版的课本剧，充分激发了他们参与的积极性。发展个性是新课改的一个目标，回归经典是新课改的一个要求，这样的形式，这两个点，学生们基本都触摸到了。

在《诗经·氓》的排演中，导演居然介绍说有三个女子，我心想到底看没看课本？看明白了吗？同学们也是一头雾水，议论纷纷。他们开始演了，随着剧情的展开，我发现自己的疑虑是多余的，同时也暗暗感慨导演的匠心独运。第一个女子满脸欣喜，但欣喜中也透着些羞涩；第二个女子哭一阵，笑一阵，最后破涕为笑；第三个女子满脸愁容却又透着一股果断和坚毅。多聪明的做法，用这种最直接的方法给予人们视觉上的冲击，简明却能给观众呈现女子情感变化的过程。这种智慧火花，是应该小心呵护的，它既激发了学生的学习兴趣和灵感，又是教师教学成果标志性的飞跃。

编写剧本时肯定会遇到许多问题，有些同学会想到查阅剧本的相关知识，凭着自学分出个子丑寅卯，自然是善莫大焉；有些同学仍然懵懵懂懂，那也不要紧，在以后学习到相关内容时自然会豁然开朗；即便是有些同学对剧本的知识不感兴趣，他们也会在学习剧本单元时不感到陌生，甚至有似曾相识的感觉。

德国的教育家斯普朗格说过："教育的核心是人格心灵的唤醒，教育的最终目的不是传授已有的东西，而是要把人的创造力量诱导出来，将生命感、价值感唤醒。"马克思也曾说过："教育绝非单纯的文化传递，教育之为教育，正是在于它是一种人格心灵的唤醒。"不管怎样，唤醒学生的灵性，激活学生的潜能，让他们感受到传统文化的魅力，才能真正对传统文化感兴趣，才能与时俱进，用传统文化来捍卫我们的民族，让我们的国家更加强大。

历史探究学习须遵循的原则

■ 董明霞

　　人本主义学习论从受教育者的需要出发，基本原则是必须尊重学习者，把他们视为学习活动的主体，必须重视学习者的情感、需要和价值观，相信学习者能自己教育自己，发展自己的潜能，并最终达到"自我实现"。教师的作用在于安排学习活动，提供学习活动的范围，从旁协助学生以减少阻力与挫折，成为学生学习过程中可信赖的指导者。而且它认为人人皆有天赋的学习潜力；教材有意义且符合学生目的时才能产生有意义的学习；在自由、自主教育情境下才会产生有效学习；自评学习结果可培养学生的独立思维能力与创造性。人本主义的学习观具有全人教育的取向。

　　探究学习较好地体现了人本主义学习论的要求，把学生生成新知识的过程和"自我实现"的过程有机统一在一起，是新课程教学中倡导的重要的教学方法。为了更有效地开展探究学习，探究学习中教师必须遵循以下原则。

一、转变教师角色行为

　　联合国教科文组织的《学会生存——世界教育的今天和明天》中提到："教师的职责现在已经越来越少地传递知识，而越来越多地激励思考，除了他的正式职能外，他将越来越成为一位顾问，一位交换意见的参加者，一位帮助发现矛盾论点而不是拿出现成真理的人。他必须拿出更多的精力去从事那些有效果和有创造性的活动：互相影响、讨论、激励、了解、鼓舞。"新课程对教师的角色转变提出了要求，在探究学习活动中，教师更要激励学生思考，成为学生学习的引导者、组织者、参与者、评价者。

二、帮助学生树立科学的历史观

　　作为一门社会学科，历史学科有其科学性。培养学生的史论结合、论从史出的史证能力既是探究学习的一条主要途径，同时也是探究学习对学生的培养要求。

（1）探究过程上，教师要培养学生实事求是的科学探究精神，指导学生以史为据，客观地再现历史，得出正确的历史结论。为此教师要指导学生通过各种途径占有史料，辨析史料真伪度、可信性，并引导学生运用分析、综合、比较、概括和归纳能力，不仅从材料中提取有效信息，丰富观点，而且通过探究学习深刻揭示历史发展的规律，汲取历史智慧，发展历史思维。

（2）探究方法上，教师要指导学生运用辩证唯物主义和历史唯物主义的观点来对历史事件因果关系和历史人物活动、影响等进行科学的评价。如在评价历史人物时，要注意到是人民群众创造了历史；个人顺应历史潮流，推动历史进步，则成为英雄；阻碍历史进步，则成为反动，必为历史所唾弃；对历史事件和历史人物的评价，必须放在特定的历史条件下，不能超越其时代性和阶级性；评价要抓住主流，辩证评价等。

（3）探究角度上，教师要指导学生立足整体史观或全球史观，既要重视历史纵向发展，又要把特定阶段政治、经济、思想文化史结合起来，从历史整体发展的角度来考察历史现象的必然性。进入近代以后，随着世界市场的形成和发展，看待一个国家、民族的发展史时，更要形成全球史观，反对孤立、割裂地看待历史现象。

三、培养学生进步的人生观

历史教学不仅要培养学生勇于探索的科学精神，而且还要培养学生张扬个性、关爱生命的人文精神。因为生活的意义才是教育的真正指向与归宿。在认识、理解历史发展客观规律性的同时，要使学生在对历史事件、历史人物的探究活动中获得深层次的情感体验，形成正确的人生观、价值观，并产生自我激励和暗示，促进良好人格的形成。另外，全球化的今天，在增强民族文化的认同感的同时，也要尊重世界文化的多元性。

四、确定探究问题的核心性、有效性和拓展性

确定探究问题时，要依据课程标准对模块、专题和每节课三维目标的要求，结合学生已有的知识经验和认知水平来确定。每节课设置的探究问题不可过多，而且一般是本册书、本专题或本节课教学的重难点，具有探究的价值和意义。通过所学知识的迁移、未知知识的探究，使学生形成新的知识结构，并达成更高的思维认识和情感升华。如在学习《马克思主义在中国的传播》时，

通过学生自学概括其在中国传播的过程，然后重点探讨了两个问题：为什么当时中国先进的知识分子会接受马克思主义？马克思主义在五四后的广泛传播对中国产生了怎样的影响？通过学生小组合作讨论，各抒己见，教师把他们的观点一一写在了黑板上，经过和全班同学的辨析与讨论，师生形成了共同认识：在资本主义道路走不通的情况下，伴随着无产阶级成长壮大和登上历史舞台，马克思主义以其科学性和成功的实践为中国劳工阶级指出了解放的道路，从而被先进的知识分子接受，作为改造国家的思想武器，为中共的成立奠定了思想基础。中国革命进入新民主主义革命时期。

五、创设民主、互助的探究氛围

教师态度民主，学生踊跃参与，师生平等互助。教师成为学生研究性学习的促进者、帮助者和欣赏者；学生是知识的探索者、生成者和情操陶冶者。只有在民主、和谐、活跃的环境中，学生的兴趣、参与、思维才可能达到最佳状态。别人的信息为自己所吸收，自己的经验被别人的看法所唤起，不同的意识在碰撞中相互交流。学生的视野宽了，角度多了，历史意识增强了。每个人的经验都进行了重组和改造，每个人都获得新意义的生成与创造。

六、转变评价模式

研究性学习一方面要重视学习者的自我评价，使学生对活动成果进行总结反思，及时记录活动的体会和感想；另一方面教师要对学生进行过程性评价，从学生的学习动机、合作参与程度、能否提出见解到能否形成正确的科学观、价值观等整个探究过程作为评价的主要依据。教师要参与到整个教学过程中，随时关注学生的发展需要，及时了解学生的情况，恰当地提醒、帮助学生，关注学生的认知能力、情感与价值观的变化，并给予及时评价，使探究学习成为师生共同质疑、探究、交流、反思、激励、发展的过程。

遵循以上原则，教师就会在探究学习中通过引导学生"博学之、审问之、慎思之、明辨之、笃行之"，教会学生学习，让他们自己去探究、选择和创新，从而启发学生的心智，提升求知能力，培养学习兴趣，使学生喜爱学习，并因获得成就感而更加努力；在引领学生主动学习中帮助学生构建进取型人格，理解生命的价值和意义。

德育探索篇

课改实验班级建设思考

■ 薛晓燕

2015 年 4 月的一天，当我目睹了河南西峡一高的"三疑三探"教学模式，内心深处就像乍起的风，吹皱一池春水，激起了无数涟漪，再也无法平静。我惊叹于西峡一高学生在课堂上参与的主动和热情，也惊叹于教师在应对难题时的从容镇定，更惊叹于学生自主学习的氛围是如此深厚。讨论过程中，学生神采飞扬、劲头十足，时而欢声笑语，时而严肃谨慎；评价更是各路英雄各领风骚，缜密的思考、清晰的分析、流畅的表达，让听课的老师瞠目结舌，小组学习没有一丝敷衍了事的痕迹，更别说存在打瞌睡、说闲话、玩手机等现象了。在这里，习惯已经成为一种强大的力量。

学习归来，带着强烈的责任感和使命感，我立即以饱满的热情投入到学校的课改实践中。如何课改并取得理想效果，班改就成为重中之重，只有制定出科学合理的班改规章制度，完善小组建设，为课改搭建平台，课改才能驶上快车道，此二者相辅相成，相得益彰。下面，我以高一（20）班的课改、班改建设为案例，谈谈我在这方面的一些做法。

一、组建学习小组，并使学生明白学习小组的目的和意义

按学生的性格特点、学习成绩，各学科均衡分配学习小组，并选出有责任心、组织能力强的同学担任小组长。在黑板上制作好学习小组奖分榜，便于他们每天及时知道自己所在小组的综合评比得分情况。利用课堂实战演练，落实小组活动，充分发挥学习小组的作用。

利用小班会课和平时课堂教学让学生认识组建学习小组的目的和意义，让大家明确，小组合作不只是同学们以往的认识——前面的学生转过来和后面的学生一起学。小组合作的学习方式不仅仅是为了学习而合作，也不仅仅是为了训练合作技术技巧，更重要的是团队合作精神和助人为乐精神的培养，通过小组合作，让学生学会倾听，学会与人分享，学会尊重他人。

当然，组建完善学习小组需要一个过程，在这个过程中，教师要当好导师，做好指导，再进一步，小组建设应当和学生自主管理、日常行为习惯养

成、高尚品德行为的培养结合起来，进而形成一种组织文化。将班级精神、培养目标、常规要求细化，然后以小组为执行载体，以考评机制为引导和保障。

小组合作为三疑三探插上腾飞的翅膀，各科教师利用分好的学习小组，在课堂上采用以三疑三探和五步教学法为主的教学模式，大胆尝试，努力创新，积极稳妥地推进教学改革。这有助于充分发挥学生的主观能动性，教会学生主动学习、高效学习。小组内先一对一讨论，然后组内合作探究，动口动脑动笔。组长调控好，确保每一层次的学生都能最大限度地解决问题，以备展示、点评和质疑。组长安排成员做好对弱科同学的帮助，并安排好展示、点评的人员。

二、构建班级民主管理模式

面对 69 个成员的庞大集体，我和班委会成员召开几次会议，广泛听取同学们的意见，制定并公布了课改实验班《高一（20）班班级管理制度》。这是一个以学生为主体，体现民主管理模式的三维管理体系。三维管理体系就是以班主任引领为主线，实行值日班长负责制，通过小组的组内合作、组间竞争进行班级横向管理的民主管理模式。

在班改过程中，充分发挥学习小组的作用。加强学习小组对班级日常工作的监督作用，由小组长担任值日班长，并分配组员分别从品德、纪律、卫生、学习方面加强对班级的管理，层层监督，发挥每位同学的主人翁意识，增强班级凝聚力。实施小组竞争机制，通过各项活动，实现小组竞赛，如安排形式多样的活动，以每周的班会课为契机，鼓励各小组自由创作、设计主持本组的班会，可以是小组成员的才艺展示、演讲、学习经验交流、教育小品等，同学们齐心协力，发挥小组优势，每周为大家展示精彩纷呈的不同的主题班会。小组内互相帮助，以优秀促后进，以品格高尚、行为习惯好的同学为榜样，感染、激励落后的学生，使他们回归班级，爱上学习。小组成员集思广益，为班级文化建设出谋划策，如设计清新优美的墙报；制定细致周详的班级管理制度；布置既整齐又充满书香气的教室陈设；征集班级同学的励志语言，激发学生美化班容班貌、建设班集体的决心。

以各种活动鼓励学生积极参与小组学习和班级管理事务，充分调动各小组的积极性。

从内容到形式，都选取了学生喜闻乐见的方式，组与组之间展开良性竞争。如创立各小组的组名、组训、组徽、组歌，在设计展示的过程中张扬个性，尽显风采。各课代表根据每节课小组的累计得分，评出优胜小组，家长会后对优胜小组兑现奖励。

德国哲学家雅斯贝尔斯说："教育就是一朵云推动另一朵云，一棵树摇动另一棵树，一个灵魂唤醒另一个灵魂。"在课改实践中，我已深深地体会到，新课程已不仅仅是新课标、新理念，它已经与协作、创新、探究、倾听、分享、团队合作精神等这些滚烫的字眼牢牢联系在一起，就让我们沐浴着课改的春风，与新课程一起成长，为学生每一天的成长而快乐着，使我们的课堂绽放出思想与生命碰撞出的火花。

教育的力量：爱与情

■ 张晓东

"有一种爱，无与伦比。有一种情，历久弥新。那就是我的爱和情，要永远献给您……"

乍一看，这是一封情书。它保存在我的手机短信里，有一次，让我妻子看到了，她大吃一惊，可看到后面，她又笑了。

"因为有了您，我的一生才精彩，您永远在我们的心中。谢谢您，亲爱的老师……"

其实，这是一位名叫张伟的男生发给我的。当然，女生发的短信，我也爱看，只是我的手机已用了好几年，有时不得不删掉一些过去的短信。

的确，作为一名普通教师，长年的工作，借用物理概念，就是几个点间的"位移"和"路程"。说起辛苦和难过，怎能没有？说起平淡和寂寞，何尝不多？

记得那一年，一个名叫李海峰的学生，引起了我极大的不满。因为他在课堂上爱捣乱、小毛病不断。刚开始，我好言相劝，他还有所收敛。可后来，他就无所顾忌，更加放肆起来。之后有一节课，冲突已不可避免，我终究是身不由己，"气急败坏"的情绪像火山一样爆发了。这样的结果，肯定是弄僵了。我怎么下台？下节课怎样对待他？我一想起来就心烦。就在我对这事一筹莫展之际，有个女生不经意地说了一句："李海峰是个电脑高手。"我一听，心里乐了。因为一位同事的电脑出了故障，要请我去修理。为何不让他去试试？他一听立刻双目有神，高高兴兴地去了。我也没当回事。没想到，下午课后，那位同事对我表示了深深的谢意。他说："张老师，你的那个学生真是好样的。"原来，李海峰不但给他排除了故障，还从里到外，从硬件到软件，都进行了维护和升级。这下，让我对李海峰刮目相看，此前的"反感"也无影无踪。在后面的课堂上，我在全班面前表扬了这位"李海峰同学"。

既然他电脑技术不错，我为什么不"投其所好"呢？我也曾经爱好编程，凭着大学里的一点基础，加上自己的钻研，反正就那点"菜鸟"水平，居然让这小子佩服得五体投地。我也把自己买的一些书送给他看。从那以后，我和这小子也成了惺惺相惜的朋友。后来，李海峰没上大学，但他成了一位优秀的网络管理员，也是个编程高手。再后来，我想做一个能动态演示小车运动规律的教学课件，它能实时计算并显示出一系列的物理参量，同时融入动画和音效。这是个大难题，但李海峰帮我攻克了，我们都很高兴。这个课件也在区里获了奖。我还有获奖的其他课件，但从难度和所花费的心血上讲，它们怎么能相提并论呢？

通过李海峰这个事例，我慢慢意识到，其实，每个学生都有闪光的一面，他们都有上进心和荣誉感，只是我们不知道他们的所思、所想，不知道他们的特长和兴趣罢了。他们毕竟是孩子，他们需要真、善、美的熏陶，需要春风化雨般的关爱。于是，我明白了，要尽可能看到学生的长处和优点，要学会对他们因势利导。

我所教的学科是物理。对于许多学生来说，物理，真好像是在"雾里"，让人摸不着头脑。遇到难题时，望着他们困惑、焦急的面容，我能为他们做些什么呢？高考作为选拔性的考试，我只有带领学生，给他们信心和勇气，想方设法，让他们去思考、去理解、去探索、去努力。可以说，你若为学生想得越多，他们也越能理解你。这样，"心相通了"，还有什么困难和学生不好相处呢？

我周围有许多的教师，包括父母、兄妹和同事。想起教师的艰辛和淡泊，有时，我也问自己："难道我们一点也不幸福、不富有吗？"其实，幸福是一种感觉，我们也很"富有"，因为我们总是被寄托着希望，总是被家长感激的目光和学生欣慰的微笑所笼罩着。当然，我们也有愤怒和沮丧的时候。但第二天，阳光还是那样灿烂，空气还是那样清新，更不用说，还有校园里那随处可见的花儿和笑脸。每当看到这一切，我有一种感觉，那就是，我们生活在爱和情的天地里。在这个天地里，我们沐浴情感，激扬文字，畅游学海，自由呼吸。

用爱心和耐心激励学生成长

■ 刘炳云

时光如箭，弹指一挥间，我已经有了 11 年的教学经验，回想这些年的教学经历，感慨颇多，不管是成功的喜悦，还是失败的痛切，不管是平淡如水，还是波澜壮阔，这些故事都构成了我的教学生命，都是我在教学生涯中成长的见证。雅典著名哲学家苏格拉底说：未经反思的生活不值得去过。因此，这些故事富含宝藏，需要我不断的反思，作为教育工作者，我们究竟该怎样面对教育？怎样面对学生？怎样面对社会？

在我从教的这些年，让我感触最深的就是教师拥有爱心、耐心和激励对学生的重要性。

2013 年上半年，我们高一英语组准备举办中卫中学第三届英语课本剧大赛，三月确定和公布方案，四月份举办，每个班级独立编排演出剧目。方案出来以后，我就及时告诉我们班学生，并且启发他们踊跃参加，献计献策，不要错过了这次展示自己、磨炼自己的机会。由两位课代表具体负责。

一周过去了，我问课代表："准备得怎么样了？"

"没人参与，我们还没有管呢！"

"这怎么行？！抓紧时间啊！"我当时听了感觉很吃惊，很失望。

又一周过去了，我又去问，他们显得很不好意思，他们还是没有准备，也没人过问。

就这样过了三周，离演出只有 2 周了，我很着急，只好再一次做动员，并且向他们列出了一系列的参考剧目，让他们做出选择，让人遗憾和沮丧的是他们的冷漠和被动，我站在讲台上几乎说不出话来："怎么是这样一群学生啊？"

我想发火，但我平复了一下自己的情绪，轻轻地微笑着说："同学们，你们究竟怎么了？是在对抗吗？"他们摇摇头。"那么，是没有信心吗？是不知该怎么做？"他们点点头。其中有一位学生轻声说："我们英语口语太差了，演英语话剧太难了。演汉语话剧还差不多。"说到这，整个班级的学生变得异常专注，也许，我温和的语言让他们很感动吧，也许这位学生说出了他们的心里话，他们正在等待我的进一步回应。

此刻，我终于发现了问题所在。

"同学们！面对本次活动，我知道在你们的内心一定有两个声音在斗争——'我行'与'我不行'。选择行与不行的主动权在你们手中，无论遇到什么事，我们都要有信心，不要让莫名其妙的恐惧主宰了你们的心灵！这次的英语短剧演出对我们班每个人来说应该都是一个全新的挑战，因为大家都没演过，因为你们可能认为自己的英语水平太差了，不足以担当任何演出的角色。但事实并不是这样的，我们往往比自己想象的强大得多，只要用心去做，别人能做到的事，我们也一定能够做到！老师相信，只要努力，你们一定能行的！由于时间太紧，我给大家把剧本已经找好了。现在你们要做的就是鼓起勇气，做好配合。表演的剧目是 *The Emperor's New Clothes*（《皇帝的新装》）。"

所有的学生都屏住呼吸，显然他们的积极性已经被我调动起来了。接下来，我请一名学生将《皇帝的新装》的故事讲述了一下。讲完后，我说："这是原版的故事，现在运用你们的想象力，你们可以改编这个故事。"学生开始七嘴八舌地议论，经过一番争论，最后的故事改为，皇帝得到邀请要去参加巴黎国际时装节，这样就增加了学生走秀的环节，正好与"让尽可能多的学生参与"这一主导思想不谋而合。

接下来就到了确定演员的环节，我原以为在剧本定下来之后会有大批学生踊跃报名来饰演角色，可是，我再一次失望了。除了有一位报名要演骗子以外，竟然没有一个人来报名演出。他们又一次挑战着我的耐心！怎么办呢？

"既然大家将这个机会让给整个班集体和指导老师，那作为指导老师的我也不能辜负大家的期望和信任，大家说对不对？现在我们就得充分利用这个机会。同学们，我们一起推举出这批演员吧！"事实上，我已经根据自己对学生的了解草拟了一份演员表。经过讨论演职人员定了下来。

在热烈的推举和被推举学生的埋怨声里，我说："请大家安静，演员就这样定下来了，定下来的演员应该由衷感谢大家的信任，而不是埋怨；挑战自己、超越自己就是我们的口号！"

带着热情，带着对自己的怀疑和挑战自我的勇气，紧张的排练开始了。在这些演员中间没有信心而不愿演的又何止一人？主演常佳丽就一次又一次找我，说自己是女生，无法演皇帝；还说，皇帝最后还要脱衣服，这太让人难为情了。根据经验，有人这样拒绝是必然的事，我将他们退缩的念头一一打消："还没有投入尝试就轻易否定自己，这种做法太不可取了，不要轻易否定自己，不要轻易给自己下结论。你能行！"

我想，不管对于学生或者我自己，这都是最困难的一个阶段，学生需要的就是来自我的鼓励和来自他们自己的坚持。

不出所料，两天之后似乎所有的演员都找到了一点感觉，因为他们邀请我去现场指导。这让我由衷地高兴。我说："我期待的就是你们邀请我的这个时刻！"他们按照排练的顺序演了一遍，虽然都在读台词，过渡环节很不顺畅，表情和动作还不到位，我还是肯定了他们的排练成果，并提出建议和意见。"我可以看出来，你们一定会演得非常精彩！现在要做的事就是所有演员都要把台词记熟，揣摩角色的性格特点和心理状态，排练一定要全身心地投入，这就是所谓的入戏。"

第三天，我就让他们当着全班同学的面演了一遍。演完后让大家提出建议和意见。

"同学们，皇帝该穿什么呢？"这个问题激发了全班学生的热情和想象。经过讨论，服装和道具确定了下来。接下来除了演员之外的学生被分为几个小组，道具准备组开始运作。在课间活动时间胡浩和陈琛已经开始做织布机了，第二天早晨，织布机已经被涂上了颜色。所有的服装和其他道具也都准备好了，他们都拿过来让我一一过目。

他们的欣喜和协作让我处在长久的感动中！万事开头难啊，干所有的事，在开始阶段，不管看上去或者感觉起来有多么困难，只要开始去做，那所有的看似不可能的事都会迎刃而解。

到这个阶段，埋怨消失了，自信被激发了，激情被点燃了，所有的学生都处在一种兴奋、享受和期待的状态中。

接下来的几天都在不断地排练，在反复琢磨和自我超越中度过。

我对主要演员的要求是：放下包袱，全身心投入，相信自己是最棒的；我对参与走秀的学生的提议是：在演出中穿上自己最漂亮的衣服，展示出青春的色彩与自信；对参与服务及其他学生说：班里的事就是自己的事，做好绿叶，当好观众，献出掌声和喝彩也是一种参与。

演出的日子终于到来了，观众席座无虚席。道具已到位，服装已穿好，假发也已戴好，化妆已经结束，一切都准备好了。

终于轮到我们班上场了，刚开始时，同学们显然有些紧张，他们在台上不断地看我，而我就在他们一眼能看到的地方，始终面带微笑，他们看我时，我就给他们鼓励的眼神和加油的手势。渐渐地学生的紧张情绪在我鼓励的眼神中消失了，很快，他们投入到剧情中，整个演出似乎比想象的还要精彩，观众的掌声与喝彩声不断，当皇帝更衣游行时，整个礼堂的气氛达到了高潮。

公布成绩的时刻到了，当主持人宣布"第一名，高一（7）班，《皇帝的新装》"时，全班学生激动极了，他们发出"噢——"的欢呼声。热烈的掌声久久不能停下来。我看到全班同学眼里激动的泪花，尤其是参加了演出的几名同学，显然还未从激动的情绪中走出来，他们紧紧地抱住我，摇晃着我的身体，有的说"老师，我们成功了"，有的说"我终于战胜了自己"，有的说"这是我长这么大第一次登台表演，竟然成功了"……我被学生反复抬起来抛在空中，又被小心地接在手里，我看到了这些平时自认为已经成熟长大的、个头和我一样高，甚至比我还高的学生此刻就像小孩一样单纯。我真的被感动了，演出结束后，在很长一段时间里我的心情一直无法平息，我感受到了作为一名教师的自豪，以及耐心、爱心和激励所产生的巨大而神奇的力量！

这是属于我的也属于我的学生们的胜利。

学生的成长往往与教师的成长是同步进行的，学生定然是不完美的群体，他们需要教师用过人的智慧给他们搭建平台。学生的潜力是无穷尽的，他们的能力需要得到展示，需要得到挖掘，需要得到锻炼。

当一种教育手段让学生越来越自卑，越来越迷茫时，作为教育者，要反省的应该是自己，而不是埋怨自己没有遇到好学生！

面对学生，从教者需要有一颗真诚的心，要信赖学生，相信他们是追求上进的，他们有巨大的可塑性。要为学生着想，要能设身处地地想到他们的实际需要与教师要求之间的距离，要设身处地地为他们的困难着想，并且适时地给予他们帮助。

面对学生所暴露出的问题，要冷静分析，不要动辄大发雷霆，横加指责。事实证明，简单粗暴的交流手段只会贬低自己的形象，让教育的效果事与愿违，起到的往往是反作用。正确的做法应该是冷静分析，寻找对策，和学生一起解决问题。

人们常说：好孩子是夸出来的。卡耐基说：每个人都希望得到别人的赞美。赞美对一个人自信心的建立就像氧气对于人的生命一样。赞美是一种善意，是一种肯定，是一种激励。激励给人力量，给人自信，给人成功的体验，给人幸福的感受，给人成功的动力。没有激励就没有成功。对于正在成长的青少年来说，激励的作用更大。可以这样说，激励成就一个人。作为教育工作者，对于学生，要善于培养和发现他们身上的闪光点，并给予由衷的赞美和激励。

敬畏教育

■ 冯舒琴

常看到一些关于学生上课看杂志、小说等课外书籍的评论，人们对此莫衷一是，我思考颇多。看杂志小说与我们正常的课堂教学之间到底是什么关系？能否和谐共生？我们常呼吁尊重学生、尊重老师，依我看，作为教育工作者，我们得先懂得尊重教育。

教育是一片神圣的领地，也是一块科学的领域，它需要从教者以科学的精神和敬畏的态度来面对。理由如下：

一、教无定法，教育的核心是提升人的思想灵魂

孔子与苏格拉底的治世之道都选择了通过教育来塑造人的灵魂、提升人的德行以救治现实社会。德国哲学家雅斯贝尔斯也认为，教育的宗旨就是唤醒人的灵魂，教育的一切措施都在于使人获得安身立命之本。其真理性毋庸置疑。

上学期我们给学生放映了一部电影《放牛班的春天》，影片讲述了在一所叫"池塘之底"的再教育学校发生的故事。这里"关押"着传统观念中认为的"问题学生"，调皮捣蛋、胡作非为、性格缺陷等是这群孩子的写照。校长制定了"行动—反应"的制度对孩子们进行严格残酷的管理。关禁闭、被罚进行一个月公共服务、取消所有娱乐活动、打板子是校长对所有孩子们的不定期惩罚。校方的唯一目的就是防止孩子们"出现问题"。

新学监马修的到来，刮起了思想解放和灵魂重塑的风暴。他拒绝去批评和惩罚任何一个孩子。他容忍他们的捣蛋、包庇他们犯下的错误，并让他们戴错立功、将功补过。他并没有认为这群孩子就一文不值；相反，他尽力引导他们去发现自己的兴趣爱好，激起他们对生活的渴望和自我价值的认可。他将孩子们组成了合唱团，自己谱曲作词并耐心指导孩子们练习。用诗歌、音乐和自身行动去引导学生和帮助学生，解放孩子们的思想，重塑孩子们的灵魂。随着时间的推移，孩子们有了乐观的生活态度、积极的心态，眼神中流露出了对人生的希望。

影片如一面镜子，让我们看到了现行的教育体制和方法的弊端。我们习惯

了填鸭式的教育方式，习惯于被唯一的答案所控制，习惯于按着家长设计的人生轨迹前进，习惯于学习课本知识重于发展个人兴趣爱好，习惯于被管理和惩罚。我们习惯了太多的条条框框、金科玉律，才突然发现我们失去了独立的思想和充满人生希望的灵魂。

影片启示我们，教育要用平等自由的方式和以人为本的原则来解放学生们的思想，塑造孩子们的灵魂。没有独立思想的人，学历再高都只是一只走兽；没有高尚灵魂的人，社会地位再高也如行尸走肉。教育的本质就在于提升人的思想和升华人的灵魂，以造就完善的人。只有在没有歧视的平等基础上，天才才能闪耀出耀眼的光辉。教育者如果一味居高临下、指手画脚，学生永远就是被惩罚、被束缚、被设计的对象，那么教育的平等民主从何谈起。

二、学无止境，课程的外延远大于教材和课堂

一说起课程资源，在人们的头脑里马上呈现出教材、教学大纲等一系列的既定教学材料。基于此，我们的教育走入了死胡同，教出了不少高分低能的书呆子。而新课程刷新了课程资源的概念，教材不是唯一的课程资源，课程资源的外延远大于课程教材本身。图书馆、博物馆、实验室、互联网络、人力和环境等都是课程资源。

而我们却习惯性地把精力放在如何钻研教材、如何改进课堂教学模式上，岂不知"他山之石，可以攻玉"，"君子博学而日参省乎己，则知明而行无过矣"。课本只是个例子，教师的教也只是抛砖引玉，是激发学生向课外求知的欲望。真正的学习不在课堂。教师只有努力迁移学习博采众长，课堂上才能做到厚积薄发、游刃有余；学生若能拓展外延、开阔视野，课本的学习也就能举一反三、触类旁通了。

如果把课程教学看成是一棵大树，那么它的外延就可以理解为是它脚下的那方土地，土地越厚实肥沃，大树越枝繁叶茂。

三、小孩亦有心智，尊重不分老少

先分享两个小故事：

白宫的一名临时工离开前带家人来白宫照相留念，临时工的儿子告诉美国总统奥巴马，他也剪了"奥巴马头"，能不能让他摸摸，看看他俩的头型一不一样。让小伙伴吃惊的是，身为美国总统，奥巴马却和蔼地弯下了腰，让小孩

子摸了摸！

毕淑敏散文《比会见总统更重要的事》开头讲了一个故事：有一个男人叫阿尔，小儿子叫莎拉。莎拉要参加学校里的足球比赛，邀请爸爸当嘉宾。阿尔答应了孩子的要求，没想到时间和他的工作安排有冲突，那天下午恰好需要他在办公地点会见一位来访的客人。怎么办呢？阿尔想了想，决定还是去学校观看足球比赛，同时工作也不能耽搁。阿尔把自己当成一粒跳棋子，精确地算出了球赛结束的时间，再加上从运动场驱车回到办公地点的时间。如同接力赛，反推出了会晤开始的时刻。

足球比赛按时开始了，不料两队人马在规定时间内打成了平局。加时赛开始了，没想到又打成了平局，第二个加时赛又开始了。阿尔如坐针毡，工作和父爱撕扯着他。时间已刻不容缓，要想准时会见客人，他必须马上动身了，否则，迟到就是板上钉钉的事，这是很大的失礼。更糟糕的是，这次比赛后轮到莎拉的父母给队员们分发点心，这对于孩子来说是非常重要、非常荣耀的习俗，莎拉一直盼着这个时刻。阿尔煎熬了一番，最后决定留下来。当他把点心非常匆忙地发完，风驰电掣地赶到办公地点时，访客已经等得太久了。阿尔道歉说明理由，客人也就释然了。他也是一位父亲，也有一个和莎拉差不多大的孩子。这位父亲当时是美国的副总统，名字叫做"阿尔·戈尔"，他要会见的那位客人是另外一个国家的总统。

这里我无意于夸赞美国总统，我只想说尊重的意义。在中国，孩子们的权利总是被忽略，尊重是要分等级的。尽管我们一再提倡尊重学生，即便是做了，那也只是表面上的。真正的尊重应该是尊重学生的心智，无论是小学生还是中学生，他们都有自己健全的心智，有自己思考和选择的权利，我们无权强加。我们可以提供学习的内容，却不能强以学习的方法；我们可以分享自己的思想，却不能强求接受；我们可以引航，却不能代替掌舵。

尊重是获取信任的前提，是培养健全人格的基石，让我们怀着敬畏之心耕耘于教育这块圣地，无愧于灵魂工程师的称谓。

例谈感恩教育

■ 任帼鸿

现今，在很多学生的情感世界里，"感恩"已经成为一个盲区。但是，近年来大中小学开展的感恩教育，都存在把感恩形式化、表面化的问题，更多的是一种感恩表演，这样做的实际效果并不明显。我认为学校、老师、家长平时多做些润物细无声的教化，让学生在潜移默化中受益、成长，比轰轰烈烈式的教育更能生根发芽。

下面我就做班主任期间的"感恩"教育案例与大家分享。

案例一：在社会生活中引导学生以实际行动去感恩

那是两年前发生的事情。当时学校要组织我们年级的学生到几十里外的戒毒所参加一次互动活动，要对学生实施远离毒品、远离犯罪的现场教育，活动结束后顺便要进行一次野炊，以锻炼学生的自理能力并释放一下繁重的学习压力。但是，学生都要骑自行车去，而全年级学生太多，考虑到安全问题，不能全部上路，只能有一部分班级参加。我班当时情况特殊，得留校。看着学生们失落的眼神我心里紧了一下，我觉得我不能放弃这次社会实践活动，我得想办法补救。于是我联系了市福利院的院长，希望让我的学生去做半天义工，和老人们、孤儿们交流交流，我的请求得到了院长的支持和学校的认可。

在福利院里，我的学生们被震撼了，因为他们看到老人们见到他们就像见到自己亲孙子（女）的那种欣喜的目光；他们看到了一个七个月大的患有先天性唇裂的女婴在两个月大时就被父母抛弃了，一看到他们抱就往他们怀里钻的那种渴望的、纯洁的眼神；他们听到了一位叫做胡磊的截瘫孤儿对他们的鼓励，这位坐在轮椅上还要每天出去捡饮料瓶卖钱捐给汶川、舟曲等灾区及慈善机构的残疾少年对他们诉说着渴望读书的心声；他们听到了福利院工作人员赞许他们知书达理的同时夸赞中卫中学对学生的教育……我的学生们真的被震撼了。

在福利院里这半天，我没有跟学生提任何要求，只是在旁边和工作人员交流时默默观察着他们，看着他们帮福利院栽树，看着他们给老人们打扫室内卫生，看着他们帮厨，看着他们给小女婴换尿布，看着他们给瘫痪少年的轮椅补轮胎……感觉这些孩子干得那么在行。

返校后我什么话都没说，没有让他们做任何的书面感想和反思，但我欣喜地看到我的这些孩子懂事了，家长们也高兴地告诉我，说孩子突然间长大了，抱怨少了，愿意和家长交流了，也愿意主动承担家务、主动学习了……我明白了，通过这次活动，我的孩子们已经捡拾起感恩之心了。

案例二：在成人的示范下引导学生感恩

那是 2012 年夏天，快要学期末了，学生们有点焦躁了，正好我女儿高考成绩也有结果了，为了鼓励班里学生做好期末考试复习工作，我在学校小卖部买了一箱雪糕，晚自习时搬到教室里。当同学们看到一向要求严厉的任老师要请大家吃雪糕时有点疑惑，于是我向大家解释：今天任老师请大家吃雪糕有三点理由，一是我女儿考取了一本，高考成绩排在我校前一百名，应该能去一个好学校，我很高兴，愿意和大家分享我的快乐。二是我要感谢大家，因为在我女儿高三备考的这一年里，同学们表现很好，没有给我惹麻烦，使我有更多的精力照顾她的生活，让她全力备考，所以才有这样的成绩，我谢谢大家！三是我还要感谢大家，由于同学们和我们任课老师的共同努力，我们班再次被学校评为本学年的优秀班集体，我谢谢大家！我的话音一落，全班起立响起了掌声……同学们吃着我分发的雪糕，露出欣慰的笑容，我还看到有个别学生偷偷抹起了眼泪，我想我不用再做什么考试复习动员了吧。

身教胜于言教，我们的一言一行都将潜移默化感染孩子，深刻印在孩子心里。

案例三：化态度为行动

2013 年 6 月 3 日晚上，这是 2013 届高三毕业生集体上的最后一个晚自习。白天，班长找到我要求我把这最后一个晚自习交给他们，我什么都不要管，到时来就行了，尽管我心里有点忐忑，但还是答应了。

晚上 7 点我来到教室，结果场景令我心里"咯噔"了一下：教室里电脑打开了、电视打开了、音箱接上了、桌子被拉开摆成了圈……他们这是要狂欢？但我答应了不管，所以不能贸然横加干涉。我悄悄叫出了班长和团支书告诉他们不要做出格的事，因为太兴奋会失眠的，三天后到考场上影响正常发挥怎么办？他俩却神秘地笑着叫我放心，说等其他老师来了我就明白了。我耐心地等了一会，我们班所有任课老师都陆续来了，我悬着的心放下来。孩子们安排我们坐在上座，班长组织同学们坐好，说了几句开场白之后就见两个女孩单膝跪在了我们面前，并引导全班同学唱着《感恩的心》，各课代表同时代表全班同学向我们敬献礼物，一下子我的眼泪涌了出来……我几乎是哽咽着讲完了我的临别赠言。这时，孩子们又像变戏法似的将一个大大的奶油蛋糕摆上了桌子，我又"咯噔"了一下。因为我见过好多孩子的 party 都是将蛋糕的奶油乱涂乱抹来恶搞的，既不卫生又浪费，我这些学生也会这样？于是，我就说了一句"同学们，咱们这蛋糕是用来吃的，吃进去的是香甜，是幸福，可不能浪费呀！"孩子们都会意地笑了……一时间里，我们教室里充满了温暖祥和的气氛，同学和同学之间、老师和同学之间、老师和老师之间，大家都用自己手里的叉子将手里的蛋糕送到对方嘴里，根本看不到考前的紧张和即将分别的难过，都是相互的鼓励。我想，给我们班代课的这几位老师这辈子都会记得这天的场景。然而就在这时，楼上个别班级出现了躁动，有一些同学开始将用过的课本、资料、考练卷撕扯着从窗子里往外扔了。这是好多学校的学生毕业前发泄的场景，很快有更多人响应了，一会楼下的草坪就铺满了碎纸片，我的心又抽了一下，我怕我的教室里也会失控。谁知我班学生只是向外看了几眼，嘴里嘟囔了一句"这有点不道德吧"，就又回头沉浸在他们的快乐当中了，终于，一晚上我悬了几悬的心放下了。晚上 9 点过后其他任课老师陆续离开了教室，我看时间也差不多了就说："同学们不要太兴奋了，睡不着会影响考试的。"孩子们会意，立马将课桌复原，很快恢复了往日晚自习的学习状态，而出现躁动的那几个班的学生在老师的批评教育和带领下去清理草坪上的碎纸片了。我笑了……

　　相信经过感恩教育的孩子，必将心地坦荡，胸怀宽阔，阳光开朗，将帮助别人视为平常举动，那他们融入社会的能力也必将大为增强。

好老师是一辈子的事业

■ 房继农

生命，美在成长。因为成长，才有眼泪和微笑，才有希望与憧憬，也才有青葱岁月里"草色遥看近却无"的稚嫩清新，韶华逝去时"化作春泥更护花"的那份坦然与恬静。

教师的生命美在成长。出身贫苦农民家庭，父母砸锅卖铁也要供我上大学的经历，让我很早就有了立志成才、自食其力，做一名农民知识分子的强烈愿望，所以"三更灯火五更鸡"成了我中学生活的常态，也让我顺利考入了上海师范大学奉贤分院。但在杭州湾畔求学的那段日子里，虽然也在勤奋读书，但并没有对未来的教师职业产生多大的认同；相反，更多的是无奈和失望，直到实习时指导老师的一句话震撼了我："从师范大学毕业你们就成老师了，明天走入学校，孩子们就会叫你们'老师'，问你们'老师好'，但你们是不是真的就已经是一名好老师了呢？好老师是一辈子的事业。"自那以后，我开始认真对待每一节课、每一个学生、每一篇作文、每一份试卷、每一次家访……在工作之后的二十年里，我好像没有在夜里十二点前睡过觉，而周末、假期更是我独自捧书阅读的好时光。在中卫县镇罗中学的十二年就这样波澜不惊地度过了。其间我独自一人哭过，有过周日怕回到学校的畏难，有过上一堂好课、成绩领先时的兴奋与欣慰。在 35 岁那年初秋骤然发现两鬓飞白的刹那，心惊过，心痛过，但问心无愧，我没有虚度光阴。钱梦龙、于漪、魏书生、李吉林、苏霍姆林斯基……这些可亲可敬的名字陪伴着我，激励着我，充实着我，滋养着我。勤勉让我不断进步，让我没有误人子弟。伴着学生们从幼稚走向懂事，从中学走向大学，从大学走向工作，从昔日的毛丫头毛头小伙走向年轻的母亲父亲，我也从幼稚走向成熟。农村父老的殷切期盼，农村孩子的淳朴真挚，让我在回味我实习指导老师的话时，没有惶恐，有的是一丝欣慰和收获。

学生的生命美在成长。铁打的营盘流水的兵。学生们每一级都和上一级一样年轻，而我们却一届比一届苍老，有误解，有代沟，但只要你善于倾听，善于自省，你就能听懂花儿的语言，听清星星的诉求。他们的成长，他们的进步，他们身上终于到来的懂事与体贴，让你在容颜沧桑的同时内心绽放着清新与年轻，历久弥新，经冬不凋。从刚毕业时学生眼里的大哥哥，到为人师又到为人父，从镇罗中学到中卫中学，从乡村到城市，变换的是舞台，不变的是学生眼里亮晶晶的求知渴望，像闪闪的星群，洗去你眼中的荫翳，心头的尘滓，让你不经意间完成生命的排毒和养颜。每年假期和春节前后，一届一届学生聚会，作为班主任，我都是必不可缺的参与者，他们坏坏地让我叫出每个人的名字，叫不上罚酒，叫上则欢呼，记忆中的稚嫩转眼换成了成熟，青涩化成了美丽和英俊。岁月的魔术，催一茬茬青春逼人地窜起，长成密林，延续生命，延续事业，延续民族的未来。那些被自己淡忘的细节，却被他们小心珍藏，现在晾晒出来，在欢笑和泪光中被一一细数，历史渐渐显影，我们成了我们自己纪录片的观众，感慨，惊叹，唏嘘，成就，幸福。

教育的生命美在成长。教育是一棵根深叶茂的参天巨树，它繁密的年轮里有我们教师的生命印迹；教育是一支宏伟壮阔的交响曲，它动人的乐章里有我们每一位教师心的歌唱。我们因教育的改革而更新着我们生命的内核，教育事业因我们生命的更生而生生不息。孔子的有教无类，因材施教，诲人不倦；孟子的集天下之英才而教育之的人生之乐；韩愈的"传道授业解惑"；弗兰西斯·培根的"教师是知识种子的传播者，文明之树的培育者，人类灵魂的设计者"……斯人已逝，斯言独存，诲我教我，裨教泽学。

厚厚一本苏霍姆林斯基的《给教师的一百条建议》，在最初的几年时间里，留下了我密密的圈点批注，也奠定了我扎实的教育教学理论基础。那时我同时订阅三份语文教学杂志，省吃俭用买书。我的座右铭是斯大林的一句话："伟大的事业需要始终不渝的热情。"1991年底，我邮购了首版的魏书生研究专著，如饥似渴地阅读，领会，模仿。1993年有幸争取到机会到银川参加魏书生老师在宁夏的首场讲座，其间将连夜写的一封没有署名的信亲手交给了他，表达了我的仰慕和对中国教育与教育改革的思考。好多年过去了，直到2008的一天，在中卫新华书店里无意间翻开魏书生老师的《班主任工作漫谈》中有《致魏书生老师的公开信》，署名"宁夏中卫县一青年教师"，看着看着，眼泪模糊了双眼，我看见了1993年1月17日夜到18日清晨，通宵奋笔疾书激情澎湃的我，那个二十多年前初为人师的我，那个敢想敢为笃志执着的我，那个理想洋溢积极进取的我。那个我让今天的我羞愧！我陷入了深深的反思：教育大潮川流不息，每个人都可能落伍，如果不能始终如一地努力，那么所谓教育，所谓教龄的累积，便只剩原地踏步，和拉磨转圈有何区别？

"好老师是一辈子的事业。"人生一世，草木一秋，人世代谢，百年倏忽，而教育不老，生命之树常青。

行文至此，我忽然记起了一则寓言：蛹看到美丽的蝴蝶在花丛中自由地飞来飞去，非常羡慕，她就问蝴蝶：我能不能像你一样在花丛中自由飞翔？蝴蝶告诉她，第一你必须渴望飞翔，第二你必须有脱离你那安全、温暖巢穴的勇气。蛹又问蝴蝶，那这是不是意味着死亡？蝶告诉她，在蛹的生命意义上说你已经死了，但是从蝶的生命意义上来说你又获得了新生。

用中卫话说，人是分节子活的。年入不惑的我，明显地感觉到了生命中的一个个节，教师生涯中的一个个节。青青翠竹，所有的节不仅指向生命的根部，更是指向生命翠绿浓密的云端。

在生命翠绿浓密的枝头，彩蝶翩跹，如梦之轻，如云之柔，如锦之灿，如花之烂，那是教师生命里化茧成蝶的美丽。

做幸福快乐的班主任

■ 刘　媛

在我的学生时代，就有一个梦想，长大后一定要当一名老师，老师站在讲台上，让学生朝东他们不敢朝西，真神奇。终于，我考上了师范学院，大四实习期间，当我第一次站在讲台上监考的时候，心想，"哈哈，我看今天谁敢传小纸条，曾经被监考，今天监考，真爽"。这不，自从走上工作岗位，转眼间，班主任工作一干就是八年，作为一个正在成长的年轻的班主任，我的感受是：我不能改变天气，但我可以改变自己的心情；我不能事事如意，但我可以事事尽力；我不能改变自己的容颜，但我可以展现自己快乐的笑容，做一个幸福快乐的班主任。

爱可以传递，心情可以互相感染。学生能否在学校中健康快乐地生活、学习，在很大程度上取决于班主任的管理水平，班主任肩头上的责任如此重大，当班主任自然也成了"苦差事"。班主任是学生的晴雨表，如果被千头万绪的工作压得苦不堪言、愁眉苦脸，没有愉悦的心情，被这种情绪感染，我们的学生怎能愉快起来呢？做班主任带给自己的只能是痛苦吗？怎样才能变"痛苦的应付"为"快乐的工作"呢？经过这几年的历练和老师们的指导，再加上自己的摸索，我认为，只要做到下面的几点，每个人都有可能做一名轻松快乐的班主任，使学生被你的快乐所感染，在班级中愉快地生活。

一、要学会在工作中寻找快乐

常听人们感叹：人长大了，快乐也走远了。每天面对几十个学生，听话的，调皮的，有习惯好的也有不好的，不完成作业的，和老师顶嘴的，应有尽有。如果你每天都带着一股怨气和"恨铁不成钢"的急躁心理，你就无法从工作中寻找快乐。

记得有人这样说过：和成年人在一起，领略的是对方的冷漠和虚伪，和孩子们在一起，感染的是他们的快乐和纯真，这种快乐是无法用金钱买到的。我现在觉得工作就应该是在得到物质回报的同时，也使自己的精神得到愉悦，只有在快乐中工作，工作才不会成为一种负担，不会成为一种仅仅为了养家糊口的手段。唯有热爱工作本身，我们才会被这种快乐所滋养。当我漫步校园的时候，会有胆大"调皮"的学生从背后蒙上我的双眼让我猜猜他是谁，使我深深地感受到学生对老师的那份爱，一股暖流洋溢在心中。在我当班主任工作生涯中，这样的事情太多了，这样的感动也太多了，这难道不是当班主任的快乐之处吗？

二、变"说教"为"行动"，无声胜有声

以前作为班主任，每次学校布置任务，我都会提前安排得头头是道，然后自己在办公室里忙自己的事。结果每次都有很多同学偷懒，严重影响活动的速度和质量。后来，我改变了以前的做法，每次活动我"事必躬亲"，特别是男生的宿舍卫生。孩子毕竟是孩子，宿舍卫生打扫不干净，单靠批评是没用的，还不如我亲自示范。我把住宿生叫到跟前，拿着拖布，边拖地边讲，这块污垢怎么清理，这里的死角怎么收拾，然后假装累得直喘粗气，学生看不过去了，拿起拖布开始认真打扫起来。从那以后宿舍卫生再也没有让我操心过。让我意想不到的是这些小事情为以后我的班主任工作铺平了道路，一方面拉近了师生距离，在学生中建立了威信；另一方面，这件小事让我意识到实干的效果远远好于言语的批评。现在的工作，我尽量减少向学生说"不要做什么，应该做什么"，而是以自己的行动去影响学生。追求"德高为师，学高为范"的境界。

三、宽容地对待学生，多做自我批评，以情感人

担任班主任工作以来，我也总结出了一条经验：宽容地对待和理解学生，多做自我批评，做到以情感人才是快乐工作的一剂良药。记得有一次月考后，班里有个学生成绩很糟糕，刚上完的课文没背会，单词考试又不及格……早读时，当我把他叫到教室外面，还没开口时，就看见学生吓得直哆嗦。我说，"来吧，我领着你背"，就这样，我通过一对一的方式教给方法，虽然他背得不是很流利，但我相信他现在想的应该不是老师怎么批评他，而是知道了下次该怎样背诵了。这样，我的目的就达到了，最后我鼓励他，"你进步很大呀，下次可要一次性通过啊！"他睁大了眼睛吃惊地看着我，苏霍姆林斯基说过："有时宽容引起的道德震动比惩罚更强烈。"因此，当我面对学生犯错误时，学会了宽容，少了一些批评，多了一些微笑，少了一些严厉，心态自然平和了，也少了

许多无名火，师生之间的关系变得融洽了，教育起来也就更得心应手了。

四、班主任应该学会幽默

我校聚集了无数的教学精英，他们不仅教学效果显著，而且上课时师生间幽默的交流技巧令我佩服。虽说江山易改，本性难移，但是长时间的耳闻目睹，我也改变了很多。有一次上课时，我讲到阅读理解西方礼仪，我提问"在西方国家，对女性来说，哪三个问题不能问？"答案是"年龄、收入和婚否"。我本想检测他们是否提前预习，一个讨厌的男生大嗓门冲着我喊道："体重！体重不能问！"全班学生都看着我笑了。我没有生气，而是笑着说"你真聪明！"其实我真想掐他的脖子，体重问题可是我一生的痛啊！我幸亏没有发火，要不然不打自招了嘛！我说："智慧永远比体重重要！"大家都笑了，可见，幽默有助于教师创造明快欢乐的课堂气氛，也有助于教师巧妙摆脱某种不期而至的窘困与尴尬。

教师要学会赏识学生，激励着学生向教师所希望的方向发展，这样，教师和学生之间的关系会形成一个良性循环，使得师生双方都能在一个民主、平等、和谐的班级氛围中快乐地学习和生活。因此，当教师学会用微笑去迎接孩子，用爱心去打动孩子，就能做一名快乐的班主任。

班务管理模式："三律"教育管理

■ 章玉玲

台湾作家席慕蓉曾说过这么一段话：别人是怎样地把儿女托付到我的手中，他们用着谦卑热切的态度，希望我能够，请求我能够，使他们的子女进入一种境界，达到一种要求，实现一个从几十年前便开始盼望着的幻梦与理想。带这个班时，我已做了十一年的家长，面对这新一届学生，我是以一颗做家长的心关爱照顾我的学生，但又跳出家长的身份比较理性地开展班级管理工作，下面就学生的纪律养成教育方面来谈谈自己一些粗浅的认识和做法。

一、他律

"不以规矩，无以成方圆。"做好班主任工作，首先要立规矩。立规矩，就要把握一个"严"字。"从严治班，从严治学"，结合校纪班规，严格要求学生，培养学生"有纪律、有秩序、有礼貌"。

面对高一入学的新生，我强调的第一点是：这是我的一亩三分地，我的地盘我做主，如果你不想守我班的规矩就尽早离开，如果选择留下就必须守规矩。这个规矩就是挂在教室墙上的《中学生日常行为规范》和《中学生守则》及班主任的要求。高二分科后，我的第一个班会主题是"三管好"：一管好你的屁股，能坐得住。二管好你的嘴：该说的说，不该说的不说；该说的时候说，不该说的时候不说；得体的话说，不得体的话不说。三管好你的脑袋：规划好自己的人生、安排好自己的学习生活。这两节班会基本是我一言堂，我在要求，学生在聆听，我要让在小树苗移栽到一个新环境之初就把根扎直了。

纪律的"纪"字，左边是绞丝旁，表示绳索的意思，表达了纪律的约束力。纪律一旦实施，就要求学生必须遵守，必须在纪律框架内学习和生活。面对敢以身试法的第一个学生，我严惩不贷。不允许不受纪律约束的特殊学生存在。我们的刘骐嘉在初中担任班长，是老师心目中的优秀学生，上了高中后这种优越感使得他不能及时自我转变、自我定位，对他这样中考成绩出色的学生我没有心软，更没有手软，严厉批评他的错误认识和错误表现，勒令他立即整改，他是个聪明的男孩子，能很快意识到这个问题的严重性，而且用行动证明了自己的出色。对认识不到位的学生，尤其是对敢于在新学期之初第一个违反班规校纪的学生，一定来不得半点心软、手软。当然用班主任的气场震住他们即可，不可说过头的话、不可做过头的事。一定要让学生在新学期开始就对班主任老师自然生出敬畏之情。

毛主席曾说过："加强纪律性，革命无不胜。"我跟学生说："加强纪律性，学习无不胜。"纪律上我主张"先'专政'后民主"，一个班级必须要有铁的纪律，一切行动听指挥，步调一致才能胜利。我时常跟学生说这是"爱你没商量"，学生也知道我的脾气，原则上的问题他们不会跟我讨价还价。

这个工作一定要在起始阶段做好、做实，才能为后面班级工作的展开打下坚实的基础。

二、自律

1. 大力宣传及表彰自律典型

在学生自律意识培养过程中，我利用班会、自由活动、劳动等时间大力宣传发生在班级内的严于自律的典型人物和事例，让学生发现身边的榜样并自觉向他们学习，从而潜移默化地培养学生的自律意识。纪律是多情的土壤啊，时时捧出一抹抹希望的绿。那些守纪律的同学进步多么快乐！是纪律为他们插上了奋飞的双翼。真心地感谢我们班的王俊、王嘉琪、高祖乔、张惠、冯姝榕、张建伟、王永浩、张学兵等同学，他们是我在班级管理中的左膀右臂，更是同学们明里学习、暗里模仿的榜样。

2. 引导学生进行自我分析

在日常生活、学习中，我不断地对学生所取得的成绩进行具体的分析。让学生知道，自己的成功、受欢迎是因为能遵守集体规则，能自我约束、自我控制；自己的失败或者被孤立，是因为不懂得控制自己、不尊重他人。这样，学生就会明白，如果自己能够控制一些不必要的情绪与行为的话，就会有所进步、取得成功。

3. 用荣誉和梦想激发学生的潜力

面临高考考验的孩子们是最可爱的人！因为此刻是很多人一生中最满怀梦想的时候，梦想着步入大学的殿堂，梦想着展开新的人生旅程，而且，为梦想而战的人是最美丽最幸福的！我鼓励我的学生大胆地做梦，大胆地追梦，我组织学生搜集大量的名校资料，利用班会的时间与全班同学分享，还请来已经毕业的学长来和他们做最直接的交流，让每个同学都相信自己有无穷的潜能，明白自信是他们成功的前提，努力是他们成功的法宝，习惯是他们成功的法则，时间是他们一生的资本。

王俊的中考成绩全校排名第18，但因为她来自西台乡，缺乏足够的自信和明确的目标，我特意安排她准备关于全国一流大学的资料，并请董主任介绍关于董凯明考上清华的情况，帮她树立远大、明确的目标，自律能力强、学习刻苦踏实的她迅速找到自我定位，学习取得了长足的进步！

4. 给予学生细致入微的关怀

要想培养出良好的自律意识，学生就避免不了出现"犯错误、改正、再犯错误、再改正"的循环过程。在这个阶段，对于学生的过失与错误，我没有一味强硬地要求他们改正，而采用了"怀柔政策"，用关爱、宽容帮助学生自我反省并自我改正。当学生的自我控制能力有所提升时，则以鼓励、表扬的话语帮助他们加以巩固。爱是教师最好的教育手段。在用规则控制学生，教其自我控制时，不妨多一点温柔、多一点尊重、多一点理解、多一点宽容、多一点关爱。

三、自主

"教是为了不教，管是为了不管"，班级管理在前三个学期基础上，我准备进入的阶段是：放手。让他们自我管理。这也应了道家"无为"的思想。当然，"无为"，绝不是一无所为，不是什么都不做。而是遵循教育的自然规律，让学生"有为"。让学生自我管理，把管理的空间释放给孩子们。我隐身到幕后，做他们有力的支持者和有效的监督者。我相信他们会做得比老师亲力亲为好得多。

我喜欢跟我的学生在一起，很多时候他们给了我一种阳光、单纯、积极的感动，而我也欣喜地发现我微弱的光让这一个个鲜活的生命越发蓬勃而美丽，从此就下定决心做一个辛苦并快乐的人，不求能做出惊天动地的伟业，但求走过的每一段路，都能印下自己每一个足迹，都能折射出自己生命的价值。

班主任应具备的"三种艺术"

■ 刘志军

时下，老师都在抱怨，学生的素质是一届不如一届，老师难当，班主任更难做。确实，时代在发展，社会在进步，学生不再是以前的学生了，如果我们还是用以前的老思想、旧观念来和新时代的学生相处，就会觉得现在的学生的有些所作所为难以置信。但是如果我们老师自己能与时俱进，少一点抱怨，多用心去了解现在的学生的心理特点，掌握一些新时代的处理问题的艺术，做一个好班主任并不是很难。

由于社会各个方面的原因，现在的学生容易动感情，也很重视感情，充满热情与激情，活泼愉快，富有朝气，独立性增强，自我意识增强，有很强的模仿性，有很强的自尊心，孤独感和焦虑感强，对未来充满美好憧憬与幻想，但也可能因为盲目狂热而做出蠢事，分析他们的心理特征我们班主任就应该知道，他们渴望独立，他们希望得到尊重，他们需要沟通，他们需要温暖。如果我们班主任能运用一些处理问题的艺术技巧来满足学生的这些需求，那么不仅能让我们从烦琐的事情中解脱出来，还能收到事半功倍的效果，甚至能和学生和谐相处，建立良好的师生关系。下面我就自己的班主任工作经历，谈谈自己的一点感受。

一、懂得两个相交的圆的原理

一位动物学家在澳大利亚巴利可高原研究狼群，发现每只狼都有固定的活动范围，它们的活动半径大约是 15 公里。当他把狼活动圈微缩在图纸上时，发现一个有趣的现象，三个圆圈是相交的，也就是说，这些狼群在划分地盘时，留有一个公共的区域。我们知道狼是有很大独立性的，但它们也需要在公共的区域交流和沟通。兽类如此，人亦然，更何况老师和学生呢？我们的学生虽然需要独立但也需要沟通。如果我们老师也营造与学生交流沟通的公共区域，并且进行愉快的交流，诚心沟通，老师和学生之间建立良好的关系又有什么难的呢？有了良好的师生关系，班上的事情就很容易处理了，毕竟，我们的学生也都是很重感情的。这就要求我们要处处留心，时时细心，用心发现学生喜欢的事物，并和他们一起去欣赏，一起活动，一起学习，使彼此能相互信任。我经常参加学生的课外活动，参加学生的兴趣小组，课外和学生一起打篮球，和他们一起谈人生、论足球等。学生从心底里接纳我这个班主任，把我当作他们的良师益友。如果我们还像以前一样，整天板着脸孔，一副与学生格格不入的样子，学生的活动不屑去参加，觉得他们说话做事都很幼稚，那么学生会和我们有一层隔膜，会把我们当作"外人"。如果班里有什么情况，他们也会支吾其事，我们就很难了解真相。其实，在与学生一起活动中，不仅能促进师生的感情，还能增加彼此的信任感。因为，这时师生之间的交流才是心与心的交流，才是真诚的交流。学生信任班主任了，他们愿意把自己在学习生活中的苦与乐和班主任分享，班主任就会对班里的情况了如指掌，即使班里出现什么事情也能对症下药，所以我们老师要多留意寻找并建立与学生的公共区域，热情地投入到他们喜爱的活动中去，做学生真实的聆听者，与他们一起分享生活学习中的乐趣。

二、注意破窗理论

犯罪学家曾注意到一种现象：一个人在他上班的路旁，发现一座非常漂亮的大楼，有一天，他注意到楼上有一扇窗的玻璃打破了，那扇破窗与整座大楼的整齐美丽极不协调，显得格外刺眼，过了一段时间，他惊奇地发现，那破窗不但没有及时维修，大楼反而多了几个打烂的玻璃。如果有人打坏了玻璃，而这扇窗户没有进行及时的维修的话，别人就有可能受到某些暗示性的纵容，从而去打烂更多的玻璃。久而久之，这些破窗户就给人造成一种无序的感觉，这就是"破窗理论"。学生正处于模仿性最强的阶段，一旦有学生做了什么出格的事情，老师如果不及时制止的话，那么很快就会在班上蔓延，而且传得很快很广。因此我们老师要细心观察学生，一旦发现不良的行为，就要马上制止，使其消灭在萌芽状态之中。记得有一个学期，我因为参加培训，几天没有去班里观察，结果班里竟然成了牌馆。后来问那些本来还比较遵守纪律的同学为什么也跟着去打牌，他们说，看其他同学在玩，自己也很想玩，就去买了牌来玩。从这件事我得到启示：当班里出现"破窗"的情况时，一定要及时弄清楚真相，防止出现更多的"破窗"。其实这是因为学生有很强的模仿性，只是他们模仿的是一些消极的东西，我们要及时地进行指导教育，让他们趁早从迷途中返回。

三、运用打折理论

当我们在街上闲逛时，会对那些高价的物品望而止步，因为我们实在没有能力去购买。但是只要店铺打出横幅：本店所有商品一律2折，即使打折商品的价格还是在我们承受的范围之外，但我们还是想尽办法把它买下来。等到我们慢慢地喜欢这些高贵的品牌后，慢慢地也会去选择它们。这是商家为了提高销售业绩和发展潜力客户经常运用的手段，我暂且称之为"打折理论"。

这是人们普遍的心理，我思索：社会上所有的人都有这种心理需求，我们的学生也是一样的，尤其是在老师眼里的所谓的"差生"，他们谁不愿意做老师的得意门生，大家所羡慕的好学生呢？他们也在不断地努力，希望能达到，但由于各种原因暂时没有达到而已。那么我们能不能对这部分所谓的"差生"的要求打折呢？他们也有自尊啊，他们也想慢慢树立信心啊。我们班上有一个学生几乎从不来做早操，为此，我找他谈了好多次话，软硬兼施，但是，每次他总是一副无所谓的样子，总有理由和借口。我真拿他没办法。有一天我用商量的口气对他说，我们来一个君子秘密协议：一周有五次早操，我给你两次机会可以不来，而且两次时间不给你固定，你自己可以选择……还没等我说完，他便十分高兴地答应了。并且信誓旦旦地说，我每周一定按时来做三次早操，如果没来三次，就任老师处罚。在以后的日子里，我只提醒他还来几次，他自己也经常向我报告："老师，这个星期我来了两次了。"我不时地鼓励他，好样的。慢慢地，我又把标准提高了些。他也很愉快地接受了，自觉地在进步，后来好像有一股强大的动力在支持他，最终能与其他同学一起出早操了，而且成绩也提高了。每当我看到我们班整齐的队伍时，脸上就会露出会心的微笑。从这件事中，我深深地体会到天生其人必有用，天生其才必有用，老师的水平就应该体现在给学生一点松动，多点尊重，恨铁不成钢的做法与学生的心理需要是相悖的。

新时代的班主任，如果我们在处理班务的时候，对班里的每一件事情的处理都讲究艺术，多长一个心眼，多换一个角度，多一分耐心，多一分真诚，则一定会成为学生可爱可敬的班主任。

在课改中提高班级管理能力

■ 李旭晨

　　时光飞逝，又度过了一个辛苦与快乐并存的学年。作为一名年轻的班主任，面对重要而艰巨的高三教育教学任务，道路是曲折而艰难的，也更注定了要为此付出更多的汗水和努力。学期已近尾声，经过不断探究与学习，我也尝到了课改为班级管理带来的甜头，希望能与大家共享。

　　作为新一代的年轻班主任，首先要做到的是勤奋扎实，严谨教学。但教育是与时俱进、推陈出新的改进过程。经过不断的探索与研究，我找到了提升班级管理水平的又一新法宝——"三疑三探课改模式"。它是一种真正诱导学生创造力、唤醒生命力、价值感的学习方法。它使每一位学生都受益良多。它提高了学生学习的自主性，使他们明白学习不只是在课堂上看老师唱独角戏，在课下完成作业而已，而是应该积极融入课堂，在课下主动探索。它让学习能力较弱的同学也能融入课堂，让胆小害羞的同学也能站上讲台大胆发言，侃侃而谈。它提高了学生对学习的积极性，使课堂氛围变得活跃起来，使课堂变得充满趣味性，让他们爱上每一堂课。它使学生变得勇敢起来，让他们勇于质疑，让他们找出自己的问题并且说出困惑，让他们敢于表现自己，给他们站在神圣讲台上的机会，提高了学生组织和表达语言的能力，增强了他们的合作意识，使他们懂得团结的重要性，让他们可以合作学习，互利共赢，收获一份真挚的友谊。

　　一个好的班集体，应该是一个团结共赢、相互学习的集体，因此我们更需要充分激发学生的学习热情，新课改就是在这种潮流下生成的又一重要教学模式。学习是一个无处不在的过程，课堂知识能否被学生充分掌握，班级管理能力能否得到充分提升，关键在于培养学生的自主学习能力和班级团队意识，为激发学生潜力，有效管理班级，我将班内学生分为若干个小组，由小组内互助学习，分组管理学生，经过观察和研究，学生的学习积极性果然有所提高，班内秩序也大幅改善，改进后的班集体人人发奋，气氛融洽，进一步提升了班级凝聚力。

　　通过小组合作和各组竞争，班级的课堂气氛也异常活跃，课堂上一双双求知的眼睛，积极地回答问题，得到了每个人的认同。作为老师，我希望他们能有所进步，也为这一进步而感到欣慰。课改是一个漫长的过程，需要不断克服不足，完善班级管理，在竞争中进步，这个班级也正在向书香文明和谐的班集体而努力，学校也会因此少一些喧嚣与劳苦，多一些闲暇、快乐与坚实，而这迈出的第一步，也在课改中取得了阶段性的胜利。

作为班级管理者，最有效的管理方式，就是在课改中贴近学生，了解学生，师生团结，共求进步。通过课改，我更多了解到了学生在学习上的困惑和压力，也希望通过课改的平台，鼓励帮助他们追逐梦想，走向成功。课改这种新方法通过初步的实验和学习，已经使班级内部的师生充分融合，未来我希望能和他们一起升华，做一名更加优秀的班主任。

作为班主任难，作为一名优秀班主任更难，在以后的班级管理中，我将会以勤奋为基础，课改为途径，为学生终身发展奠基为目标，多与其他老师交流学习，将班级管理能力提升到一个新的高度。

对话沟通逆反心理学生

■ 张 宁

由于学生在中学阶段性别特征更加明显，其自我意识也随之飞速发展，加之随着学习的深入，知识面也变得宽了，学生往往过高地估计了自己的判断能力，对教师及家长的教导也极易产生一种敌对情绪，人们称这种心态为逆反心理。这种心理的共同特征是：他们大都头脑灵活，自尊心强，心里既恼火被嘲笑，又担心被冷落。外表往往是一副傲慢、骄横的样子，内心却很自卑；或外表一副对犯错误满不在乎、玩世不恭的态度，内心却蕴藏着要求进步、渴望受到尊重的"火种"。这种矛盾的复杂心理表现在外就是对抗行为。这种心理一旦产生，就会形成一种固定的思维模式，对教师的教育乃至所有的言行都持否定的态度，使教育达不到预期的效果。而且久而久之还可能导致矛盾激化。因此，教师一旦发现学生对自己形成了"逆反心理"，应及时采取措施，予以疏导。对此类学生，如果老师采取粗暴简单、强制威吓的办法，只能引起学生更强烈的反抗；即使他们当时在老师的威严之下妥协，那也只是表面现象，不能彻底消除这种心理。那么，应该如何对具有逆反心理的学生进行教育呢？以下是我多年来在班主任工作实践中对具有逆反心理的学生进行教育的几点体会。

一、改变传统观念，主动与学生交朋友

在师生"心理需要相抵触，心理交流多梗阻"的情况下实施教育，会引起学生在接受上的对抗性。那么，班主任在实施德育的过程中，应如何达到与学生敞开心扉地进行交流呢？与学生交朋友，是解开有"逆反心理"的学生心结的金钥匙，也是建立良好的新型师生关系的新方式。有逆反心理的学生，大部分是因为学校、家庭与学生之间缺乏沟通、产生误解，学习上压力过大造成的。对于这类学生，我认为首先要改善师生关系，师生关系不能囿于传统的师道尊严观念，而应该是平等真诚的朋友关系。譬如，有些学生对英语学习兴趣不高，上课不认真听讲，再加上老师对这些学生缺乏信心，经常训斥，师生关系搞得挺僵，这类学生对老师产生了逆反心理。我了解了这种情况后，就在师生之间进行"斡旋"，要求学生理解老师，这位老师对学生的态度也改变

了，学生也亲近了老师。通过与有逆反心理的学生交朋友，把他们所厌恶的高压强制和一味说教抛开，以朋友的身份更深入地了解他们，理解他们。人非草木，孰能无情，这样，学生才会"亲其师，信其道"，自觉愉快地接受教师的教诲。

二、发现闪光点，鼓励学生成才

人的意识离不开大脑，由于遗传因素或后天环境因素的影响，每个人都有自己的个性，其发展极不平衡。因此，我们应该承认差异，应该发展每个学生的优势，而不是发展弱势。特别是对有逆反心理的学生，他们内心蕴藏着进步的"火种"，但他们的优点往往被外在的表现所掩盖。因此，班主任要善于找到学生身上的闪光点，即优势，让他们内心的"火种"放射光芒，帮助学生树立信心，鼓励学生成才。譬如，我班有一位学生，也许是表现欲太强的缘故，养成上课多嘴多舌的不良习惯，经常顶撞老师，成为人见人嫌的学生，你越说他，他就越和你作对。作为班主任，我通过对他的观察，发现了他的优点：反应灵敏，别人未曾想到的他先想到，有些话如果在另一环境中说，还是有一定道理的。于是，我抓住一个机会，找他一起散步、谈心，并把他的优点指了出来。他没有想到，从小学一直被老师厌恶的坏习惯今天却被我看成了优点，经我一说，他反而不好意思了。在此基础上，我又晓之以利害，告诉他祸从口出，多嘴多舌的不良习惯将会给他以后步入社会带来很大的麻烦。后来，他真正意识到了自己的错误，情感上与老师产生了共鸣。在我以后的班级管理工作中，他还经常给我出点子，成了我的"小军师"，和其他任课教师的关系也都有了明显的改变。

三、充分发挥集体的"平行影响"作用

集体的"平行影响"有时能产生老师与学生单独谈心所达不到的效果，对有逆反心理的学生尤其明显。这些学生一般自尊心都比较强，形成逆反心理后，对老师的一言一行非常敏感，甚至有时你不是说他们，他们也会认为你在说他们。而由于他们对老师的对抗行为，同学们对他们也会产生反感，使他们感到在集体面前失去了自我。基于这些原因，对他们更需要通过集体的力量，让他们在集体中重新找到自尊，恢复自信，塑造一个全新的自我。如我在平时的工作中，根据他们各自的长处，分别安排他们担任不同的班干部。一开始不

给他们定任何条条框框，只在班上强调班干部是老师的助手，是同学们学习的榜样。他们有了进步我就在班上公开表扬鼓励，出现了问题就私下里单独指出、解决，其他学生在老师的暗示下也积极地配合，使他们无形之中感受到了来自老师、同学的信任和鼓励，最终重新找回了自我。运用这种"春风化雨""润物无声"的教育方式，逐渐消除他们的逆反心理，养成健康的学习、交际心理。

四、促使家庭教育观念的更新

在当今社会，家长都意识到了知识的重要性，望子成龙、望女成凤的心情尤为迫切。但有些家长的期望值往往大大超过了孩子的实际承受能力，导致学生承受能力差，刚愎自用，甚至走向犯罪。譬如，一个原本学习成绩很好的学生，由于对其父母的严格控制和简单粗暴的教育方式极为不满，渐渐产生了逆反心理，越是让学习越是不学，以致成了网吧里的常客，迷上了游戏，学习成绩直线下降。任凭你说得天花乱坠，他就是充耳不闻，软硬不吃。后来，我劝说其家长不要动不动就非打即骂，尽量从正面教育引导，真正让他从思想上意识到学习的重要性，从根本上转变态度，只有这样才能收到好的效果。经过老师和家长的共同努力，这名学生对玩游戏有所收敛，学习也稍有起色。这些事情都给我们敲响了家庭教育的警钟，让学校和家庭共同营造一个平和的学习氛围，不为逆反心理的形成创造条件。

总之，逆反心理是中学生特定年龄阶段的表现。有逆反心理的学生都有屡说屡犯的行为，所以对于他们，需要我们以耐心和爱心为后盾，以关慰和理解为辅助，常抓不懈，持之以恒，则一定可以避免教育的负面效应，有效地防止学生逆反心理的产生。